ポスト西洋世界はどこに向かうのか

「多様な近代」への大転換

No One's World:
The West, the Rising Rest,
and the Coming Global Turn

チャールズ・カプチャン 著

坪内 淳 監訳 小松志朗 訳

勁草書房

日本語版の序文

近年、東アジアの地政学的環境は厳しさを増している。少し前まで、中国は国内問題に専念するために、地政学上は慎重に低姿勢を保っていた。しかし中国指導部の新しい世代はいまや、自国の経済的・軍事的台頭がこのまま続くのであれば、もっと野心的で挑発的な外交路線に打って出てもいいはずだと判断したようである。そうして中国がスタンスを変えたことの帰結の一つとして、地域内の領土紛争の多くがエスカレートし、日本、フィリピン、ヴェトナムとの対立が深まった。これを受けて日本は軍事的役割の拡大を目指すようになり、また地域内にいるアメリカの他の同盟国と並んで、アメリカとの戦略的な協力関係の強化にも努めてきた。その間、アメリカは戦略面の優先事項の見直しと、新たなアジア重視政策の形成にかかりっきりだったが、それも部分的には中国の野心の増大に対応するためのものだった。

地政学的な動乱の時代を迎えているのは、東アジアだけではない。実際、この地域で緊張が高まっている背景には、国際システム全体の変動がある。新興国の台頭が続く中で、世界のパワー分布は急速に変わっている。その一方で、アメリカ、ヨーロッパの民主主義諸国、日本といった、第二次世界大戦後の国際秩序の設立・防衛を担ってきた主要国は、経済が低迷し、政治面でも不満が渦巻いている。国内に問題を抱えているせいで、そうした国々がグローバルな責任を担い続けることは難しくなっている。実際、バラク・オバマ米大統領は「いまはこの国の国づくりに専念するときだ」とか、自分は過剰と過小の中間を行くような控えめの外交路線を模索しているのだとかいったことを、率直に公言してきた。

このように、東アジアとそれを取り巻く世界は、戦略面での不確実性をはらんだ時代へ向かっている。一方には、東アジアは、今後の世界の変化からもっとも恩恵を受ける地域の一つになるだろうとの見方がある。すなわち、経済的には世界でもっともダイナミックな地域になりそうだというわけである。たとえば、二〇三〇年までに、アジアの先進国と新興国の間の貿易は、世界でずば抜けて大きな貿易圏を作り上げるだろうとの予想もある(1)。他方で、東アジアは、中国が世界トップの経済大国になることをひしひしと感じ、そのような世界の序列の変化から影響を受けるだろう。さらには、朝鮮半島で続く緊張状態と中ロ関係の緊密化、そして南アジアの状況も、東アジアの戦略面での複雑さに拍車をかけることになろう。

本書の主な目的の一つは、いま幕が開けようとしている不確実な時代について理解を深めることである。われわれの行く先にはグローバルな相互依存の世界が見えるが、それはパクス・ブリタニカにもパクス・アメリカーナにも支えられないという点で、過去に前例がない。二一世紀はアメリカのものでもなければ、中国のものでもないし、他のどの国のものでもない。誰のものでもない世界が現れるのである。舵をとる船長がいないため、グローバル・ガバナンスのハードルは高くなりそうである。

本書のもう一つの主な目的は、世界の変化を平和的に進めていく戦略を考えることである。本書は、西洋が作り上げた国際秩序に対する圧力が強まっているという認識のもと、従来の主要国と新興国の間のコンセンサスを体現するような、ルールに基づく新しい秩序の構築に向けたロードマップを示す。もしそのコンセンサスを得ることができたら、二一世紀は、国家間対立や地域対立へ後退せずに済み、かつてない安定と繁栄を誇る時代になるだろう。そのような新秩序に国際社会を導くことが、以下に続くページで取り組むテーマである。

チャールズ・カプチャン

序　文

過去二〇〇〇年にわたって近代世界の本質を形作ってきたのは、ヨーロッパとアメリカである。西洋はそのパワーと思想を武器に、一九世紀以降のグローバルな秩序を構築・管理する役目を果たした。二〇世紀終盤にソ連が崩壊すると、西洋モデル――自由民主主義、資本主義、世俗ナショナリズム――が多くの競争相手に対していよいよ勝利を収めたかのように思われた。

たしかに西洋は世界を支配する輝かしい時代を長らく謳歌してきたが、その優位性も終わりを迎えようとしている。この新しい世紀が進んでいくにつれ、パワーは世界の中でいまよりも広く分散するだろう。永らく西洋の覇権のもとにいた国々がいまや序列の上位に躍り出て、その地位に見合うレベルの影響力をもてるはずだと期待している。

途上国が新しい富と軍事力と影響力を獲得したら、世界はどう変わるのか。西洋の政治秩序に関する思想・概念は、西洋の優位性がなくなった後も生きながらえるのか。それとも、新興国が統治・経済・外交・国際問題について独自のアプローチを編み出すのか。こうした問いへの答えは、これから

序　文

二一世紀中に姿を現す世界の本質を大きく左右するだろう。

私はこうした問題について一〇年以上前から考えてきた。二〇〇二年に『アメリカ時代の終わり』を出版し、その中でアメリカの優位性の終焉と多極世界の出現を予想した。もっとも最近の著書、『敵はどのようにして友になるのか』（二〇一〇年）では、敵対関係にある国家同士がいつ、どのようにして敵意を友情に変えてパートナーになれるのかを考えた。私のねらいの一つは、世界のパワー分布が変わり、新たな地政学的競争が始まっても平和を維持できる方法を明らかにすることだった。本書は、多くの点でこの二冊の続編にあたる。今回検討するのは、中国、インド、ブラジルなどの途上国が台頭し、西洋による支配が終わって世界のパワー分布がいまより均等なものに変わっていく際に起きる、秩序と思想をめぐる争いである。

本のタイトルからわかるように〔原書のタイトルは *No One's World*〕、私が主張するのは、次に来る世界は誰のものでもないということである。西洋モデルは世界中に広まっているわけではない。その主な理由は、同モデルがヨーロッパとアメリカに特有の社会経済状況から生まれたものだからである。とはいえ、新しい世界の有力な政治モデルが、西洋モデルにとって代わったわけでもない。むしろ、来る世界は多極構造であり、かつ政治的には多様なものになる。世界を構成する複数の大国は、正統かつ公正な秩序がどのようなものかということについて、考えが異なるのである。

したがって、もし来る世界の大転換が平和的に進むにしても、西洋と、勃興する非西洋は、地位と威信の問題について合意をまとめなければならず、それればかりか正統性を定義し、通商と戦争と平和の問題を規律するルールについてのコンセンサスも作らなければならない。本書では、そうした目標の達成に寄与することをねらって、まずは西洋世界の社会経済的基盤を明らかにし、次いで西洋の外側に現れている政治状況を記述し、そして世界秩序の急速な変化を支える基本原則を提案する。

なお、本書で述べられた見解は個人的な見解であり、アメリカ国家安全保障会議やアメリカ政府の見解を必ずしも反映するものではない。

ワシントンDCにて

チャールズ・カプチャン

目次

目次

※〔　〕は訳者による補足、［　］は原著者による補足である。

第1章　大転換

近代は一つではない？

一九四一年八月、フランクリン・ルーズヴェルトとウィンストン・チャーチルは、アメリカ海軍の巡洋艦オーガスタとイギリス海軍の戦艦プリンス・オブ・ウェールズの船上で秘密交渉を重ねた。どちらの船も、安全なカナダのニューファンドランド島の港に停泊していた。ヨーロッパで戦火が激しさを増しつつあるなか、二人の指導者は戦後世界の青写真を描こうとしていた。そこで練られた大西洋憲章は、民族自決・自由貿易・軍縮に基づく世界秩序を構想するものだった。当時アメリカはまだ参戦していなかったが、この会談を境に西洋世界のリーダーとしての立場を固めていく。同じ年の終盤には日本による真珠湾攻撃があり、やがてアメリカは大西洋の民主主義諸国を第二次世界大戦の勝利へと導いた。その後も、アメリカはリベラルな秩序を支え続け、最終的に共産主義ブロックを倒して冷戦を勝ち残ることになる。

大西洋憲章を発表した大西洋会談。ルーズヴェルト米大統領（手前左）とチャーチル英首相（手前右）（写真：U.S. Naval Historical Center Photograph）

そして二〇世紀末には、「歴史の終わり」について語ることが流行っていた。(1) ベルリンの壁が崩れてソ連も崩壊した後、民主主義と資本主義があっという間に普及した。アメリカとヨーロッパの同盟国が第二次大戦終結時に築いた国際秩序は、いまにも全世界を覆い尽くす勢いであった。中国やロシア、キューバ、また中東・アフリカの多くの国が粘り強く抵抗はしていたものの、彼らも西洋モデルの抗しがたい魅力にすぐ屈するだろうと思われた。そして二一世紀が始まるとき、西洋は、世界の主導権を握っているだけでなく、ついに多くのライバルたちに圧勝したように見えた。

ここで、話をいっきに二〇〇九年一二月のコペンハーゲンまで進めよう。世界中からおよそ一〇〇人もの指導者たちがデンマークに集結し、温室効果ガスの排出規制について合意を形成しようとしていた。バラク・オバマがこの気候変動サミット〔気候変動枠組条約第一五回締約国会議：ＣＯＰ15〕の一一日目に到着したとき、目立った進展はまだなかった。その日の夕方に、ブラジル、中国、インド、南アフリカが新興国の結束を固めようと非公開の会合を開いた。サミットが間もなく閉会を迎えようとしていたとき、オバマはその会合に押しかけるという賭けに出る。関係者は慌ててアメリカ大統領とヒラリー・クリントン国務長官が座るための椅子を探した。こうして急きょ始まった会合により、事態はようやく打開した。しかしそこでの合意は、西洋諸国の大半が望んでいたような、温室効果ガスの排出規制に関する拘束力のある取り決めにはならなかった。新興国が主導権を握ったのである。アメリカのパートナーであるヨーロッパ諸国はこのゲームに参加すらしていない。このような事態の展開を見て、ワシントン・タイムズは断言した。「アメリカの世紀は終わった(2)」。

二一世紀にわれわれが目撃するのは、西洋の完全な勝利ではない。世界が向かっているのはゴールではなく、ターニングポイントである。コペンハーゲン・サミットはそれを物語る数多くの兆候の一つに過ぎない。新しい勢力が台頭する中で、西洋は物質面だけでなく思想面でも優位性を失いつつある。世界中の独裁国家は崩壊寸前というには程遠く、しっかり安定している。中国は西洋民主主義諸国の三倍もの経済成長率を誇っており、その黒字は、アメリカの膨らむ国債の引き受けにおいていまも重要である。世界的な景気後退によりロシア経済は大きなダメージを受けたが、それでもクレムリンは相変わらず国家を厳しく統制しており、外交も強硬路線を貫いている。石油が豊富にあるペルシャ湾岸の諸王国は、アラブ世界に広がった政治的混乱によってぐらついたものの、独裁的な手法は変えていない。たとえ中東に国民参加型の統治が広がったとしても、そこから新たに現れる体制は、以前の独裁体制よりもずっと手ごわい相手になるだろう。インドやブラジルのような民主的な新興国でさえ、西洋陣営の熱心な支持者であるとは言いがたい。それどころか、そうした国々は相手が民主的かどうかを問わず新興国同士で手を組み、地政学、貿易、環境などもろもろの争点に関して、アメリカやヨーロッパとは意見を異にするのが普通である。価値観ではなく利害こそが問題なのである。

一方で、西洋の自由民主主義諸国はつまずき通しだった。昨今の大不況は、西洋社会の主導国たるアメリカで始まり、拡大したものだが、問題はそれにとどまらず、弱くて不安定な統治が先進国に蔓延している。ジョージ・W・ブッシュは、史上最低レベルの支持率で二期目の間はずっとふらついていた。バラク・オバマは超党派政治と国民の一体感を復活させると誓って政権に就いたが、民主党と共和党はいまだ一致点を見出せずにいる。議会に対する国民の信頼が二〇一〇年までに前代未聞の低レベルに落ち込んだのも、何ら不思議ではない。民主主義への不満が膨らんでいるのはアメリカだけではない。近年、多くの先進国、なかでもイギリス、フランス、ドイツ、イタリア、日本は、有権者の分断と政府の弱体化にさいなまれている。

こんにち、われわれが目撃しているのは、世界が西洋モデルに収斂していく流れではなく、反対に、パワーの分散と政治の多様化である。実際われわれは、世界の大転換に直面している。一五〇〇〜一八〇〇年の間に、世界のパワーの中心はアジアと地中海沿岸からヨーロッパへ移り、さらに一九世紀が終わる頃には北アメリカへ移った。それからというもの、西洋は自らのパワーと意志によりグローバル化した世界を支え、ずっと歴史の最先端を歩んできた。しかし、西洋の勃興は時代と場所の偶然の産物であり、いまや世界は次のステージに進みつつある。リーダーシップを引き継ぐ候補としては、東アジアが最有力と目されてきた。しかし、特定の国や地域あるいはモデルが、次の世界を支配することにはならないだろう。二一世紀は、アメリカのものでもなければ中国のものでも、アジアのものでも、その他の誰のものでもなく、誰の所有物にもならない。新しい国際システムでは、数多くのパワーの中心と、いくつかの近代のあり方が並存することになろう。(3) 歴史上はじめて、相互依存の世界から中心国やグローバルな守護者が消えるのである。世界秩序が新しく現れてくるとすれば、それは多様な政治文化と、国内・国際秩序についての競合するいくつかの概念が混ざり合ってできあがるものだろう。

このような世界の大転換を見通して、それにあわせて西洋の大戦略を調整できなければ、深刻な結果が待ち受けていよう。そして、それはすでに現実のものになりつつある。問題なのは、現在進行中のパワーの分散を見落としていることではない。アメリカとヨーロッパの戦略家たちは、新興国の台頭と、西洋の地位低下の不可避性を十分理解している。実際、アメリカとそのパートナーであるヨーロッパ諸国は、西洋諸国が取り仕切るグローバルな重役会であるG8を、もっと多くの主要国が集まり、西洋民主主義諸国は少数派になるG20へ変えていく動きをリードしたのである。

だが大部分の戦略家は、パワーの分散から生じる根本的問題の本質を見誤っている。通説によれば、西洋諸国は自分たちの優位性がまだ残っているいまのうちに、自ら築き上げたリベラルな国際秩序に諸国家を囲い込むべきだという。G・ジョン・アイケンベリーは、西洋が「この秩序をできるだけ深く定着させて」、それにより「アメリカ主導の国際システムが二一世紀も支配的な秩序として続く」ようにするべきだという。(4) 西洋はそうするパワーが残っているうちに、自分の価値・制度を世界の他の国々に広げるプロセスを完了しなければならない、というわけだ。「アメリカ後の世界」がいずれ来ることを認めたはずのファリード・ザカリアでさえ、同じ思考の罠にかかっている。「もしうまく対処すれば、パワーシフトは……アメリカにとって好都合なものになる」と彼は書いている。「世界はアメリカをモデルに動いている。諸国家はますます開放的で、市場志向の、民主的なものになっている」(5)。

この時代の大戦略にまつわる課題をそのように言い表せば、アメリカとその同盟国である民主主義諸国は安心するかもしれないが、それは現実離れした夢想である。中国という船が、割り当てられた停泊場所をおとなしく受け入れて西洋の港にドック入りすることはないだろう。新興国は現在の国際システムのルールを受け入れず、自分たちの価値・利益に沿うように、現行の秩序を修正しようとする。新興国というのは有史以来ずっとそうしてきたのであり、次の時代も例外ではない。課題は、新興国を西洋の港に導くことではない。必要なのは、基本的な世界像を西洋と新興国が対等の立場で議論し、新しい秩序を構築することである。そして、非西洋を包含するそのような新しい秩序を形成する中で、西洋は、得るものと同じくらい手放すものも大きくなるだろう。

これからの世界は単に多極化するだけでなく、政治も多様化する、つまりさまざまな近代のあり方が現れてくるだろう。その中で西洋モデルは、国内・国際秩序をめぐって競合する多くの概念の一つに過ぎない。順調な独裁国家が自由民主主義諸国と十分渡り合うだけでなく、民主的な新興国も西洋と意見を異にするのが普通になるだろう。西洋と、勃興する非西洋の双方にとって真に重要な課題は、この世界の大転換をうまく進めて、次の世界へ平和的かつ計画的にたどりつくことである。それができなければ、複数のパワーの中心が相争い、それぞれの秩序概念が競い合うような、対立的なアナーキー状況が訪れるだろう。

本書の論点

西洋の優位性の喪失を論じるのは本書が初めてではない。[6] しかし、長期的視点をもって次の世界を詳細に見通す議論は前例がない。本書は、世界はどこに向かっているのかという説明の根拠として、いま起こっている出来事だけではなく、その根底にある歴史的な流れとパターンを重視する。本書が示すのは、なぜ西洋が勃興したのか、そして非西洋の勃興はどのような意味をもっているのかということの、大きな見取り図である。くわえて、これまでの類書が世界のパワーバランスの変化に注目するのに対して、本書の核心は、その変化が世界のあり方にどんな意味をもつのかという点である。とくに注目するのは、非西洋の勃興が政治、外交、戦争と平和、貿易を規律する思想・ルールにどのような影響を及ぼすのかである。[7] そして最後に、本書が提起するのは、次の世界は特定の国や地域に支配されないという、これまでにない議論である。ある人々は、西洋の価値と秩序概念を信奉するようなグローバル共同体が現れると考え、あるいはアジアの世紀が訪れると予想する人もいる。しかし、本書が論じるのは、次の世界には重心がないということである。つまり、世界は誰のものでもなくなる。

現在の世界的なパワーバランスの変化の本質と影響を理解するには、一つ前の世界の大転換、すなわち西洋の勃興を分析する必要がある。そこで本書は、まず、一五〇〇～一八〇〇年の間に西洋が世界のトップに躍り出た経緯を検証する。明らかになるのは、西洋が独特かつ偶然の道のりをたどったこと、そして逆説的にもそれが西洋特有の政治的な弱点の産物だったことである。ヨーロッパ勃興の主要因は、社会経済の躍動である。中世ヨーロッパの分権的な政治秩序の中で、商人、起業家、知識人からなる初期の中産階級が、君主、貴族、教会の権力に挑戦した。この新興ブルジョワジーはさらに宗教改革の先頭にも立った。そしてこの改革が宗教上の寛容を促し、教会と国家が最終的に分離するお膳立てをしたのである。

続いて代議制統治が始まった。宗教改革の解放思想と近代国家のコスト増大によって、君主たちは市民の資源・技術を利用するため彼らとの権力共有を迫られた。新興中産階級はまた、産業革命の経済的・知的基盤となった。産業革命は市場資本主義を強化し、さらに、工業化の副産物である都市化、公教育、大量徴兵などによって世俗ナショナリズムが生まれた。ナショナリズムは、強制ではなく合意によって社会をまとめる紐帯を提供することで、民主化と表裏一体の関係となった。

このような社会経済の発展パターンはまず西ヨーロッパに現れ、その後、経済的チャンスと宗教上の自由を求めて新世界に移り住んだ移民を通じて北アメリカにも広がった。それ以降、ヨーロッパと北アメリカが共同で西洋独特の政治秩序を築き上げた。その主な特徴は自由民主主義、産業資本主義、世俗ナショナリズムの三つである(8)。こうして西洋というものは、地理的な区域――北大西洋に面する陸地の集まり――であると同時に、顕著な特徴をもつ政治共同体にもなったのである。

さらに西洋は、その際立つ個性を形作った特性に助けられて、優位性をめぐる競争でトップに立つことができた。オスマン帝国、インド、中国、日本は、秩序が硬直的かつ階層的だった。それがネックとなりこうした国々では、ヨーロッパと北アメリカの勃興を支え、一九世紀までに西洋を世界の中心に押し上げた変化が起きなかったのである。さらには、大西洋の民主主義諸国が同時期に勃興したことは、それらの国内秩序が似通っていたことと相まって、グローバルな諸問題に対する西洋型アプローチを生んだ。そして西洋は、国内で採用している価値・制度を普遍化しようとした。すなわち、ヨーロッパと北アメリカは、利益と原則の両方の観点から、民主主義、資本主義、世俗ナショナリズムを輸出するべく全力を尽くしたのである。西洋の根本的な思想が世界中に普及したことは、ある一つの秩序概念が世界のほとんどの場所で定着した初めてのケースだった。そして、この秩序が長期間かつ広範囲にわたり続いたので、西洋モデルが揺るぎないという自信が生まれるのも十分に理解できる。

しかし、西洋が支える世界秩序が今後も持続するという考えには錯誤がある。この秩序が普及した理由の大部分は、西洋の物質的優位によるものであり、その思想に普遍的な魅力があったからではない。とくにソ連崩壊後には、われわれに残されたのは西洋秩序だけになった。発展途上国はしばしば強制的に誘導され、西洋のルールに従う以外にほとんど選択肢がなかった。しかしいまや西洋の物質面での優位性が崩れつつあり、思想面での支配力もかなり揺らいでいる。もちろん、非西洋が勃興しながらも西洋のルールには従い続けるということもあり得る。しかし非西洋がそうするのは、自分の社会経済秩序と国内の価値・制度が西洋民主主義諸国のものと合致するときだけだろう。言い換えれば、西洋秩序を維持するには、途上国の近代化が進展した結果として、国際社会全体が西洋モデルに沿って均質化する必要がある。

問題は、西洋の重要な特徴である自由民主主義、産業資本主義、世俗ナショナリズムが、近代化を進める国々で模倣されていないことである。たしかに、資本主義は世界中に浸透した。しかし大部分の新興国、なかでも中国、インド、トルコ、ブラジルは、西洋が歩んできた発展の道のりをなぞっていない。それらの文化的・社会経済的基盤は西洋のものとは異なり、国内秩序と思想的傾向も独特である。新興国は、西洋が確立した国際秩序の強化ではなく、修正を望むだろう。彼らは、政治的正統性の根拠、主権の本質、国際貿易のルール、国家と社会の関係といった問題について、西洋とは違う考えをもっている。新興国は物質面でのパワーが増大するにつれて、自分たちの利益や思想にとって有利な形で国際秩序を作り直そうとするだろう。勃興する非西洋は、そもそも西洋とは異なる道のりで発展しており、それは、均質な世界へ向かう途中のちょっとした回り道などではない。

西洋が勃興したのは、本質的・必然的な強みがあったからなのか。そうだとすれば、世界の非西洋諸国は、それが繁栄と安全を実現するのにもっとも効率的だという理由で、西洋モデルへ収斂していくだろう。しかし西洋が成功したのは特殊な状況に助けられたからであり、不動の優位性を誇るモデルがあったからではない(9)。こんにちの近代化は、そのときとはきわめて異なるグローバル環境の中で進んでいる。西洋が勃興した時代は、変革の主な担い手が中産階級だった。こんにち、中国の中産階級は現状を守る側にいて、政治的変革の原動力にはならない。近世において、国際システムはそれほど活発ではなく、静かなものだった。そこでのダイナミズムは下から上がって来なければならなかった。そして脱中央集権化と多元化の進んだ西洋の国家のほうが、階層的な帝国よりもそのダイナミズムを生むのに適していたのである。こんにち、国際システムは相互依存的で浸透性が高い。そこでは、中央集権的な国家のほうが、多元的な国家よりも多くの点でグローバリゼーションにうまく対処できる。国家主導型の経済はイノベーションに関しては不利な点があるものの、最近の経済危機が浮き彫りにしたのは、西洋流の金融マネジメントに欠点がないとはとても言えないということである。こんにちの多面的なグローバルシステムにおいて、異なるタイプの国家はそれぞれに強みと弱みがある。それゆえ、二一世紀において政治がすべて西洋モデルに沿って均質化されることはなく、さまざまな近代のタイプが並存する状況が現れるだろう。

そうしたグローバルな多様性の中にあっても、自由民主主義が普及し続けるという見通しは妥当であるし、実際にそうなる可能性もあるだろう。それは過去二世紀にわたってゆっくりと、しかし確実に広がってきたのであり、人間が自律と尊厳を求める気持ちは普遍的であるように見える。もっとも最近の例でいえば、アラブの春がそれを証明している。しかし、たとえ民主主義が広がり続けるとしても、やはり西洋は、来る世界の大転換が西洋秩序の普遍化をともなうと思い込んではならない。それには二つの理由がある。

第一に、タイミングである。世界の重心が移動するスピードは上がっている。中国経済は一五年以内にアメリカ経済を追い抜く勢いであるし、第4章で論じるように、国際社会の序列も次の三〇年で完全に入れ替わるだろう。対照的に、民主主義のグローバルな普及は、もし起こるとしてもはるかにゆっくり進むだろう。一〇〇を超える国々がいまも非民主的な体制により統治されているし、代議制統治の社会的・制度的基盤を作るには時間がかかる。(10) イギリスが一七世紀後半に立憲君主制になったものの、そこから二〇〇年間は自由民主主義へ進まなかった事実は、心にとどめておくべきである。

ドイツは一八七一年に立憲君主制の統一国家として生まれたが、民主主義が定着するには約八〇年の歳月と二度の世界大戦を必要とした。もちろん、こんにちの独裁が代議制へ移行するスピードは一〇〇年、二〇〇年前よりは格段に速いかもしれない。民主主義にはいまや確固とした足場がある。しかし世界が民主的になる時期よりも、多極的になる時期のほうがずっと早くに来ると考えて間違いない。アザー・ガットが言うように、「たとえ資本主義の非民主的な大国が最終的には民主化するにしても、そのプロセスには数十年か数世代かかるだろう(11)」。

第二に、民主主義が普及するにしても、新しく生まれた体制が単に民主的であるからといって西洋のルールに従うとは限らない。別の言い方をすれば、民主化は西洋化を意味しないのである。実際、西洋によって確立された国際秩序を断固拒否する国家が、民主化の結果として生まれるケースも十分あり得る。たとえば中東で民主主義がもっと広まれば、おそらくムスリムの政治的意識は高揚するだろうし、さらにはまさに代議制であるがゆえに前任の独裁者よりも西洋との協力に消極的になるアラブ国家も出てくるだろう。何らかの形で民主的な選挙を行ってきた国々の大半――イラン、アルジェリア、パレスチナ自治区、レバノン、イラク――を見ても、結果はイスラム教が政治に対する影響力を強めただけである。他の場所でも、民主化は同じように地政学上の攪乱要因になる可能性がある。中国が民主化されれば、グローバルな舞台に立つアクターとしていままで以上に行動が読めなくなり、攻撃的な性格も強まるかもしれない。

さらに、たとえ新興国が西洋の価値を共有するとしても、地位と威信をめぐって西洋ともめることにはなるだろう。勃興する非西洋は、西洋の覇権のもとでずっと辛酸をなめさせられてきたことに怒りを抱えていて、少しでも利害のからむ国際問題に関しては発言権の拡大を望んでいる。それぞれの国益の追求に関しても、新興国はやはり西洋と衝突するだろう。アメリカが一九世紀の終わりに大国として台頭したとき、アメリカとイギリスは民主的価値観とアングロサクソンの伝統を共有していた。しかし、それでもアメリカは自分の近隣地域からイギリスを追い出した。西半球における優越的地位を誰にも邪魔されたくなかったのである。間違いなく中国と他の新興国は、民主的であろうとなかろうと、資源と野心が増大していけばこれと同じ類の地域覇権を強く求めるようになるだろう。そうなると、アメリカおよびそのパートナーであるヨーロッパ諸国との間で、軋轢が生じるかもしれない。国家は民主的政府をもつかぎり西洋と考えが一致するという前提は、世界はすぐに民主主義国だけになるという説と同じくらい幻想である。

西洋と、勃興する非西洋は、世界の大転換が進む中で、原則や地位、地政学的利益をめぐって競い合う状況になっている。西洋と非西洋の双方にとって課題となるのは、新しい多元的な秩序を作り上げることである。それは、さまざまな近代のタイプが並存する次の世界において、安定と、ルールに基づく国際システムを維持する秩序である。

本書の概要

本書の主な目的は二つある。一つは分析的なものであり、来たる世界の大転換の原因と結果を明らかにすることである。第2章と第3章では、グローバルな変化を歴史的文脈の中に位置づける。第2

章では、もっとも最近の世界の大転換について時系列的にまとめる。それは、世界の主導的なパワーの中心としてヨーロッパが台頭する一方、その陰で中東とアジアが没落した時期である。その構造的な変化は何よりもまず、社会経済的な変化と、政治の現状に挑戦できるだけの富と力をもった中産階級の勃興に起因していた。第3章では、近世ヨーロッパの発展を、中東とアジアにまん延していた中央集権制が原因の閉塞状況と比較することで、西洋の勃興について結論をまとめる。中東とアジアは、西洋の近代性を形作った歴史的変動を経験しなかった。だから、先をいっきに走っていく西洋の後塵を拝する結果になったのである。西洋は非西洋を引き離しただけでなく、その後、優位性に乗じて「グローバル化した」、すなわち自分の経済・政治原則の途上国への輸出に突き進んだ。西洋は、最初はヨーロッパ、次にアメリカのリーダーシップのもとで、国際システムに秩序をもたらすルールの大部分を作り出す存在になった。

第4章と第5章では、世界の次の大転換、すなわち非西洋の勃興について考察する。第4章は、本書の後半への導入部である。そこでは、新しい勢力にパワーが分散していくさまを時系列的に概観し、さまざまな見地——富、人口、教育、生産力、軍事力——から非西洋が西洋に急速に追いつきつつある現状を示す。たとえアメリカとヨーロッパが堅調な経済成長率を回復できたとしても、西洋が一九世紀から維持してきたグローバルな優位性を失うことは避けられない。続く第5章では、勃興する非西洋が西洋モデルに突きつける挑戦を取り上げる。中国、ロシア、ペルシャ湾岸地域の独裁政治、中東の神政政治、アフリカのワンマン政治、ラテンアメリカのポピュリスト政治——。こうしたもろもろの体制は、西洋モデルの普遍性に挑戦するものであって、自由民主主義、産業資本主義、世俗ナショナリズムに向かう途中にある単なる中間地点ではない。このような非西洋型の統治は今後も廃れずに存続するので、新興国が勃興するに従い政治の多様性は高まることになる。

本書の二つ目の目的は規範的なものであり、西洋がいかにして二一世紀の世界に備え、順応すべきかというアイデアを示すことである。第6章では、西洋が世界の大転換を支えるためには、経済・政治の活力を取り戻さなければならないと論じる。はじめに、西洋が物質面・思想面で力を失うに至った経緯を検討する。それは、アメリカとヨーロッパ双方での景気低迷、欧州連合に広がる政治の国家回帰、そしてアメリカ国内の深刻な分断である。第6章ではさらに、欧米の民主主義諸国が経済成長を復活させ、民主政治に新しい息吹を与え、そして自信を取り戻すためにやるべきことは何なのか、検討する。

最後の章では、来る世界の大転換に国際秩序を適応させるための構想を描く。アメリカは、勃興する非西洋が西洋の価値・制度に従うべきだと主張するのではなく、新しいコンセンサスの形成をリードしなければならない。正統性を、自由民主主義ではなく責任ある統治に結びつけて考える。政治と思想の多様性を受け入れる。グローバル・ガバナンスと、地域機関への権限移譲のバランスをとる。規制が強めの国家中心的な資本主義を創り出す——。これらの原則に沿って新しい秩序が生まれるであろう。アメリカが新しい正統性規範・行動規範に従えば、新興国も同じように応える気になるだろう。そうなれば、西洋の優位性がなくなった後も、安定を保つための取り決めが成立する可能性はもっとも高くなる。ヘンリー・キッシンジャーが最近警告したように、「世界秩序というものは、参加者がその形成に関わったという理由で支持するような仕組みがあるかどうかにかかっている。アメリカはそのことをこれから学ばなければならない[12]」。

第2章　西洋の勃興

歴史物語

西暦五世紀のローマ帝国崩壊から一五世紀の宗教改革動乱までの一〇〇〇年もの間、ヨーロッパは地政学的な僻地ともいうべき存在だった。ローマが、ビザンチン帝国の中心地コンスタンチノープルにその優越的地位を譲り渡してから、世界の重心は東に移ったのである。インドと中国は長期にわたって経済発展を謳歌し、一六〇〇年までに、この二つの帝国が全世界の富のほぼ半分を占めるようになっていた。また、アラブ人、トルコ人、ペルシャ人を牽引役に、イスラム文明が発展し、ヨーロッパへの進出を目論むまでになった。八世紀に北アフリカのムーア人がイベリア半島に侵略してこれを支配下に治め、一三世紀までに住民の大半をイスラム教に改宗させた。後には、オスマントルコが地中海をまたぐイスラム帝国を築いた。彼らは最終的にバルカン半島の大部分を支配するに至り、一五二九年からは何度もウィーンの征服を試みている。

オスマン帝国が地中海を支配していた時代と比べると、それ以降の近現代史は際立った対照をなしている。後塵を拝していたヨーロッパが、一五〇〇〜一八〇〇年の間に頭角を現し、経済力と軍事力で、オスマン帝国だけでなくインドと中国をも凌駕する。一九世紀、ヨーロッパ人は北アメリカの末裔たちとともに世界政治の支配権を握り、帝国主義を地球上のほぼすべてに拡大した。そして帝国主義の時代は二〇世紀半ばに終わりを迎えたが、西洋の軍事的・経済的な覇権はこんにちまで続いている。

本章の目的は、この直近の世界の大転換——西洋が目覚ましい勃興を遂げた一方、競争相手が凋落したこと——の原因を明らかにすることである。一五〇〇〜一八〇〇年の間に起きた、この世界の主役の交代劇を検証すれば、次の大転換を想像することができる。それは、西洋の勃興と同じくらい根本的に世界を変えることだろう。また、近代の始まりを歴史的に振り返ることで、グローバルなパワー分布が、どのように、なぜ変化したのかを理解できるだけではなく、こんにちの新興国が西洋の前例にならうのかどうかも見えてくるだろう。はたして、西洋の勃興の歴史は一般的なもので、他の場所でも再現されているのか。つまり、西洋以外の諸国でも、近代化が進むにつれて、政治は自然と同じ形に収斂していくのか。あるいは、西洋がたどった道のりはユニークなものだったのか。つまり、他では見られない政治的・社会経済的・宗教的要因によるものだったのだろうか。もしそうなら、未来の世界では近代の多様なタイプが並存し、国際秩序は多極的であるばかりか、政治的にも多様なものになるだろう。

「ヨーロッパが目覚ましい勃興を遂げたのは、ヨーロッパ自身が抱えていた政治面での弱点のおかげだった」。これが本章の要点である。神聖ローマ帝国は形式的には九六二年から一九世紀初頭まで存在していたが、君主、ローマ教皇、地方の宗教指導者、貴族、自律的な封建領土の間で権力が広く分散しており、帝国支配は当初から分権的なものだった。皇帝、教会、貴族がすべて権力をめぐって競い合い、そして、その競争によって新しいアクターが参入できる政治空間が広がったのである。新しいアクターとは、商人や手工業者など初期の中産階級に属する人々である。彼らは、荘園や教会の権威から離れたところで自分たちの仕事に励み富を手に入れるため、自立した都市を築いた。

新興ブルジョアジーと彼らが作り上げた都市は、ヨーロッパが世界の重心として徐々に台頭していく際の原動力になった。ヨーロッパの都市は中東の都市に比べれば小さく、一～二万人ほどの住民しかいないところがほとんどだったが、交易の中心地になった。交易が急速に拡大したことで銀行が誕生し、契約やローン、近代的な金融手法も発達した。商業と金融が富を生み出すのと同時に、教育と識字能力が向上し、研究と技術革新が進み、そして王朝や教会による支配の長い伝統に反抗する能力と意志をもつ人々が登場した。商人ギルド、商業同盟、都市間の防衛協定により水平的な協力関係が生まれ、都市住民は、帝国と教会が支えていた垂直的な権力構造に対抗する力を蓄えたのである。

マルチン・ルター、フルドリッヒ・ツヴィングリ、ジョン・カルヴァンなど、一六世紀にカトリック教会の神学と儀礼に挑戦した人々の教えを他の誰よりも支持したのは、都市住民である。彼らは、信仰についての教皇の排他的な影響力を排除して、宗教の多元性が広がる端緒を開いた。宗教改革は、まずドイツの中心部で定着してからいっきに――主に北部と西部に――広がった後、西洋キリスト教世界の再編成だけでなく、ヨーロッパの政治的変容も推し進めた。これに対して、神聖ローマ帝国のハプスブルク家は教皇と手を握って、プロテスタントの挑戦を潰そうとした。実際、反宗教改革戦争は、ボヘミア、モラヴィア、そしてオーストリアの一部を奪還することに成功している。しかし、北ヨーロッパの大部分では、プロテスタンティズムの広範な受容がもはや覆せない潮流になっていることは明らかだった。そしてここから、宗教上の寛容という概念が、計画的にというよりは、自然な成り行きとしてヨーロッパに誕生した。キリスト教の異なる宗派の人々が隣り合わせに暮らすためには、宗教の多様性を受け入れるほかなかったからである。何といっても、プロテスタントとカトリックが戦った三十年戦争では、ドイツの全人口のおよそ四〇パーセントが犠牲になったのである(1)。

さらに、宗派の違いによる戦いが、宗教上の寛容だけではなく、政治の多元性も促すことになった。信仰の衝突による一連の戦争によって、国家は強固になり、また多額の予算を必要とするようにもなった。すなわち、戦争の遂行が国家の形成を促したのである(2)。はじめは国家としての活動が活発になったことで、中世に貴族に権力を譲り渡していた君主の立場が強化された。しかし、費用のかさむ戦いに直面した君主は臣民への要請を増やさざるを得なくなり、増税や、場合によっては戦いで命を危険にさらすことも求めるようになった。そして、君主は臣民から〔経済的・人的な〕資源を提供してもらう代わりに、彼らに権力の一部を渡すという取引が生じた。この取引が、やがて立憲君主制の制度化へとつながっていくのである。当初、このような政治的権利の拡大の恩恵に浴したのは、地主貴族と豊かなブルジョアジーに限られていた。だが産業革命によって庶民が教養を身につけ、活発に行動するようになり、そして力もつけてくると、血統や富による支配は少しずつ自由民主主義にとって代わられていった。

そして、合意に基づく政治にはナショナリズムが必然的に付随した。ナショナリズムは民主主義国をまとめる思想上の接着剤として機能したのである。またそれは、工業化・公教育制度・大量徴兵が促進した社会の均質化と人々の混交がもたらす当然の帰結でもあった。都市化、富に見合った政治力を求める中産階級の誕生、宗教の多様性が定着したことで生まれた寛容さ、工業化、民主的な国民国家の登場――こうした社会経済面での変化が、西洋の勃興とその経済・軍事面での優位性を支えたのである。

中東や他の非西洋諸国の近代化が、どれくらい西洋モデルにならうのかということは、第５章のテーマである。本章では西洋の勃興について説明するが、それは、ヨーロッパが独特の道のりを進んで世界の主導的地位にたどり着いたことを論じるための準備作業である。バラバラで競い合う複数の権力主体、人口分布と地勢、プロテスタントの宗教改革が宗教と政治両方の多元性に寄与したこと――こうしたもろもろの特徴が重要な働きをして、西洋は中東とアジアを最終的には追い抜いたのである。また、このような西洋と非西洋の社会・宗教の根本的な違いがわかれば、なぜ西洋がこれまで自由民主主義・政教分離・世俗ナショナリズムを世界に拡大しようと努力して、いつも失敗してきたのかということも見えてくる。

本章ではまず、ヨーロッパの政治面での弱点が、どのようにして経済発展の主要因になったのかを説明するところから始めたい。商人と手工業者が住みついた新しい都市は、帝国と教会の権力に対抗できる力をもっていた。そしてその都市が、宗教改革の革新的なメッセージを奉ずるチャレンジ精神の拠点になったのである。これに次いで明らかにしたいのは、宗教改革がどのようにして、強大化する諸国家の間に新しい協力関係をもたらし、さらには宗教上の寛容と政治の多元性を促進しながら、ヨーロッパの政治の勢力図を塗り替えたのかということである。ここではドイツとイングランドの話が中心になる。ドイツは宗教改革が始まった場所である。イングランドは一七世紀の内乱——おそらく、ヨーロッパで続いた宗教戦争の最後の一つ——の後、宗教上の寛容、自由主義政治、産業資本主義を推し進めながら、近代への歩みをリードした国である。

中世ヨーロッパにおける政治勢力図の変化

神聖ローマ帝国（九六二～一八〇六年）の初期に起きた三つの変化が、ヨーロッパの勃興の舞台を整えた。第一に、八八八年にカロリング王朝が崩壊したことにより、封建制の幕開けが近づき、そして自律的な荘園が増えていくにつれて政治権力が分散する可能性も出てきた。第二に、皇帝と教皇の対立と、教会の内部分裂が、帝国と教会両方の権威を弱めた。第三に、交易が拡大した結果登場した初期ブルジョアジーが新しい都市を建設し、国家と教会の弱体化に乗じて影響力の拡大を図った。これら三つの変化が相まって、封土、君主国、公爵領、伯爵領、都市が拡大し、それらの多くは（帝国と教会の権威に対する忠誠をしばしば放棄して）商業・政治・軍事の面で相互協力関係を結んだのである。(3)

政治の分権化の原因

八〇〇年にカール大帝が戴冠してから、八八八年にカール三世が死去するまで続いたカロリング朝時代には、君主に直接の忠誠を誓う交替制の行政官と騎兵が帝国支配を担っていた。カロリング朝崩壊後、九六二年に皇帝の座についたオットー一世のもとで神聖ローマ帝国が建設されたのと同時期に、騎兵は領土に根を下ろして地方貴族と主従関係を結び、騎士となった。君主が独占していた土地は貴族が獲得した。獲得は所有権になり、そして所有権は世襲となった。騎士は、土地を所有するようになった貴族を保護し、その対価として封土と、それが生み出す農業収入の権利を得た(4)。

荘園の事実上の独立状態は地勢によって強められた。帝国も教会も、川と森と山に囲まれた荘園を支配するのは難しいと悟ったのである。また雨川に恵まれていたことも、そのような支配の必要性を下げた。中東やアジアの乾燥地帯では、農作物生産のために中央集権的な国家主導型の灌漑事業が必要だったが、ヨーロッパは豊富な自然の水に恵まれており、その必要がなかったのである(5)。

皇帝と教皇の権力闘争が、ヨーロッパの政治の分権化をさらに促進した。一〇世紀には、帝国のほうが有利な立場にあった。教皇を任命するのは皇帝であったし、司教と大修道院長を選ぶのも皇帝だった。そして、修道院とその他の教会の所領は封土になり、騎士に保護を頼ったのである。一一世紀に教皇が反転攻勢に打って出た。一〇五九年、教会は教皇を選ぶための枢機卿会を設立した。するとすぐに神聖ローマ帝国の皇帝ヘンリー四世は、教会を再び帝国の支配下に置くためイタリアに侵攻し、教皇グレゴリー七世をローマから追放した。だがヘンリー四世の試みはうまくいかなかった。教皇はヘンリー四世を破門し、さらにドイツ内の教会を説得して帝国に反抗させたのである。これに対して皇帝は、政治的な仕事を担う立場にいた聖職者を、世俗の役人に置き換えた。その役人の大部分は、軍事経験をもつドイツの諸侯か貴族だった。しかし、その役人たちはすぐに自律的立場を求めるようになった。一三世紀の初頭までに、教会と国家の闘争は、地方役人の自律性の高まりと相まって、「中央権力のほぼ完全な消滅」という結末にたどりついたのである(6)。

一三世紀後半、イングランドとフランスの国王がともに聖職者への課税を始めると、教会と国家の対立はいっそう激しくなった。教皇ボニファティウス八世は教会の税免除特権の侵害に抵抗したが、無駄だった。教皇の権力が世俗権力に間違いなく従属している現実が、このとき露わになったのである。一三〇五年に枢機卿会がフランス人の教皇クレメンス五世を選出したとき、教会に対するフランス国王の影響力は大きくなっており、クレメンスは一三〇九年にアヴィニョンに居を構えることを決めた。これにより、フランス国王による教会支配はさらに強まり、そして、ローマが所在地であることに結びついていた、教皇の伝統と威信が否定されたのである。

教会自身の内部抗争もまた、教会の権威失墜を加速させた。一〇五四年に、キリスト教世界はローマ・カトリックとギリシャ正教に分裂したが、この分裂は長い時間をかけて進行していたものである。四世紀にローマ帝国が二つの行政区域に分断され、西ローマ帝国の統治はローマが、東ローマ帝国はコンスタンチノープルが担うようになった。それからほどなくして、ローマの教皇とコンスタンチノープルの総主教が信仰上の問題と地位をめぐって争い始めた。教会は形式的には一一世紀まで一体だったが、一〇五四年の分裂と、正教会のカトリックからの正式離脱は、教皇の権力とキリスト教世界の統一にとって大きな痛手となった。

カトリック教会内部の権力闘争は、教皇の弱体化を早めた。教皇グレゴリウス一一世――教皇の所在地をローマに戻したフランス人――が一三七八年に死去した後、枢機卿会はイタリア人のウルバヌス六世を新しい教皇に選んだ。その後フランスからの圧力によって、枢機卿たちはその決定を取り消し、代わりにフランス人教皇を選び直した。ウルバヌス六世が引き下がるのを拒んだために、ローマに一人、アヴィニョンに一人という形で、教皇が二つに分かれた。このいわゆる「大分裂」は、一四〇九年に第三の教皇が任命されてさらに混迷を深めた。ジギスムント皇帝が一四一七年に新たな教皇を選び、ローマが一四四六年に教皇の唯一の所在地として返り咲く環境が整うまで、危機は収まらなかった。以上のような教皇をめぐる内輪もめが続く最中に、地方の聖職者たちが、教会内の事柄の処理に関する発言権――公会議主義として知られる慣行――を要求した。これにより教会内部の分権化はさらに進んだ。

その一方、神学上の異論をめぐる初めての動乱がイングランドで発生し、すぐに中央ヨーロッパにも広がった。一三〇〇年代の終わりには、ジョン・ウィクリフと彼の支持者たちが教会の世俗的権力に反抗し、聖書を英語に翻訳した。ヤン・フスは異論をプラハに広めて、ローマから独立した教会をその地に設立した。フスは異端者として火あぶりの刑に処せられ、ウィクリフの支持者たちもイングランドで弾圧を受けたが、異論の動きが公然と現れたことで教会の混迷は深まった(7)。こうした一連の出来事が原因で、一四世紀の終わりから一五世紀のはじめにかけて教皇の影響力は挽回できないほど低下し、聖職者たちもますます世俗の政府に従属するようになった(8)。

一〇～一三世紀に目覚ましいスピードで進んだ交易の拡大とそれにともなう都市の急増により、帝国と教会はどちらも権威の低下が加速した。交易拡大はある面で技術進歩の結果である。重い大型のすきと新しい灌漑技術の使用が増えたことで、農業の生産性は向上し、食料は過去に類を見ないほどの供給過剰になった。船尾かじのおかげで商人は、当時の河川貿易を海路の長距離輸送につなげることができた。航海技術と造船技術の進歩は――その多くはポルトガルの功績である――海上輸送の発展に貢献した。オスマン帝国が経済の分野でヨーロッパに勝っていた主要因の一つは、障害の少ない陸上輸送ネットワークだったが、それも海運業の発達により目立たなくなった。クレイグ・ロッカードによれば、「アジア貿易におけるヨーロッパの役割が増えたことで、オスマン帝国が歴史的に保持してきた仲介人としての立場は弱まり、……最終的には、かつて国際貿易の中心だった帝国は、新しい世界貿易システムの中で二番手に後退したのである」(9)。

経済が発展する中世後期以前のヨーロッパでは、都市は軍事的に有利な場所にあった。これに対して一一世紀に成長しはじめた新しい都市は、軍事だけでなく交易も考慮に入れて、川、港、通商ルートのそばに置かれた。その結果、かつては半ば浮浪者だったような商人が、新しい都市を定住に最適な場所だと見るようになった。同じように鍛冶屋や金属細工人などの手工業者も、交易の中心地のほうがはるかに大きな市場があるという理由で、荘園よりも都市を選んだ(10)。

とくにドイツの場合、都市は比較的小さく(住民は数千人)、中東に比べれば都市と都市がそれほど遠くは離れていなかった(11)。こうした二つの特徴は、新しい政治協定を締結するのに好都合なものだった。ヘンドリク・スプルートによれば、「交易が拡大し、それにともない都市が増えたことで、国王、貴族、商人、教会の間に新しい協定が生まれた(12)」。都市住民は、市場の拡大、輸送の保護、自分たちの政治的自律性の向上に共通利益を見出し、それを実現するために手を組んだ。こうした動きから生まれた交易と防衛のネットワークのおかげで、伝統的権力の階層的支配に対抗する都市住民の力は増大したのである。

都市 vs. 農村

都市の成長と初期ブルジョアジーの勃興が、近代へ進むヨーロッパの推進力だった(13)。帝国と教会の権威が弱まったことで、新しい政治・経済アクターが活動できる自由な空間が生まれた。潜在力の高い都市住民がその空間をうまく利用して、最終的にはヨーロッパの勃興を推進する社会の主要勢力になったのである。都市と農村の分断は、近世ヨーロッパにおいておそらくはもっとも重要な分断だった。その分断から生まれた宗教的・政治的な断層が、ゆくゆくは宗教上の寛容と政治の多元性を西洋にもたらしたのである(14)。

都市が進歩的な変革の推進力になった理由は、少なからず、その都市がひきつけた人間のタイプにある。商人と手工業者が新しい交易中心地の設立に尽力したのは、単に経済的なチャンスをねらっていただけ、というわけではない。それは、荘園の生活を支配する領主や聖職者の手から逃れるためでもあった(15)。小作農も農奴制から逃れるためにそれに続いた。このように都市は、自律性の拡大を求める人々をひきつける場になったのである。地方の貴族は、収税吏の管轄を都市部へ広げることはたいていの場合成功したが、相当な収入がそこから得られるのであれば、税以外の事柄については都市の自治に任せたほうがいいと考えるようになった(16)。教会もまた、都市では農村よりはるかに小さい影響力しかもたなかった。教会の教区はもともと農村の人々向けに作られたものであり、また聖職者を増やして新しい都市をカバーするというのも無理な話だった。(17) J・R・ヘイルが指摘するように、「都市は、教会・貴族・君主に立ち向かい、ある程度の自治を求めて交渉し、戦った。そして、農村にはまだ残っていた奴隷根性を脱却したのである」。(18)

都市と、交易の拡大は、ヨーロッパの政治ばかりでなく経済も変えた。銀行、ローン、保険、商事契約のような近代的な金融手法が発達しはじめたのである。こうした革新により、都市住民と教会の関係はさらに悪化した。教会は高利貸しを認めていなかったし、利益をねらって商品に値段をつけるやり方にも反対していたのである。(19) それでもヨーロッパの商人階級は急速に成長し、あっという間に活動範囲を遠方の市場にまで広げた。一三〇〇年代の中頃には、オランダの都市ブルッヘにおよそ一七の民間銀行があった。(20) 早くも一四〇〇年代には、ヨーロッパの商人と金融業者がオスマン帝国の交易所を牛耳らんとする勢いだった。(21)

都市は富の中心になっただけでなく、学問、出版、技術革新の中心地ともなった。富が蓄積したことで、肉体労働ではなく知的活動に専念できる都市住民も出てきた。技術革新は、商業上の現実的な必要性が主な原動力になるケースが多かった。農村では自然——季節、祝祭、日光、暗闇——が時を刻み、商売は個人的な人間関係に基づくものだった。都市では、時計によって時間を知り、商売を非人格化する法的・金融手法が発達した。(22) 新しい技術が生まれることで、生産性が向上して利益が増大した。やがて識字能力の向上と学問の普及が、商売の次元を超えたところで進歩をもたらした。都市は学問の発展にかつてないほど大きなチャンスを提供することでヒューマニズム運動に貢献し、また芸術・文学・法律・医学の研究も促進したのである[23]。

印刷機の登場による識字能力の向上と学問の進歩は劇的なものだった。世界初の活字本は、一四五六年に出版されたグーテンベルクの聖書である。一五世紀が終わる頃には、ヨーロッパにおよそ一〇〇〇の出版社があり、約三万タイトル、六〇〇〇万部を出版していた[24]。都市と農村の識字能力の格差は大幅に広がった。都市では約六〇パーセントの住民が字を読むことができた一方、農村は一パーセントに満たなかった[25]。

さらに都市が農村と違った点としては、諸都市の間に現れた水平的な協力関係がある。それによって新興ブルジョアジーの政治的な影響力は強まった。数がものを言うと考えた都市住民は、労働者のギルドを結成した。それは一種の労働組合のようなものである。そうした手工業者と熟練工の組織に参加したメンバーは、集団行動のアドバンテージを得られた。たとえば、封建領主が河川輸送に通行料や規制を課そうとしても、それを拒絶できたのである。ギルドは経済上の便益だけでなく、娯楽や宗教活動も提供した。そのおかげでメンバーは、貴族と教会の影響力に十分抵抗できるだけの結束した社会集団としてまとまった。このような商業上の組織は経済面でも政治面でも有益なものだったので、急速に普及した。たとえばフランスの都市アミアンを見ると、一四〇〇〜一五〇〇年の間にギルドの数が一二から四二に増えている[26]。

都市住民の力の増大につながる水平的な協力関係は、他にもう一つあった。それは都市間の商業同盟である。この交易ブロックは、さまざまな都市の商人たちが個々に交易の拡大をねらって手を組んだのが発端である。その後、都市と都市が協定を結ぶ形になった。これによって〔協定に加わっていない」第三者から優遇措置を受けることが保証され、交易を規制しようとする貴族の動きも抑えられたし、メンバーとその船の共同防衛も実現した。一三八五年にはシュヴァーベン・ライン同盟が八九の都市により結成され、その中でおよそ一万人の兵士からなる防衛軍も編成された。一三～一七世紀にいろいろと形を変えながら存続し、北海からバルト海まで勢力を広げたハンザ同盟は、ピーク時には約二〇〇都市が参加していた。このような協定により都市の力は大幅に増大し、新興ブルジョアジーの経済的・政治的利益も増進した。実際、神聖ローマ帝国側はそうした同盟の政治的脅威を十分認識しており、一三〇〇年代中頃には皇帝が同盟の形成を禁止しようと試みたが、失敗した(27)。

ヨーロッパの商業と政治の変化に都市が果たした主導的な役割は、とくにドイツで顕著だった。そこでは、帝国・教会の諸制度の崩壊と都市の成長およびブルジョアジーの勃興が同時進行で起きていたし、後者が前者を促進している側面もあった(28)。後に述べるように、ドイツの都市住民は、プロテスタントの宗教改革の普及に重要な働きをした。イングランドも、都市の急増とブルジョアジーの勃興が変化の推進力になった点についていえば、ドイツとかなり似た道筋をたどっている。しかしイングランドの場合、地主貴族と商人は協力し合うことが多かった。貴族が商人になるケースも少なくなかったのである(29)。経済的結びつきが政治的連携に発展し、貴族・商人同盟が生まれ、新興中産階級は比較的すんなりと政治の世界に取り込まれた。それゆえイングランドはドイツよりも早くかつ穏便に、政治の自由化の段階に進んだのである。

フランスの都市はドイツやイングランドよりも数が少なく、都市間の距離も離れていたため商業同盟の形成が難しかった。さらに、ブルジョアジーがしばしば君主と手を組むこともあり、君主は教養も技術もあるブルジョアジーを官僚として雇った。裕福な都市住民はお金で貴族になることもできた。(30)こうして中産階級が抜擢されたり、既存の社会ヒエラルキーに取り込まれたために、ブルジョアジーの改革精神は抑え込まれた。結果、フランスは、新興中産階級が仲介する漸進的な変革よりも、市民革命の路線を歩むことになったのである。

イタリアはまた別のパターンである。その都市の多くは古代ローマの時代から存在し、貴族、商人、労働者を含む都市人口は（ヨーロッパの基準でいえば）かなり大きかった。そのようなイタリアの都市は、一般に、依然として貴族の支配下にあり、伝統的権威に挑戦しようとする人間が集まる場所にはならなかったのである。またイタリアの都市は大規模ゆえに商業と防衛の面でほぼ自己充足できたので、北ヨーロッパに現れたような都市同盟は生まれなかった。そのため、イタリアの商人は、商業的・戦略的同盟がもたらすアドバンテージとは無縁だった。(31)後に検討するように、このようなイタリアの際立った特徴は、以下の問いを考える際に手がかりとなる。なぜイタリアではプロテスタントの宗教改革が根付かなかったのか。なぜ政治の自由化へ向かうイタリアの歩みは、保守的で漸進的なものになったのか。

国ごとに発展のパターンはさまざまだが、ヨーロッパの勃興の最大の推進力は交易の拡大と都市の成長である。新興ブルジョアジーは、君主・貴族・教会の伝統的権威に反抗する意志と能力をもっていたので、変革の先頭に立った。さらに都市と、都市とともに発達した教養・学問が、ヨーロッパが宗教上の寛容と政治の多元性に向かって歩みはじめるきっかけとなった重要な出来事、すなわち宗教改革の舞台を整えたのである。

宗教改革

社会・経済の躍動と宗教上の異論、そして政治の自由化がセットになってヨーロッパの勃興を後押しした。宗教改革は、商業の発達と都市化が社会に与えたインパクトにうまく乗っかった。宗教上の異論をいち早く受け入れたのは、教育レベルの高い都市ブルジョアジーである。彼らは、異論がカトリック教会の影響力に対抗するのを歓迎したし、プロテスタンティズムが聖職者による仲介を通さない個人的な形の信仰を重視することにも魅力を感じた。勢いに乗った宗教改革は、ヨーロッパにおける進歩的変革の最前線になった。宗教上の異論が、最後には政治の自由化への活路を切り拓いたのである。つまり世俗の世界における改革は、宗教の多元性が少しずつ広まっていく中で生まれたチャンスに乗じて始まったのである。

プロテスタントの運動およびカトリックとの衝突は、非常に重要な三つの覆せない結果を引き起こした。第一に、宗教改革は宗教を、そして究極的には政治をも神学的・道徳的・合理的考察の対象にすることで、啓蒙主義の知的発展の土台を築いた。ヨーロッパが他の地域を圧倒する原動力ともなったその発展は、少なくとも最初の段階では、宗教上の異論が引き起こしたものだったのである。第二に、プロテスタンティズムは新たな共同戦線を生み出す源になった。プロテスタントの各地域は、国境の内外で戦略的同盟を形成し現状に挑む力を蓄えた。新しい宗教的・地政学的な水平ネットワークが、君主・貴族・教会の階層的な権力構造を崩そうとする人々の運命を好転させたのである。(32) 第三に、長く続いた宗教戦争の時代が、宗教上の寛容と政治の多元性をもたらした。寛容は紛争から生まれたのである。カトリック、ルター派、カルヴァン派、ピューリタン、長老派などもろもろのキリスト教の各宗派は、流血の惨事を終わらせるためにはお互いを認め合うしかなかった(33)。一方で国家は、武力紛争のコストがかさんだために税を上げ、自国民の負担を増やさざるを得なかった。君主はそれまで以上に臣民に資源の提供を求め、犠牲も払わせたが、その対価として彼らに政治的な力をさらに与えなければならなかった。このような取引によって、ブルジョアジーの富の拡大は政治的な力に転換され、究極的には、強大化するヨーロッパ諸国が少しずつ代議制に向かって進む流れが出てきたのである。

神学・教義上の異論

宗教改革の発端は、帝国や貴族の政治権力に対する抵抗を生みだしたのと同じ社会的覚醒、すなわち人間の自律性の拡大を求める願望だった。中世のカトリックはきわめてトップダウン的な世界であり、教皇が地球上で最高の宗教権威として君臨し、司教、大修道院長、司祭からなる厳格な階層制を通じて権力をふるった。人が神との間に結ぶ関係は、聖職者が仲介するものだった。聖職者はミサを仕切り、秘跡を執り行い、そして教会法の執行を通じて人々の日常生活にも介入した(34)。

中世の教会は、神学と教義にまつわる事柄を一手に引き受けていたが、それに対する挑戦があることも十分承知していた。ウィクリフやフスをはじめとする異論の提唱者が支持を広げており、もっと風通しがよくてわかりやすいタイプのキリスト教を求める切実な声があることは誰の目にも明らかだった。こうした動きに対して、カトリック教会はすぐに異端の烙印を押して弾圧したが、実はこれを受け入れていた部分もあった。たとえば、煉獄《れんごく》という概念——天国に行く道の途中にある待機場所——が、教区民に各自の運命についての発言権を与えることを一つのねらいとして、中世に新しく導入された。善き行い、ミサへの参加、免罪符（罪を償うために教会に支払う寄付金）によって、その待機場所での滞在時間を短縮できるとされた。煉獄のおかげで信者は、自分の死後の世界を少なくともある程度はコントロールできるようになったのである(35)。

一四八三年生まれの聖職者・神学者マルチン・ルターは、煉獄から抜け出す道をお金で買うという考えに異を唱え、カトリックの神学と儀礼全般に挑戦した。父親が鉱山と溶鉱炉を経営していたルターは、ドイツ北部の都市で育ち、都市に溢れる進歩的な野心を肌で感じていた。彼は、教会が人間と神をつなぐ不可欠な仲介人だというカトリックの主張に反論し、信者は個人的な信仰と祈りを通じて全能の神と直接の関係を維持できるのだと訴えた。「すべての信心深いキリスト教徒は聖職者である」と公言し、教義、儀礼、礼拝を教会が独占している現状に真っ向から反抗した(36)。彼はまた、教皇ではなく聖書こそが神の啓示の唯一の源であると主張して、教会制度の権威に異議を唱えた。彼は聖書をドイツ語に訳すこともしている。それによって識字能力のある庶民が聖書を読めるようにして、神と人間の間をとりもつ不可欠な仲介人としての聖職者の役割をさらに奪ったのである(37)。

一五一七年、ルターは九五カ条の論題を公表した。印刷技術の登場によってそのメッセージはいっきに広まり、一カ月もたたないうちに彼の思想はヨーロッパ中に普及した。ルターは一五二一年に教皇により破門され、皇帝からは「悪名高き異端者」と断言されたので、身を隠すしかなくなった。それでもプロテスタントの運動は止まらなかった。ルターのメッセージにとくに共感したのは、裕福なブルジョアジーである。彼らは、宗教上の異論が教会の支配から逃れることを正当化し、またそのための手段にもなると考えていた。[38] ルターの教えは、庶民の間でもかなりの人気を博した。庶民の多くは、聖職者に依存するよりも個人的な信仰を好み、教皇の宗教よりも聖書の宗教を好んだのである。[39] 実際、宗教改革にともなう最初の流血事態というのは、一五二四年にドイツで労働者と小作農が起こした反乱であった。宗教対立はそれからいっきに増えて、プロテスタントの信仰とともに拡大した。一六世紀の終わりには、面積でいうとヨーロッパのおよそ半分がプロテスタントになっていた。[40]

　ルターの教えの魅力に触発されて、同時代の人々はそのバリエーションを創り出した。それゆえ、プロテスタントの運動は当初から多元的なものだったのであり、この点でカトリックの厳格な統一性との違いはいっそう明白になった。チューリッヒを拠点に活動していたフルドリッヒ・ツヴィングリは、聖餐《せいさん》をはじめとするもろもろの教義に関する事柄の意味について、ルターとは解釈が違った。フランス人のジョン・カルヴァンは、教会の統治をもっと平等なものに変えたいとの考えから司教の廃止に賛同し、それぞれの会衆《かいしゅう》が教義と儀礼に関する事柄を監督する長老の会議を選出するよう求めた。

　ドイツとスカンジナヴィア諸国は、ルター主義と呼ばれるようになったものを信奉した。一方、ツヴィングリとカ

マルチン・ルター（Georg Pencz作、1533年）

ルヴァンの教え（しばしば改革教会と呼ばれる）は、スイスなど大陸ヨーロッパの他の地域で普及した。イングランドでは国教会（カトリックとカルヴァン主義の中間）が、ピューリタニズム（カルヴァン主義の簡素なバージョン）やその他のプロテスタントの教派、そしてカトリックとの長く激しい対立を経て普及した。フランスではカルヴァン主義が広く人気を博したが、国王が宗教の多元性を実現しようと何度も努力した末に結局はカトリックの側に立ち、同国のプロテスタントのほとんどを追放した。

異論の提唱者の間にそうした多様な意見があったおかげで、宗教改革は宗教の問題にとどまらず、より広範な知的多元性にも貢献した。カトリックとプロテスタントの間で、またプロテスタントの諸教派の間で巻き起こった論争は、最初は宗教上の信仰と儀礼に対するさまざまなアプローチをめぐるものだった。しかし、それは後に宗教と合理主義の関係をめぐる学問的探求へと広がっていき、最終的にはカトリックの教義ばかりか、神権説に対しても異議を唱えるところまで行き着いたのである。宗教改革において王朝・教会の権威に対する挑戦が続く最中に、ホッブズ、モンテスキュー、スピノザ、ルソー、ヴォルテールをはじめとする多くの知識人が、いかに正統な政府と道徳的な社会を作り上げるのかというテーマについて考えた。そのような問いはさらに、宗教と政治の問題から、哲学、芸術、科学、医学へと広がった。宗教改革の神学・教義上の多元性は、多くの面で啓蒙主義の知的創造への道を切り拓くものだったのである。(41)

広がる宗教改革

プロテスタントの宗教改革は、おもに、都市と農村を分ける社会経済的な境界線に沿って広がった。商業の発達と都市化がいちばん進んでいた北ヨーロッパと西ヨーロッパ――ドイツ、オランダ、スカンジナヴィア諸国、イングランド――は、プロテスタントのさまざまなバリエーションのどれかを信奉していた。イタリアを除いて農業経済と農村住民が中心だった南部と東部――東ヨーロッパ、イタリア、フランス、スペイン――は、正教かカトリックのままでいる場合が多かった[42]。一六〇〇年の段階で、ヨーロッパ全体ではおよそ六二〇のカトリックの司教区が残っていたが、そのうち北ヨーロッパにはわずか六〇ほどしかなかった。この数は、イタリアの司教区の数の五分の一にも満たない[43]。

これと同じように、各国の内部でも宗教上の分断は、やはり社会経済的な境界線に沿っていた。ドイツにおいて、一〇〇〇年以降に数多くの商業都市が生まれた北部はルター派になったが、農村地域の南部は最後まで教皇への忠誠を貫いた。スイスでは、都市部のカントン〔州〕は大半がプロテスタントになった一方、農村地域のカントンはカトリックのままだった。その結果生じた宗教上の分断に、スイスは一六世紀から一八〇〇年代の中頃まで苦しむことになる。ポーランド・リトアニア共和国の場合、海沿いの都市と貿易港はプロテスタンティズムの拠点になったが、内陸の農村はカトリックから変わることがなかった[44]。

商人、手工業者、知識人、専門職といった新興ブルジョアジーは、宗教改革の歩兵となった。彼らはプロテスタンティズムの発する宗教メッセージに共感していたし、宗教的反乱を通じて伝統的な権力制度から経済的・政治的に自律できることにも魅力を感じていた[45]。当然ながら、教会、君主、貴族は協力して宗教改革を抑え込み、宗教・政治の現状を守ろうとした(46)。とはいえ、君主も貴族も時々プロテスタントの運動に参加することはあった。それは主に、運動が自分たちの政治的利益に資する場合である。

一五二〇年代にはかなりの数のドイツ諸侯が、カトリック教会の権力、および教会と固く手を結んでいたハプスブルク家の権威に抵抗するための手段として、地元のプロテスタント教会を支持するようになった(47)。イングランドでは、ヘンリー八世が一五三三年にローマと決別した。その理由は、彼が、男子の後継者に恵まれなかった最初の結婚を取り消したことを受けて、教皇が彼を破門したからである。イングランドの宗教改革はすぐに、ヘンリー八世と教皇の対立という次元をはるかに超えて広がった。それは、最終的には君主の権力の制限と代議制の形成へと至る、政治的変革の幕開けとなったのである。オランダでは、ハプスブルク家のスペインが、政治支配を維持するために、またカトリックへの忠誠を強制するために強引な手法に訴えていた。一五六八年に始まった反乱において、多くのオランダ人は貴族であろうとブルジョアジーであろうと、スペインの支配に対抗する手段の一つとしてプロテスタンティズムを信奉した(48)。そして彼らは成功し、一五八一年にオランダ共和国を設立した。

フランスなど南ヨーロッパの大半がカトリックのまま変わらなかったのは、いくつもの特殊要因があったからである。商業の発達と都市化が遅れたからというのは、そのうちの一つに過ぎない。何しろイタリアにはヨーロッパ最大の都市があったし、商人もヨーロッパでいちばん裕福だったのである。他の地域と同じように、イタリアでプロテスタンティズムを受け入れたのは、主に都市部と、商人、専門職、知識人だった。しかしプロテスタントは、イタリアのどの都市、地域でも多数派にはなれなかった。異論を広めるための確固とした足場を、この国では築くことができなかったのである。[49]
イタリアに関していえば、カトリックの中心地としての歴史があるうえに、聖職者や教会の所領がかなり多く存在していたという事情もあったために、宗教改革に対する抵抗力が生まれたことは間違いない。[50]さらには、「アルプス以北地域での宗教改革にとって非常に重要な存在だった大学と出版業は、イタリアでは教会が厳しく統制し続けていた」[51]。他方で、イタリアの都市の社会経済的な構成も、プロテスタントの動きを制約した。イタリアの都市は歴史が古く、ブルジョアジーではなく貴族が支配していたのである。北ヨーロッパの商業都市の場合、ブルジョアジーが力をもっていて、商人が自分たちの自律性を守るためにその土地の貴族と争うことも多かった。対照的に、イタリアの貴族と都市ブルジョアジーは仲間であり、敵ではなかった。両者は手を組んで、「事実上の領土・政治共同体」を形成しており、これは多くの場合、その土地の教会当局に対して強い影響力を行使できたのである。[52]結果として、イタリアの都市は、北ヨーロッパのケースとは違い、社会的・宗教的異論の拠点にはならなかった。さらに、イタリアの都市は大きくて豊かなうえに自分の身を守る力もあったので、北ヨーロッパの小さな都市同士が結んだような商業・軍事協定は必要とされなかった。[53]ドイツのブルジョアジーの力を増大させた水平ネットワークは、イタリアには現れなかったのである。
フランスのカトリックもイタリアの場合と同じように宗教改革を切り抜けた。しかしフランスがイタリアと違うのは、大規模なプロテスタントの運動が発生した点である。フランス国王が最終的には自国のプロテスタントを弾圧・追放してカトリックを守れたのは、何よりも国家が強かったからである。フランスにおいて、国家は一三世紀からカトリック教会をしっかりと支配できる力をもっていた。

教会の財産権と課税権限をフランス国王が管理していたので、教会は、教皇よりも国王のほうに多くの借りができる状況にあった[54]。さらに、高位聖職者の中には、フランス国内でもっとも広く、もっとも富を生む部類に入る土地を所有する人間もいた。そのため彼らは貴族と同じように、国王の要求に応えることに利益を見出していた[55]。フランスの教会が一般的には国家に忠実だったので、君主にせよ貴族にせよ、世俗エリートは政治的観点からしてローマと決別するインセンティブをほとんどもたなかったのである[56]。

上記とはまた別の二つの要因が、変革の担い手としてのブルジョアジーが勃興するのを抑えることで、フランスに宗教改革が浸透するのを制限した。第一に、フランス国王は、商人の教養と専門技術を利用するために彼らを宮廷の官僚制に取り込むのが通例となっていた[57]。商人が地方の役人になるケースも多かった[58]。第二に、フランスのブルジョアジーはお金で貴族になることができた。地主貴族の抵抗にもかかわらず、国王は収入が得られるのを見込んで官職ポストを売ったのである[59]。実際、スプルートが明らかにしたように、イタリアでは貴族が都市エリートになった一方、フランスでは都市エリートが貴族になった[60]。フランスの商人と専門職はどちらも国家に引き抜かれ、そして貴族と一体化したのである。そのようにして彼らが出世していったせいで、他の国ではプロテスタンティズムの急速な普及を可能にしたあの都市の大きな前衛集団が、フランスには生まれなかった。

イベリア半島では、八世紀に侵攻してきたイスラム教徒のムーア人が、最終的には一四九二年に一掃された。スペイン人は、宗教改革が始まるほんの三〇年前にカトリックへ完全復帰したばかりだったので、北のほうで流行していた宗教的反乱の精神に共鳴することはなかった。さらに、スペイン国王はフランス国王と同じように、教会の支配権をローマから奪いとっていたので、教皇と政治的に決別したいという欲求はなおのこと生まれにくかった[61]。実際、カトリック教会とスペイン・ハプスブルク家は手を組んで、小さなプロテスタント運動の芽を摘んだのである。さらに教会と国王は異論の誘惑に負けないようにと、スペイン国内で勢力を拡大していたブルジョアジーを厳しく監視した[62]。

アイルランドもカトリックの世界にとどまった。アイルランドで起きた宗教的動乱の結果は、多くの点でオランダのケースとは正反対だった。オランダ人がカトリックに対して反乱を起こしたのは、スペインの支配に対する抵抗運動の一環だった。つまり宗教改革は、政治的解放を目指す運動だったわけである。対照的にアイルランド人は、イングランドの支配に対する抵抗運動の一環としてカトリックを守った。つまり彼らにとっては、宗教改革を押し戻すことが政治的解放を目指す運動だった。イングランド国王はアイルランドの貴族とジェントリーを取り込むことができなかった。それどころか、テューダー朝はアイルランドにプロテスタントを送りこんで定住させようとして、そうした重要な社会集団を離反させてしまった。以上のような経緯によって、アイルランド人はプロテスタンティズムのことを、宗教上の解放運動というよりは、イングランドによる抑圧と強奪の手段として見るようになったのである[63]。

宗教上の寛容と政治の多元性へ

宗教改革は、宗教上の寛容と政治の多元性をヨーロッパにもたらす決定的な出来事だった。神聖ローマ皇帝と教皇は当初、プロテスタンティズムの人気が広まるのを見て、それを根絶しようとした。そして反宗教改革戦争が始まった。帝国と教会の同盟は異論の勢力圏を大幅に減らしはしたものの、反宗教改革が異論を排除することはできなかった。むしろ、宗教戦争が相次いで発生したことで、プロテスタントは従来の社会的・政治的境界線を超えて協力する新しいチャンスにたくさん巡り合えた。そうして、君主・貴族・教会の権力を抑え込む水平ネットワークが発達していったのである。くわえて、プロテスタントとカトリックの対立はかなり破壊的なものだったので、両者は他に選択肢がないと考え、和解の糸口を見つけた。一方、戦争の財政コストがかさむせいで、君主は臣民からさらに多くの資源を引き出さざるを得なかった。その対価として、臣民の政治的権利の拡大が求められた。したがって、宗教改革が引き起こした流血事態は、最終的に宗教上の寛容を促しただけでなく、政治の多元性が現れるきっかけも作ったのである。

新しいネットワーク

市場が拡大すると、貿易業者、商人、専門職からなる新しいネットワークが生まれた。それはブルジョアジーの政治的な影響力を強めたし、また宗教上の異論の急速な普及を支える媒体ともなった。そして宗教改革がこのネットワークを拡大、深化させた。すなわち、新しい宗教を求める運動が、階級、言語、宗教、国家を超えて広がる新しい結びつきを生み出したのである。

一五三一年、ドイツのプロテスタント地域が、ハプスブルク家から自分たちの身を守るためにシュマルカルデン同盟を結成した。同盟はすぐにドイツの外へ広がり、スカンジナヴィア諸国およびイングランドのプロテスタントと協力関係を結んだ(64)。オランダのプロテスタントが一五六八年からスペインの支配に対する反抗を始めると、イングランドのプロテスタントがこれを支援した。イングランドの議会が一六八八年にカトリックの国王を退位させるために助けを必要とすると、今度はオランダが軍隊をイングランドに派遣して、国王軍を倒す手助けをするという形で恩を返した。その結果、イングランド国王の娘と結婚したプロテスタントのオランダ人が王位を引き継いだ。フランスのプロテスタントは一七世紀の終盤に近隣国に移住して弾圧を逃れた。それによって、宗教の類似性に基づく新しい社会的ネットワークが確立された。ダニエル・ネクソンが指摘するように、「宗教的な信条・アイデンティティを軸とするネットワーク……が現れたことで、支配者は、異質なものが混在する領土を治めるためのさまざまな手段を奪われた」。神学と儀礼をめぐる論争は、政治的支配をめぐって進行中だった争いを激化させるだけだったのである(65)。

さらに、宗教改革によって、伝統的な制度は新しい分断、すなわち宗教上の分断に巻き込まれ弱体化した。王朝の家系は、一族が信仰をめぐって分裂したせいで崩壊した。イングランド最後のカトリック王であるジェームズ二世は、彼の娘でプロテスタントのメアリーに従う軍隊によって王座から下ろされた。ドイツの貴族もかつては社会・政治の現状維持という大義のもとで団結していたが、宗教をめぐって争うようになった。そしてカトリック教会自身の権力も、教皇が信徒のかなりの部分を失っただけでなく、西ヨーロッパでのキリスト教の独占的支配によって保持していた土地と収入も失ったので、かなり弱体化した。この意味で、宗教改革は新しい政治アクターに有利な形で作用し、古いアクターの力を弱めたのである。そうして、一〇〇〇年以降の商業の発達と都市化の進展とともに始まった政治空間の開放がさらに進むこととなった。

宗教対立の結果――必然としての寛容と、国家形成としての戦争遂行

宗教改革はまた、いくぶん間接的な形で――宗教対立を引き起こすことで――宗教と政治の多元性を促した。一六、一七世紀にヨーロッパを苦しめた宗教戦争はあまりにも破壊的であったため、宗教上の寛容が絶対に必要となった。同時に、戦争があまりにも高くついたがゆえに、ヨーロッパの君主たちは、経済的資源を確保するにはその対価として政治権力を安く手放すしかなかった。[66]

宗教上の異論が宗教上の流血へ変わるのに、それほど時間はかからなかった。一五二四～二五年に反乱を起こしたドイツの小作農が抱いていた不満は、大部分が本質的には経済に関するものだったが、彼らはキリスト教徒の会衆による自治を強く求めた。[67]これに対してカール五世は帝国軍を派遣して反乱を叩き潰し、およそ一〇万人もの小作農が死んだ。多くのプロテスタント地域が一五三一年にシュマルカルデン同盟を結成してからというもの、宗教上の分裂が戦争を引き起こす可能性は高まった。当初、カールはプロテスタントの同盟について、それが外敵と戦う帝国を助けてくれる限りは許容していた。当時、帝国の軍隊はオスマン帝国およびフランスとの間で継続中の戦争で手が一杯だったのである。[68]それらの戦争が一五四六年に終わるとただちに、カールはシュマルカルデン同盟と、プロテスタントの隆盛に警戒の目を光らせるようになった。

その結果起きたシュマルカルデン戦争では、教皇軍と手を組んだハプスブルクの軍隊があっという間に同盟を打ち破った。カールは即座に、敗北したプロテスタント地域をカトリック教会に再び取り

込む準備をした。しかし、帝国の勝利は犠牲が多くて割に合わないものであることがわかった。その後すぐにプロテスタントの反乱が勃発し、二つの宗派間の争いは一五五五年まで散発的に続いたのである。戦争と膠着状態が一〇年続いた後、カールはついに、広範囲に拡大した宗教運動を抑え込むのはもはや不可能だと悟った。彼は宗教上の寛容を受け入れ、その実践の中身をアウクスブルクの和議によって成文化する以外に、ほとんど選択肢がなかった(69)。

アウクスブルクの和議は、ドイツの諸侯に、それぞれの領邦がルター派かカトリックかを決める権利を与えた(70)。住んでいる領邦の指定宗派と自分の宗派が違う人々は、同じ宗派のところに移住することが認められた。アウクスブルクの和議は、プロテスタンティズムの法律上の受容を記すものだったが、それが合法にしたのはルター派だけであり、カルヴァン派やその他のプロテスタントの各教派は非合法で異端のままだった。プロテスタント運動内部の多元性に対するそのような不寛容は、宗教対立を終わらせて宗教上の寛容を実現しようとするこの最初の試みにとって、致命的な欠陥だった。くわえて、プロテスタントとカトリックの和解は、言うは易《やす》く行うは難《かた》しだった。とくにそれは、領邦が改宗もしくは君主の交代により帰属宗派を変える中で、地方のパワーバランスが変化していく状況を考えると、なおさらだった。このため、ドイツは後にもう一度宗教戦争に陥る羽目になる。それはもっとも長く、もっとも破壊的な宗教戦争となった。

アウクスブルクの和議後の六〇年間、いくつかの例外的な事件を除けば神聖ローマ帝国の中で信仰をめぐる争いが起きることはなかった(71)。だが、表面上の静けさのうらでは、カトリック、ルター派、カルヴァン派の間で緊張が高まり続けていた。一六一八年に、三十年戦争の引き金となる事件が起きた。ボヘミア王と神聖ローマ皇帝になる準備の整っていたフェルディナント二世が、住民の大半がプロテスタントであるボヘミアにカトリックを押し付けようとしたのである。プロテスタントは抵抗し、事態はすぐに大規模な戦争へとエスカレートした。援軍が必要になったフェルディナントは、彼の甥でありスペイン国王のフェリペ四世に助けを求めた。フェリペはすぐさまドイツに軍隊を送った。その後、オランダ、デンマーク、スウェーデン、フランスがプロテスタントの側に立って参戦した[72]。三十年戦争がようやく終わりを迎えたときには、戦闘と飢饉と疫病がドイツの大部分を破壊していた[73]。

最終的にはウェストファリア条約（一六四八年）によって、ドイツで一世紀以上も続いた宗教対立の時代は完全に終わった。同条約は、アウクスブルクの和議の条項を復活させ、修正した。それぞれの政治的領土のトップの人間は、その土地の宗派を自由に決めることができるとされた。またカルヴァン派が、カトリックやルター派と同じく公認宗派の一つに加えられた。とはいえ、自分の宗派が居住地域で指定されたものとは違う人々も、自分の好きなように信仰することが認められた。この他、条約には領土問題の解決と境界線の調整に関する条項も多く含まれている。

ウェストファリア条約は、後の近代ヨーロッパを形作る二つの変化を示している。第一に、この条約はキリスト教内の宗教の多元性の実践方法を成文化・合法化した。アウクスブルクの和議にはできなかったことを、ウェストファリア条約が成し遂げたわけである。一六四八年以降、カトリック、ルター派、カルヴァン派はドイツのどこでもお互い隣り合いながら平和に暮らしたが、ウェストファリア条約は教会と国家を分離することはしていない。ドイツに数多くあった領邦のほとんどには、依然「公式」宗教というものが存在した。しかし、異論を唱える人間がいてももはや異端とされることはなくなり、少数派という位置づけになったのである。ドイツは長い流血の時代を経て、ようやく宗教の多元性を実現する自分なりの方法を見つけたのである。

第二に、ウェストファリア条約は、政治権力を君主・貴族・教会から領土国家へ分散させることを正式に認めた。同条約は多くの点で、事実上の分権化を法律的に承認するものだったのである。そうして、ドイツで数世紀にわたり発達してきた自律的な諸国家からなるシステムを、ヨーロッパ全体に拡張した。ヨーロッパの国家システムは、もはや王朝と教会により支配されるものではなく、各国政府は他国の干渉を受けなくなり、領土主権を獲得したのである。こうした主権国家間の関係は、諸国家間の相互作用によって成り立つものであって、かつて領土の境界線をまたいで政治権力をふるっていた権威ある制度が作り出すものではなかった。ウェストファリア条約が近代国家システムの土台を築いたのだと歴史家が考える理由は、こうした点にある。ウェストファリア条約は領土主権という考え方を掲げつつ、国家間の秩序・安定の維持に関しては、暗黙のうちに外交と勢力均衡に期待していたのである。

宗教改革が引き起こした戦争は、さらに別の重要な側面において、近代国家の建設プロセスを促進した。軍隊の徴兵・装備にかかる財政コストがかさんだせいで、かつて絶対的な権力を誇った支配者も、ジェントリーやブルジョアジーに戦費の一部を負担してもらう代わりに、彼らに政治的権利を与えるしかなかった。イングランドでは、宗教をめぐって勃発した内乱と、それにともなう国王と議会の争いのせいで、国王は増税と引き換えに絶対的権力を手放さざるを得なかった。この取引が、一七世紀の終わりに立憲君主制が誕生する一因になったのである。プロシアには一九世紀中頃まで憲法がなかったが、ドイツの新興ブルジョアジーは、立憲的政府が正式に現れるずっと前から、自分たちの財産に見合う政治的な発言権を持ち始めていた。それは少なからず、貴族の支配者が戦費を賄うのにブルジョアジーの助けを必要としていたからである。たしかに、ヨーロッパを破壊した一連の戦争は、当初は君主制を弱めるよりも強めるものだった。一八世紀においてヨーロッパの多くの君主たちは、官僚制を拡大し、また自分たちの権威に対する挑戦をはねつけるために軍備を増強することで力を増した。[74] しかし長期的にみれば、戦争は多元性を促進する方向に作用し、土地をもつ人間から富をもつ人間へと、権力を少しずつ分散させたのである。

スイス、フランス、オランダ

詳細は場所によってかなり異なるにせよ、上記のような展開の大筋はヨーロッパ全体に共通する。宗教改革とそれに対する反動が戦争を引き起こし、そしてカトリック陣営の勝つ見込みがないとわかると、戦争が宗教の多元性をもたらした。次第に新興ブルジョアジーが――後には新しい労働者階級も――、財政規模が膨らみ好戦性も強まっていた国家が犠牲を強いてくるのに対して、その対価として政治権力を要求するようになったのである。

スイスではツヴィングリの教えが急速に広まり、都市部のカントンの大半が、一五二〇年代にプロテスタンティズムを受け入れた。都市のカントンと農村のカントンは昔から政治・社会の問題をめぐって対立していたので、新しく宗教上の分断が生じると、あっという間に暴力的闘争が始まった。一五三一年には、プロテスタントのチューリッヒが五つのカトリックのカントンと戦いを開始した。この戦争はわずか数週間後にカッペル条約で終わった。そして、各カントンが今後は各自の宗教に関して自主性をもつとの合意が成立した。しかしスイスはその後も三世紀にわたって宗教上の分裂にさいなまれ、カトリックとプロテスタントが衝突する流血事態が相次いだ。一八四七年にカトリックのカントンが実質的な分離独立を試みたものの、すぐに連邦軍がそれを鎮圧した。これがスイスの最後の内戦になった。一八四八年の憲法が、宗教の自由、政治的権利、二院制の連邦制を保証し、ようやく宗教上の寛容とカントン間の平和が定着した。[75]

ドイツで誕生したプロテスタンティズムは、すぐにフランスにも普及した。弾圧が広く行われたにもかかわらず、フランスのプロテスタント（ユグノー）は急速に数を増やした。一五六〇年代までに、約一八〇〇万人いたフランス人のうち約二〇〇万人が信者になったとみられる。[76]フランスの宗教改革は貴族と小作農の間にも根を広げていたが、基本的には他の国と同じように、中産階級の間でもっとも人気が高い都市の運動だった。[77]くわえて、低位聖職者が、ある面では高位聖職者に抵抗する意味でプロテスタンティズムに近づいた。彼らの目から見て、高位聖職者は、富と、国王に対する忠誠に毒されて堕落していたのである。[78]

プロテスタンティズムが広がっていくと、フランス国王は交渉によって宗教的暴力を未然に防ごうとした。そこでまずは、プロテスタントの指導者と話し合うようカトリックの高位聖職者を説得した。暫定的な解決策として、ユグノーは街の外であれば公に礼拝することが認められ、街の中でも私的な礼拝なら許された。しかし、貴族内の党派対立がカトリックとプロテスタントの緊張関係の高まりと絡み合い、一五六二年に暴力的事件が起きる一因となった。[79]そこからフランスでは複数の宗教戦争が続けて発生し、ナントの勅令が宗教上の寛容の強制に一定の成功を収める一五九八年まで、それは終わらなかった。カトリックとプロテスタントの不安定な和平は、ルイ一四世が一六八五年にナントの勅令を廃止し、プロテスタンティズムを禁止した時点で終わった。ユグノーは改宗か移住かの選択を迫られ、大半が後者を選び、周辺国や南北アフリカに移り住んだ。このようにフランスは、宗教上の異論から始まった争いを、力ずくで宗教上の均質性を取り戻すことで解決したのである[80]。

オランダの場合、宗教対立は外国支配への抵抗と結びついていた。オランダは、征服と血縁によって、一五世紀にはハプスブルク帝国の一員となった。宗教改革がドイツで始まった後、プロテスタンティズムはオランダの商人・手工業者の中で広く普及した。一五五六年にハプスブルクの王位に就いたスペインのフェリペ二世は、オランダをカトリック世界に引きとめるため、一五六七年にスペイン軍をオランダに送った。スペインはプロテスタントを弾圧しただけでなく、宗教上の寛容に賛同するカトリックの貴族も処刑している。さらに、フェリペ二世は支配体制を引き締め、軍事行動の費用を賄うためにオランダ人に重税を課した。そのため、宗教的服従の要求に賛同したかもしれないカトリックをも遠ざけてしまった。スペイン支配に対する闘争は、宗教的な独立だけでなく、政治的な独立も求める戦いになったのである[81]。

プロテスタントの反乱の中心地であったオランダの北部諸州は、一五八〇年代の終わりまでに事実上の独立を実現し、統治する君主のいない共和制を確立した。独立した北部とスペインに支えられた南部との戦いは一六四〇年代まで続き、最後はスペインの敗北で終わった。ウェストファリア条約によってオランダ共和国の範囲は南部諸州の大部分にまで広がり、宗教上の寛容の実践は正式なものとなり、オランダの主権および外国支配からの独立が成文化された。ここでもやはり宗教改革の戦争が、宗教の多元性だけでなく政治の多元性も推し進めたのである。

イングランド

イングランドでは、ヨーロッパの他の地域よりも、宗教改革が衝突を引き起こすスピードは遅かったが、その影響はおそらくもっとも大きかった。北ヨーロッパの他国と同様、イングランドもプロテスタンティズムを受け入れた。しかし宗教をめぐる争いが政治に及ぼした影響は、大陸のケースよりも甚大であった。宗教改革が当時進行中だった商業の発達と結びつくことで、ヨーロッパにはじめて立憲君主制が誕生したのである。

大陸の場合、プロテスタンティズムが普及したのは、少なくとも部分的には民衆の運動が原因だったが、イングランドの宗教改革はトップダウンの性格が強い出来事だった。ヘンリー八世は、アン・ブーリンと結婚するためにキャサリン・オブ・アラゴンとの結婚を無効にしたことを理由に、教皇から一五三三年に破門された後、ローマと決別した。続いてイングランド議会が国教会（アングリカン・チャーチ）の設立を承認した。この教会は、組織はカトリック的だったが——主教が教会の階制を取り仕切る——、しかし教義、礼拝式、儀式はカルヴァン派のものだった(82)。国王が教会と国家のトップに立つので、テューダー朝は、信仰と世俗の統治に関する事柄を広く掌握できるようになった。このようにしてイングランド国王は、大陸の君主には類を見ないほど圧倒的な宗教的権威を誇った(83)。だがそれにもかかわらず、イングランドの政治は、一六世紀の残りの期間と一七世紀には、宗教的分裂に左右される運命にあった(84)。

ヘンリー八世の後を継いだエドワード六世は、国教会によるプロテスタンティズムの教義・儀礼の採用をさらに進めた。一五五三年に王位を引き継いだメアリー女王は、イングランドをカトリックに戻そうとしたが、彼女の後継者であり異母妹のエリザベス女王は、一五五八〜一六〇三年の治世の間にプロテスタントへの転向をもう一度行った。その後、国教会とカトリックとの関係、および国教会と他のプロテスタント――とくにスコットランドの長老派とイングランドのピューリタン――との関係は、一七世紀に入ってしばらくの間イングランドの政治を大きくかき乱した。宗教対立は、国王と議会の対立と絡み合ってついには内乱を引き起こすに至ったのである。イングランドは最終的には宗教上の寛容を実現する。しかし、やはりヨーロッパの他の地域と同じように、それは長く戦争が続いた果てに、他にはまともな選択肢がないとようやく悟った後のことであった。

一六〇三年にテューダー朝がスチュアート朝に替わったときが、ターニングポイントになった。スチュアート朝は前任者が享受していた権威を行使しなかったので、政治的・宗教的異論が活発になる可能性が高まった。くわえて、封建的な軍事上の義務というものがなくなり、有給の志願兵からなる軍隊が登場した。議会が予算権限を握ったため、国王は戦争の資金を確保するために議会に頼らざるを得なくなった。一七世紀が幕を開けた時点では、まだ議会は国王の意志によって召集・解散される諮問機関に過ぎなかった。しかし、イングランドが他のヨーロッパ諸国との戦争に巻き込まれ、やがて自国の内乱にも苦しむ事態になると、国王が大きな資金を必要としたため、議会は国王の権力に立ち向かう足がかりを得たのである。

イングランドはジェームズ一世の治世（一六〇三〜一六二五年）に平和を謳歌した。そしてジェームズは、カトリックについては穏健な信仰であれば許可したうえ、高教会派の国教会と低教会派のピューリタンの両方を含む包括的なプロテスタンティズムも奨励して、宗教上の寛容を促進した[85]。問題が起きはじめたのは、彼の息子のチャールズ一世が王位を継いだあたりからである。チャールズがカトリックの女性と結婚したので、カトリック教徒が後継者になる可能性が浮上した。チャールズはまた、イングランドをフランスおよびスペインとの戦争に引きずり込み、それにあわせて新しい課税に乗り出した。一六二八年、議会は彼の軍資金の要請を受け入れた。しかしそれは、恣意的な逮捕や議会を通さない課税から臣民を守る「権利請願」を国王に受け入れさせた後であった[86]。チャールズは、議会が彼の権力をうまく封じ込めたことに反発して、その後の一〇年間は議会を召集せずに税を上げ続けた。こうして、国王と議会の衝突の土壌ができあがったのである[87]。

チャールズ1世（Daniël Mijtens作、1632年）

チャールズと議会の対立以上に、彼の宗教上の傾向がさらに深刻な争いを招く要因となった。彼は、礼拝、聖礼典、道徳的な行いが魂の救済をもたらすと主張するプロテスタントの一教派——カルヴァン派の予定説に真っ向から挑戦するもの——に魅力を感じていた。それゆえ聖職者の地位が格上げされた。これには、国教会もピューリタンも、チャールズがイングランドにカトリック的な形式主義と堅苦しさを復活させてしまうのではないかと懸念を抱いた[88]。さらにチャールズは、スコットランド教会に主教を復活させようと試みたうえ、同教会の祈禱書をイングランド式に合わせるべきだとも主張したので、スコットランドの長老派も離反させてしまった。

内乱の始まり

スコットランド人がチャールズ一世の侵害行為に反抗し、そこからイングランドとスコットランドの戦争が始まった。チャールズは戦争にかかる費用を考えると、議会を呼び戻すしかなかった。すぐに議会は、国王が議会の同意なく課税することを違法とし、また議会が今後は決まった会期に集まり、解散もその同意を必要とすると定めた法案を可決した。そのすぐ後に、アイルランド人がイングランドの支配に対して反乱を起こした。アイルランドでカトリックの勢力が盛り返している状況——そこにはチャールズの後ろ盾があったと言われた——を見て、議会は国王の権威をさらに弱める動きに出た。「大諫議書《だいかんぎしょ》」により、国王は軍を召集する権利を奪われ、国教会ではカルヴァン派の儀礼が復活した。(89) さらに対立はエスカレートし、チャールズと議会がそれぞれの軍を召集するに至った。農業中心の社会で、貴族支配が続いていたイングランドの北部と西部は、国王を支持した。都市化と商業の発達が進んでいた南部と東部は、議会を支持した。(90) 戦いは一六四二年後半に始まり、一六四五年中頃に議会軍が国王軍を倒すまで続いた。

議会は勝利したにもかかわらず、ほどなくして、主に宗教的相違による党派争いに陥った。(91) 勝利に酔いしれ、報酬・地位に不満を抱き、議会が言い争いばかりしていることに幻滅していた議会軍は、国王軍による権力奪還の試みが失敗した後に、事実上のクーデターを起こした。議会から国王寄りとされた人間を排除し、議員の三分の一にしか議席を認めなかった。その後「残余議会」が高等法院を設立して、チャールズを「僭主、反逆者、殺人者、社会の敵」[92]として裁判にかけた。国王は有罪とされ、一六四九年一月三〇日に斬首された。

それに続く騒乱の中で、議会軍の司令官オリバー・クロムウェルが一六五三年から一六五八年に死ぬまで事実上の軍事独裁を敷いた。一方、チャールズ一世の息子、チャールズ二世はフランスに逃げた。残余議会はクロムウェルの死んだ直後に復活したが、党派対立のせいで身動きがとれず、五カ月しか続かなかった。そうして無秩序が訪れる可能性が出てくると国王待望論が強まり、チャールズ二世が新しい議会によって合法的な国王として認められ、一六六〇年五月にイングランドへ戻った。この王政復古は妥協とバランスをともなうものだった。すなわち、議会は国王からかつて奪い取った権力の大部分を保持し、また軍事的・政治的指導者たちを王党派の報復から守ろうともしたのである。チャールズ二世は協力的な相手だった。彼は、クロムウェルの仲間だった人々を国王諮問機関に任命し、議会が求めた広範な恩赦にも同意したのである[93]。

しかしまた宗教がいちばんの不和の種になった[94]。王政復古によって生まれ変わった教会は、儀礼と教義の観点からすれば中間点を占めていた。すなわち、「カトリック教徒とピューリタンの両極端の真ん中[95]」である。この妥協によって教会は多くの人々に裾野を広げたものの、他方で、中道から遠く離れ過ぎている人々に対しては不寛容だった。議会では議員全員が国教会の儀式により聖餐《せいさん》を受けるよう求められた。議会は、国王の名前をカトリックに結びつけることを反逆罪とする法案を可決し、何千人ものクェーカー教徒とバプテスト派が投獄された。一六六二年に可決された統一令は、すべての聖職者が国教会の儀礼を行うことを求めるものだった。一〇〇〇人以上の聖職者がその地位を追われた。統一令はかなり論争的なもので、国王と顧問がこれに反対した。彼らは、不満を抱えるカトリックと、プロテスタントの中の非公認教派が手を組むのではないかと恐れていたのである。(96)

宗教対立が山場を迎えたのは、一六八五年にチャールズ二世が死去し、彼の弟でカトリックのジェームズ二世が後を継いだときである。ジェームズは、カトリックの権利を回復するつもりだった。王妃が一六八八年にジェームズの息子を生むと、カトリックの王朝が続く可能性が出てきた。すぐに国教会、議会の議員、プロテスタントの貴族が、ジェームズを追放するために、彼の娘メアリーと結婚したプロテスタントのオレンジ公ウィリアムが率いるオランダ軍の侵略を画策した。オランダ軍が一六八八年に王党派をあっさり倒すと、ジェームズはフランスへ逃亡した。

議会は王座が空位になったことを宣言してから、ウィリアムとメアリーを国王と王妃として迎え入れ、このときに権利章典が議決された。それは、カトリック教徒が王位に就くことと、国王が議会の同意なく徴税することを禁止し、さらには自由な選挙・演説の権利を保証するものだった。このいわゆる名誉革命の後、国王も議会もそろって宗教上の寛容の拡大を受け入れた。ウィリアムは、カトリックおよびプロテスタントの異端に対する差別を終わらせようと急いだ。一六八九年に、議会は異なる宗派のキリスト教徒が混じり合いながらも平和に暮らせるようにするため、寛容令を成立させた。(97)イングランドは、ある種の立憲君主制へと到達したのである。それは、宗教と政治の両面で多元性を拡大していくものだった。

議会の権力拡大から主に恩恵を受けた人々の中に、ブルジョアジーがいた。彼らの保有する財産は、近代化する国家の資金繰りにとってますます重要になっていた。(98)成長する商人階級は議会を支持して資金も提供し、国王に勝利する手助けをした。そして、その富はさらに直接の政治的影響力へ転換された。マーク・キュシュランスキによれば、称号の売買がありふれた光景になった結果、一七世紀の終わり頃には「医者、法律家、商人、金融業者からなる専門職階級が金でジェントリーになれた。権力の中心が貴族の武器から専門職の財布へと移るにつれ、彼らが得るナイトの称号は、家系よりも功績に由来するようになった(99)」。さらにいえば、都市の人口と富が増えるにつれ、都市に住む専門職の人間が庶民院に入るケースが増え、土地を所有するエリートの力はいっそう弱まることになった。都市化は急速に進んでおり、ロンドンは一七世紀の終わりの時点でおよそ六〇万人の住民を抱え、ヨーロッパ最大の都市になっていた。(100)

インググランドの商業の発達はその後も加速するばかりだった。国内・国際市場が拡大したうえ、成長を刺激するために金融資本に依存することも増え、そして起業家と革新家の協力によって技術革新が起きたことで、産業革命が進展した。一八三〇年には、人口の約二〇パーセントが中産階級になっていた。(101)一八五〇年には、労働者の約半分が工業・製造部門で雇われていた。(102)こうした経済発展が、パクス・ブリタニカの土台を形作ったのである。一九世紀の産業家マイケル・ボールトンは、彼の工場を訪れた人にこう語ったという。「私がここで売っているのは、世界中の人々が欲しているものです。そう、パワーです(103)」。

＊

イングランドの政治が、商業革命にともなう社会経済の変容に早めに適応したことは、同国にとって大きなプラスだった。他の多くのヨーロッパ諸国では、社会経済的な変化に政治システムを適応させると国内に混乱が生じた。ところがイングランドの場合、一七世紀の動乱を経た後は、繁栄と自由民主主義に向かって比較的に平和な道のりを歩んだのである。一八世紀には、政治的安定、経済成長、国力が三位一体の関係にあった。ポール・ケネディの言葉を借りれば、「商業上の利益が議会で十分に代表されていた。それは単に、成功を収めた商人がジェントリーに仲間入りした一方、大地主も交易から利益を得ていたからというだけではない。繁栄を促進することは国の力と威信を高めることになると、国民全体が考えていたというのもその理由だった」[104]。

一八〇〇年の段階で、西洋の勃興はまだ完成には程遠かった。自由民主主義、産業資本主義、世俗ナショナリズムが定着するには、もう一世紀が必要だった。とはいえ、西洋が世界の主導権をめぐって競争相手に勝つための条件はそろっていた。新興ブルジョアジーは、ヨーロッパの政治を特徴づける欠かせない存在としての地位を確立していた。もはや君主と貴族は、この新しい階級に統治に関する発言権を認めるしかなかった。はじめに、商人、手工業者、専門職が宗教改革の戦士として活躍した。このことは、宗教のみならず、政治と社会にも重大な影響を及ぼした。ダイアメイド・マカロックが述べるように、宗教改革はヨーロッパに「寛容の理論と実践」だけでなく、新しい知的な大胆さ、すなわち「熟考と黙認よりも比較と評価を強く求める気質」をもたらしたのである[105]。続いて、商人、専門職、知識人は科学と産業の革命を後押しした。それによってヨーロッパの経済発展のペースはいっきに早くなり、地政学上の優位性も揺るぎないものとなった。

最後に、政治の漸進的な自由化を推し進めたのもまた、ブルジョアジーの勃興である。宗教上の不寛容に端を発する戦争が次から次へと続いた結果、新しい和解の精神が生まれただけでなく、近代国家の幕開けも訪れた。すなわち、戦争の遂行がイコール国家の形成となったのである。ヨーロッパ諸国は、戦争に必要な資源を確保するために国民の「囲い込み」を始めた。(106) 逆に国民のほうは、とくに新興ブルジョアジーが政治的な影響力を強めた。このような取引が、代議制の発展の土台を築き、最終的には、普通選挙と、専制的権力を防ぐ制度の確立へとつながったのである。

第3章　直近の世界の大転換
──西洋が世界を圧倒したとき

一五〇〇～一八〇〇年のヨーロッパの歴史がはっきりと示しているように、西洋の勃興は主に二つの変化によってもたらされた。第一に、ヨーロッパの政治制度の弱点が逆に強みになった。すなわち、商人・職人・専門職からなる新興階級が、君主・貴族・教会の権威に挑み、勝利したのである。彼ら新興ブルジョアジーの相対的自律性と、政治的・社会的な水平ネットワークによって、きわめて垂直的な権力構造を守ってきた伝統的制度は弱体化させられた。第二に、ブルジョアジーが推進した宗教改革は、教会と君主の力をいっそう低下させ、宗派間の紛争も数多く引き起こした。その紛争は、当初はカトリックとプロテスタントの対立を激化させたが、最終的には宗教上の寛容を促進し、政治の領域から宗教が少しずつ退くという結果に行き着いた。さらに宗教戦争に必要な資源確保のため、専制君主がブルジョアジーに政治的発言権を与えざるを得なかったことで、政治の多元性が促進されることにもなった。

西洋が競争相手に勝つことができたのは、社会経済的・宗教的・政治的条件がそろっていたからだけではない。他の地域にはそれらの諸条件が欠けていたことも、その理由である。オスマン帝国やアジアの他の大国がそれらの条件を備えていれば、ヨーロッパの勃興に後れをとることもなかっただろう。本章では、なぜ他の主要国が西洋に大きく後れをとったのかを説明する。簡単にいえば、それらの国々の中央集権的で階層的な統治制度は、ヨーロッパ以上の秩序と安定をもたらしていたが、しかしそのコストは高くついたのである。ヨーロッパの最大の強みだった経済のダイナミズムが、他地域の主要国では中央集権制によって抑え込まれた。本章はまず、ヨーロッパの隣人であり、ヨーロッパが台頭してからは競争相手になったオスマン帝国の事例から始めて、次に中国、インド、日本の状況を簡潔に検証する。

ヨーロッパが他地域のライバルを追い抜き、大きく引き離すことができたのは、商業・政治・技術の発展のおかげであり、それによって、世界中に行動範囲を広げるのに必要な資本・船・火力も手にした。ヨーロッパの海洋国は、地球の大部分を直接・間接に支配し、南北アメリカ、アジア、中東、アフリカに強い影響を及ぼしただけでなく、西洋秩序の基盤をなす規範と制度も国際的に広めた。第二次世界大戦後には、アメリカがヨーロッパから西洋秩序の監督役を引き継ぎ、その秩序を、自国の利益と価値観を反映させる形に作り直した。本章の最後の節では、西洋がいつ、どのようにしてグローバルな存在となったかを時系列的に見ていくことにする。

オスマン帝国

政治と宗教の両方の面で、一五〇〇年以降のオスマン帝国は、ヨーロッパの主要国とは全く違う道のりを歩んだ。オスマン帝国の支配者は、帝国全域で中央集権制を維持した。それゆえ、ヨーロッパとは違って、富とパワーが集まる自律的な場が変革を促すことにはならなかった。スルタンと彼の行政官が、垂直的な権力構造をしっかり固めていたので、職人・商人・貿易業者・知識人が力を結集して、帝国への対抗に必要な水平ネットワークを形成することができなかった。このような権力の集中は、帝国支配の統一性と一貫性の確保という観点からは有用なものだったが、ヨーロッパの勃興を促したあのダイナミズムと社会の流動性を阻み、帝国の停滞を招く主要因にもなった。さらに、そのような中央集権制は、ヨーロッパの宗教と政治を一変させたプロテスタントの宗教改革のようなイスラム版宗教改革がオスマン帝国では起きなかった理由のひとつでもある。スンニ派とシーア派の分裂は、その変化を起こす可能性を秘めていたが、帝国は広範な権限を駆使して異端を弾圧し、スンニ派の教義・儀礼に従うことを人々に強制したのである。

しかし、オスマン帝国の支配が中央集権的、垂直的だったというだけでは、イスラム版宗教改革が起きなかった理由としては不十分である。少なくとも同じくらい重要なのは、キリスト教とイスラム教が、宗教と政治の関係について根本的に違う考え方をもっていることである。キリスト教は信仰の宗教であり、法と政治の宗教ではない。何よりもそうして信仰をもっとも重視するからこそ、教義上の異論がいったん浸透するとそれがさまざまな諸宗派としていっきに湧き上がって、競合し合うようになった。その点はまた、教皇が一貫して世俗の支配者との連携を求めていた主な理由でもある。つまり、教会は世俗権力と手を組まなければ、宗教界の外に影響力を拡大できなかった。教会の最大の関心は、世俗界と宗教界の仲介だけではなく、土地と富の獲得、そして政治権力の拡大であった。このような状況の中で、新興ブルジョアジーが、皇帝と教皇、国家と教会をつねに対立させるようにしながら、伝統的な権力制度に挑んだのである。

対照的に、イスラム教は信仰および法の宗教であり、その中で宗教界と世俗界は区別されない。オスマン帝国のスルタンは皇帝でもあり教皇でもあった。国家はモスクであり、モスクは国家だった。このように宗教と政治の関係がヨーロッパとは全く違うことがわかれば、なぜオスマン帝国では、自律拡大を望む商人や職人、その他の都市エリートが確かな足場を築くのに必要な、権力構造の亀裂がなかったのかが理解しやすくなる。さらに、宗教を国家から切り離すという考え方——宗教改革から生まれた最重要原則の一つ——そのものが、宗教と国家が強固に結びつく政治空間では定着できなかったのである。

オスマン帝国の政治勢力図

オスマン朝のトルコ人がコンスタンチノープルを制圧した一五世紀中頃から、帝国の崩壊が始まる一九世紀まで、帝国は高度に中央集権化されていた。スルタンが帝国行政に関して絶対的権力をふるい、イスタンブールにいる高位の側近から、周縁部にいる低位の官吏にいたるまで、すべての臣下に忠誠心を植え付けていた。帝国は、政治と経済を垂直的に支配することで、これに挑戦するような水平ネットワークの出現を意図的に防いでいた。カレン・バーキーによれば、帝国は「外輪のない、ハブとスポークのネットワーク構造」、つまり「周縁部のエリートが中央に依存し、彼らが横のつながりをもたずに中央とだけ連絡をとるように仕向ける」システムとして機能したのである(1)。同時代のヨーロッパとの違いは際立っていた。オスマン帝国では、中央が垂直的構造をしっかり固めていて、中央集権的支配に対する脅威が現れるのを未然に防いでいた。ヨーロッパでは、政治的変革の担い手として現れた商人・職人・プロテスタントの指導者・都市が社会的な水平ネットワークを形成して、トップダウン型の統治を維持しようとする君主・貴族・教会の動きを阻むことができたのである。

スルタンと廷臣《ていしん》は、富と権力が中央以外に集まるのをうまく防ぐ統治戦略によって、垂直的な権力構造を維持していた。帝国は、アナトリアの貴族の土地を没収して国有財産にし、彼らの潜在的脅威を封じ込めた。土地と富は、世代から世代へと引き継ぐことができなくなった。地主エリートの力は、実質的に、農地徴税権をスルタンから与えられた行政官と騎兵に移ったのである。行政官と騎兵は業務遂行の見返りに、農民から徴収した税金の一部を自分のものとし、残りを中央政府に納めた(2)。

地方を任された行政官と騎兵は、現地の人々と親しくなって中央に対する抵抗勢力にならないように、三年ごとに新しい土地に異動させられた(3)。ただし、中央から遠く離れた地方は例外で、辺境地では現地エリートが帝国の機構に組み込まれ、協力者として働いた。彼らは中央に定期的に上納金を納め、いざというときには帝国のために戦う軍隊を提供する限りは、それなりの自律性を確保できた(4)。

ミレット制〔イスラム教以外の宗教に宗教共同体の自治を認めた制度〕においては、非ムスリムの共同体が独自の宗教的・政治的制度をもつことが許された。しかし、後にそうした制度も帝国支配の階層制の中に取り込まれていった。マイノリティの指導者たちは、帝国当局と自分たちの共同体の仲介役として機能した。バーキーはミレット制を次のように説明している。「しっかりした共同体組織としっかりした聖職者の階層制度のどちらか、あるいは両方が存在するところに関しては、帝国はそうした制度を共同体を代表するものとして認めた(5)」。たとえばアルメニア人、ギリシャ正教徒、ユダヤ人は、自分たちの裁判所と宗教法をもっていた(6)。とはいえ、ミレット制はそうした制度を帝国機構内に完全に取り込んだ。マイノリティの指導者たちは、たとえ共同体統治については大幅な自治権を有していても、帝国には忠誠を示していたのである。

スルタンは、若いキリスト教徒で構成された私的な軍隊（イェニチェリ）を育てることで、権力をさらに強化した。当初、その兵士には主に戦争捕虜がなっていたが、一五世紀初頭には徴兵制度（デヴシルメ制）が整った。イェニチェリは、ムスリムは入ることは許されず、結婚も禁じられていたため、このエリート部隊が、スルタンの権力を脅かすような戦士階級に発展することはなかった。それどころか一般的には、イェニチェリは独特の特権と地位を与えられたことで、スルタンへの忠誠心を強めたのである。しかし時がたつにつれ、この信頼できる軍隊を支えてきた厳格な規則は緩和され、帝国時代の後半にはイェニチェリが結婚して子供をもうけることも許された。そして当初懸念されたように、この皇帝の忠実な軍隊は世襲制度と化し、スルタンに対抗する大きな抵抗勢力へと変貌したのである。中央集権に対するこのような脅威は、最終的には厳しく封じ込められた。一九世紀初頭にマフムト二世がイェニチェリの制度を廃止し、さらには隊員のほとんどを殺してしまったのである。

帝国の厳しい統制は商業にも及んだ。モノの値段と交易の流れは帝国官吏が監督していた。そこには少なからず、モノを手ごろな値段で確保するという政府のねらいがあった(7)。そのため商人は大きな財産を築くことができず、ヨーロッパの商人のように国家権力を抑制する存在にはなれなかった。一般に、遠隔地との交易は帝国内部での商売に比べて規制が緩かったが、その交易を主に担っていたのは、ギリシャ人、ユダヤ人、アルメニア人など、非ムスリムの人々だった。したがって、そうした貿易業者が利益をあげても、政治的インパクトはごく小さいものだった。官吏の中には多額の蓄財をした人間もいるが、彼らは帝国の機構にしっかり組み込まれていたし、富を得られるかどうかはポスト次第であり、資産を子孫に引き継ぐこともできなかった。このような制約のために、影響力の強い裕福な一族というものは生まれなかった。さらに、オスマン帝国は近代的な銀行システムを作らず(その理由の一つは、イスラム法の慣行で規制されていたからである)、代わりに、インフォーマルな融資ネットワークに依存し、最終的には帝国内で事業を行っていたヨーロッパの金融機関に頼った(8)。そのため、ロンドンのような都市に存在した、富を権力に変換できる金融業者は、イスタンブールにも帝国内の他の都市にも現れなかったのである。

オスマン帝国における都市定住パターンも、商人階級が政治的に弱かった要因である。一六世紀までに、ヨーロッパでは何百もの小さな都市が各地に誕生したが、その多くは、帝国や貴族の支配から逃れようとする起業家や職人の住む場所になった。そうした都市の高い自律性は、地勢によってさらに強化された。川と森と山が陸上の往来を難しくしたのである。対照的に、オスマン帝国内の都市の数はヨーロッパよりもはるかに少なく、大半は何世紀も昔に作られたもので、ヨーロッパの都市に比べて人口がかなり多かった[9]。そのため、商人・職人・貿易業者は、伝統的な権力構造に取り込まれた。まさに、都市が古くて大きく、伝統的なエリートに支配されていたイタリアのケースと同じである。さらにいえば、オスマン帝国では主要都市間の陸上往来が比較的、効率的かつ割安だったおかげで、中央集権的統治がしやすかったし、またイスタンブールから遠く離れた都市にまで直接統治の範囲を広げるのも容易だったのである[10]。

中央集権的な政治は、新興商人階級が将来有望で裕福なブルジョアジーになるのを妨げただけではなく、彼らが識字能力・技術革新・学問を促進する媒介となることも邪魔した。一五世紀に、オスマン帝国の学者は、数学、天文学、医学など幅広いテーマに取り組んでいたが、宗教上の権威（ウラマー）が一六世紀に力を増すと、イスラム教以外のテーマに関する研究は大幅に制限されるようになった。起業家の自律性が低かったことと相まって、宗教権威が世俗の学問に課した制限は知的停滞を招いた。この停滞は、同時代のヨーロッパの進歩と比べてみれば際立っている[11]。

一五世紀の終わりにはイスタンブールでも印刷機が使われていたが、その数はごくわずかであり、所有していたのは主にアルメニア人とユダヤ人だった。出版物が社会に広く普及しはじめたのは、一九世紀後半のことである。ドナルド・カータルトによれば、その頃まで、イスタンブールで毎年出版されていた本はわずか一〇冊ほどで、識字率もかなり低かった。カータルトの計算によれば、一九世紀はじめの時点で識字率は二〜三パーセント、一九世紀の終わりになってもそれは一五パーセントまでしか上がっていないという[12]。これに比べてフランス人の識字率は、一八〇〇年にはおよそ五〇パーセントに達している。ヨーロッパにおいては、教育・富・自律性・結束のレベルを高めていたブルジョアジーがヨーロッパの勃興を推し進めたが、オスマン帝国にはそのような人々が全く存在しなかったのである。

宗教改革なき、宗教の多様性

オスマン帝国には、力をつけたブルジョアジーがもたらす社会経済的ダイナミズムはなかったとしても、イスラム教内部のスンニ派とシーア派の分裂が、プロテスタントの宗教改革と同じような宗教的動乱を巻き起こす可能性はあった。スンニ派とシーア派の分裂の起源は、ルターが教皇に破門されたときから約九〇〇年前、七世紀にまでさかのぼるものである。

イスラム教の分裂が始まったのは六三二年、ムハンマドが死去した後のことである。ムハンマドの支持者の一派——後にスンニ派と呼ばれるようになる——は、預言者の義理の父であるアブ・バクルが指導者の地位を引き継ぐことを期待した。他の人々——こちらはシーア派と呼ばれるようになる——は、ムハンマドの義理の息子であるアリー・イブン・アビ・タリブが正統な後継者だと考えた。イスラム共同体の指導者をめぐるこの意見対立は、六八〇年にアブ・バクルの支持者がアリーの息子のフセインを殺害したことで表面化した。イスラム教の分裂はもともと指導者をめぐる権力闘争から始まったが、後に教義と儀礼をめぐる広範な対立へと拡大した。七世紀に登場したウマイヤ朝を支配していたスンニ派は、共同体のコンセンサスを重視し、カリフの政治的・宗教的権威は不可侵と考える立場をとった。これに対してシーア派は急進的な集団になった。同派は、指導層の政治的・宗教的・道徳的権威に挑もうとする気持ちが強く、宗教上の従順さよりも、個人的な犠牲と精神性に重きを置いた[13]。

ヴァリ・ナスルが述べるように、シーア派とスンニ派の分裂は、「西洋キリスト教世界におけるプロテスタントとカトリックの争いに、少し似たところがある[14]」。しかし、イスラム教は、初期から宗派対立にさいなまれてきたとはいえ、ヨーロッパに宗教上の寛容と政治の多元性をもたらしたような宗教改革を経験していない。ヨーロッパでは、キリスト教内の教義論争が宗教と政治を変容させたのに、なぜオスマン帝国では、よく似た論争が起きていたにもかかわらず、宗教と政治は停滞したのか。

その理由の一つは、裕福でまとまりのあるブルジョアジー階級の不在である。ヨーロッパでは、商人・職人・専門職が以前からそれなりの自律性をもっていて、さらなる拡大も求めていた。彼らの力がなければ、宗教改革の理念は広まらなかっただろう。オスマン帝国の場合、商人階級の発展はかなり遅れていて、帝国当局の厳しい統制下にあった。しかし、オスマン帝国の都市エリートが比較的弱かったというだけでは、イスラム版宗教改革が起きなかった理由としては不十分である。プロテスタンティズムと同じように、シーア主義も、商人や職人、そして彼らと同じく伝統的な統治制度から逃れたいと願う人々をいちばん強く引きつけていた。実際、シーア派の運動がはじめにもっとも根付いたのは、アラブ世界の貴族に強く反発し、平等な社会を望んでいた職人など都市の定住者だった。それ以降、都市住民がこの運動をもっとも熱心に支え続けた。プロテスタントとカトリックの分裂において社会経済的要素の影響は大きかったが、シーア派とスンニ派の場合もそれは同じだったわけである[15]。

イスラム教の性質——とくに宗教と世俗の統合——を考えれば、なぜそこでは宗派対立があっても、宗教と政治の関係をヨーロッパ流に再構築する流れにならなかったのかが、わかってくる。前述のように、キリスト教は法の宗教ではなく信仰の宗教である。国家の事柄に教会があからさまに干渉したときにはじめて、宗教が政治性を帯びる。対照的に、イスラム教は法の宗教であり、宗教と政治、信仰と権力は分かちがたく結びついている。この宗教は、政治権威と宗教権威をカリフという一つの制度にまとめているので、国家とモスクを区別しない。バーナード・ルイスがこの点を詳しく述べている。イスラム教は「宗教と世俗、精神と現世を区別する言葉をもたない。というのは、この宗教はそうした二分法を受け入れないか、あるいはそもそも知らないからである」[16]。

このように、オスマン帝国の根幹にある、宗教と政治の関係についての考え方は、ヨーロッパとはかなり違う。カトリック教会の世俗国家に対する政治的影響力は、宗教的均質性と教義上の従順さに依拠していたから、異端は深刻な脅威だった。それゆえ教会は、他の選択肢を急いで排除しようとした。オスマン帝国では、モスクと国家は全く同一のものであり――カリフは帝国官吏とウラマーを同様に雇った――、異端の脅威ははるかに小さいものだった。新しいタイプのイスラム教が出てきても、政治の現状に挑戦しない限りは許容された。そもそも、イスラム教は昔からスンニ派とシーア派の分裂という教義上の多元性を抱えてきたのである。それゆえオスマン帝国はヨーロッパ諸国よりも、宗教上の異論に対しては、それが既存の政治秩序をひっくり返すものでなければ寛容だった[17]。と同時に、その異論が政治的安定とスルタンの権威を損ねることになれば、帝国も、ヨーロッパ諸国に劣らず厳しい弾圧で臨んだ。

オスマン帝国の建国者たちは、宗教の多様性に対してかなり柔軟な姿勢をとっていた。帝国の創始者であり、一二九九～一三二四年に支配者として君臨したオスマン一世は、各宗教間の政治協定を仲介し、多様な伝統を有するムスリムのみならず、ビザンチン帝国から来たギリシャ正教徒も帝国の中に受け入れた。バーキーが言うように、「オスマン帝国の権力基盤は……境界線、とくに宗教の境界線をまたぐ仲介活動によって固められたものである」[18]。スルタンに次ぐ第二の地位にいた大宰相は、さまざまな出自の人々からなっていた。一四五三～一五一五年に大宰相は一五人いたが、そのうちムスリムかトルコ系はわずか三人だったし、非ムスリムが帝国政府の一部を占めることも普通だった[19]。オスマン帝国全体ではスンニ派の教義と儀礼が主流だったものの、シーア派の儀礼や他の異端も広く許容されていた[20]。この意味でオスマン帝国は、神聖ローマ帝国よりも宗教の多様性に寛容な姿勢でスタートしたのである。実際、オスマン帝国は、ヨーロッパ諸国よりもずっと進んだ宗教の多元性を許容しながら、はるかに高いレベルの一体性を維持できていた。

一六世紀初頭に隣のペルシャでサファヴィー朝が権力の座についてから、つまりオスマン帝国にとって地政学上の最大のライバルがシーア派の支配下に置かれてから、宗教の多様性に対する寛容さは段々と薄れていった。それ以降、帝国はシーア派を単なる宗教上の異端ではなく、対内的・対外的な直接の脅威と考えるようになった。スルタンのバヤズィト二世（一四八一～一五一五年）は、アナトリアから多くのシーア派教徒を追放し、帝国の周縁部に移住させた。バヤズィトの息子であるセリム一世（一五一五～一五二〇年）は、その後すぐにサファヴィー朝ペルシャとの戦争に乗り出し、一六世紀の大半にわたって戦い続けた。

ペルシャとの戦いを経たオスマン帝国では、スンニ派のアイデンティティが非常に強まっていた。

スルタンは、政府内でのウラマーの地位を格上げし、彼らの影響力を増大させた(21)。一七世紀までに、帝国は異端に寛容ではなくなり、シーア派を日常的に弾圧するようになった。ヨーロッパの場合、教会と国家はプロテスタントを抑え込むのに必要な手段を欠いていたが、オスマン帝国は中央集権的な統治構造のおかげで、宗教の均質化を強制することができた。スンニ派とシーア派の分裂が取り返しのつかないほど深刻化することはなかった。なぜなら、帝国制度による統制がしっかり効いていて、そうした事態を防いでいたからである。政治的・宗教的・軍事的な力が単一の権威に集中していたおかげで、スルタンは勝利できたのである。

ヨーロッパにおいては、反宗教改革が同じような均質化を目指していたが、互いに争うことの多かった皇帝と教皇には、均質化を強制する力がなかった。さらにいえば、彼らが直面していたのは単なる宗教上の異端ではなかった。その異端は、勢力を拡大してますます強気になっていた商人・職人・商業エリートの階級と結びついていたのである。ヨーロッパの政治・宗教の分権的制度と社会経済の絶え間ない変化は、はじめこそ混乱と紛争をもたらしたものの、最終的には大きな強みとなった。混沌の中から、ダイナミズムが生まれたのである。対照的にオスマン帝国においては、中央集権制とそれにともなう社会経済の停滞が結局は足かせとなり、ヨーロッパと競うには必要だった社会の活気、経済の活力、政治・宗教の多元性が生まれてこなかったのである。

停滞と崩壊

オスマン帝国は、高度に中央集権化された構造にもかかわらず、その統治制度を地政学的・経済的な変化に適応させる能力があることを十分に証明していた。主にペルシャ、ハプスブルク、ベネチアを相手とする戦争がしばしば起こり、その費用がかさむなかで、歳入を増やすことが切実な課題になった。ヨーロッパのように、社会からいままで以上に多くの資源を引き出そうとすれば、経済エリートと新たな取引をすることになる。オスマン帝国の場合、まずはその経済エリートを新しく作るところから始めなければならなかった。というのも、地主貴族は、帝国の初期数十年の間に法令によって財産の大部分を失っていたし、それ以降もイスタンブールの中央政府が、裕福なブルジョアジーが生まれるのを阻んできたからである。

一八世紀に出てきた解決策は、徴税のあり方を変えるというものだった。帝国は、交替制の行政官と騎兵が業務遂行の見返りに農民から税をとる制度をやめて、代わりに、地方の名士に土地と徴税人の終身ポストを与える制度に切り替えた。この新制度により中央の歳入は増えた。そして、これはある種の地主貴族を実質的に復活させるものだったが、彼らはスルタンの意向に沿って働き、宮廷に忠実であり続けた(22)。しかし、時がたつにつれて、徴税人は帝国支配に逆らえるだけの力をもった新興エリートへと少しずつ脱皮していった。彼らは、拡大する富と自律性を活用して、周縁部を長く中央に縛りつけていた垂直的な権力構造を壊す勢力基盤と政治的ネットワークを、地方で作り上げたのである(23)。

オスマン帝国は、堅固な中央集権制のおかげでかなり長い間存続することができた。しかし一九世紀までには、地方エリートが中央の権威に挑戦するようになっていた。くわえて、ヨーロッパがオスマン帝国のパワーを上回った事実は、オスマン帝国の中央集権制が帝国の一体性を維持した一方で、同時に政治と経済の停滞を招く要因でもあったことを物語っていた。こうした状況への反応として、いわゆるタンジマートと呼ばれる改革運動が発生し、ヨーロッパから政治・経済の幅広い改革を取り入れようとした。しかし、オスマン帝国のシステムは、そのような大胆な改革を受け入れるにはあまりにも中央集権化されすぎていたし、柔軟性もなかった。それどころか、中央が周縁部の支配を続けられないことが明るみになるにつれ、帝国は少しずつ崩れていったのである。

一九世紀、時代が進むにつれ、前述の新しい徴税制度から生まれた地方エリートはますます力を伸ばし、自律性を強めた。その一方で、ミレット制はマイノリティの共同体を帝国の構造に組み込む効果的な手段として長く機能してきたが、ヨーロッパから入ってきたナショナリズムが分離主義勢力を目覚めさせると、今度はそれが深刻な弱点となった。最終的にオスマン帝国は二〇世紀初頭に崩壊するが、それは中央の失政が原因ではない。むしろ、中央がはるか昔に打ち立てたハブ・スポーク型システムの中で、求心力を維持できなくなったのである。バーキーが結論づけるように、「最後には、いくつものナショナリズムがいっそうバラバラに漂う空間だけが残った」(24)。

オスマン帝国の統治システムには中央集権制に基づく強さがあったが、最終的には、それも弱さの決定的要因となった。階層制による統治は帝国の一体性を長く支えたが、同時にそれが足かせとなり、帝国には、ヨーロッパにブルジョアジーの勃興、宗教・政治の変容、新しい金融手法、学問・技術の進歩をもたらした社会経済的ダイナミズムが生まれなかったのである。オスマン帝国の人々はやがて、自分たちがヨーロッパにかなり遅れている現実を悟った。しかしそのときの帝国は、政治的に中途半端な場所にいて身動きがとれない状態にあった。すなわち、一方では階層制の伝統にどっぷり浸かっていたせいで、改革から生まれるダイナミズムを利用することができなかったが、かといって中央政府には、帝国の一体性を維持できるほどの力も残っていなかったのである。政治的衰退は適応よりも停滞を促した。そして最後に帝国は、勃興する西洋から経済・軍事・思想上の挑戦を受けて、崩壊したのである。

中国、インド、日本

西洋の勃興に後れをとった主要国はいくつかあり、オスマン帝国はその一つに過ぎない。近代の幕開けにおいて、中国、インド、日本はどれも優位性をめぐる競争相手になっていいはずだった。しかし、まさにオスマン帝国が階層構造に縛られてヨーロッパの後塵を拝したように、これら三つの国も政治・社会構造の中央集権化が仇になって発展が遅れた。オスマン帝国と同じように国家の強みが弱点に変わり、その結果、西洋が他の経済・軍事大国を最後に引き離す際の推進力となった社会経済的ダイナミズムが、中国、インド、日本には生まれなかったのである。

中国

ケネス・ポメランツによれば、近世の中国は、ヨーロッパの経済発展と競い合うにはベストとまではいかないにしても、いいポジションにいた。中国とヨーロッパの栄養状態および農業生産性は同レベルで、一八世紀の平均寿命はどちらも三四〜三九歳だった。中国は、灌漑と織物の技術に関してはヨーロッパより明らかに優れていたし、交易システムも進んでいた。さらに、商品・労働・不動産市場や信用貸しも発達していた。くわえて、ヨーロッパの土地は大半が王族・貴族・教会の管理下にあったのに対して、中国では耕作地の大部分は売買や貸し借りが可能だった。[25]

大きなアドバンテージに恵まれていた中国は、経済成長が十分可能なはずだった。それを妨げた最大の要因は、帝国支配の階層制である。フェルナン・ブローデルによれば、「中国において、「成長の」最大の阻害要因は、中国社会の頂上に単一かつ事実上不可侵の層として広がる……結束の強い官僚組織を備えた、国家であった」。[26] 官吏が政治権力を独占し、国家機構の外で富が蓄積されないようにした。しかし、そうした中央集権的な統治にもかかわらず、中国の帝国官吏による権力行使は、オスマン帝国とは対照的に穏健だった。農民や商人が中央政府と接触することはほとんどなかった。農村の人々は自分の好きなように生活でき、オスマン帝国のような、生産活動と商業への統制に煩わされることもなかった。だがそうはいっても、帝国支配がきわめてトップダウンであったことに変わりない。[27]

中国の場合、地方レベルにはそれなりの自律性があったにもかかわらず、ヨーロッパにかなり前に現れたあの社会的な水平ネットワークは、二〇世紀になるまで出てこなかった。ヨーロッパでは、ギルド制度、都市同盟、そして宗教改革以降の各宗派の結束が社会を活性化させたが、中国ではそれが家族・親類・村に対する強い忠誠心に阻まれたのである。中国人は大多数が農村に住んでいた。農民の中には職人になる者もいた。しかしそのような人々も農村の生活スタイルを変えなかったし、都市部に移住することも、富や政治力を増大させて国家権力に逆らうこともなかった。[28] マクニールが言うように、「商人・職人が地主・官僚階級に従属するという伝統をひっくり返すような要素は、何もなかったのである」(29)。

また、近世の中国は地政学的な野心がさほど強くなかったので、ヨーロッパ諸国とは違い、頻繁な戦争にともなう財政負担とは無縁だった。ヨーロッパでは、オスマン帝国との戦いが続行中だったところに、対立する君主同士の地政学的競争と宗教改革戦争が重なったせいで、国家は自国民にますます多くの負担を強いるしかなかった。そして課税される側の人々は、その見返りとして政治的な発言権を獲得したのである。一六四四年に清王朝が成立した後、中国と対等に渡り合えるような競争相手は現れなかった。中国は「相対的に自己完結した国際システムの中で、東アジアを支配する」ことができたのである(30)。清は、モンゴル、ロシア、新疆のムスリム部族を相手にしばしば国境紛争を繰り広げた。しかしこれらはたいてい短期間の限定的な戦争で終わり、大きな戦争が何十年も続くようなことにはならなかった。国内的には、清は時々、とくに南部で反乱に直面した。しかしその争いも、反宗教改革期のヨーロッパを苦しめたあの宗教的殺戮に比べれば、たいしたものではなかった。一九世紀になるまで、清では内乱が広がることもなかったし、ヨーロッパ列強との経済・軍事競争にさらされることもなかったのである。

それゆえ、中国における課税は比較的低いレベルにとどまり、ヨーロッパのように国家が自国民を「囲い込む」こともなかった。さらにいえば、中国では中央政府による厳しい統制だけでなく資本も必要なかったので、ヨーロッパにおいて私有財産の増大に寄与した銀行システムと先進的な金融手法が発達することもなかった。こうした事情から中国には、帝国の権力に反抗する力をもった裕福な中産階級というものが存在しなかった。静態的な社会秩序と地政学上の比較的穏健な態度が組み合わさった中国は、ヨーロッパの勃興に太刀打ちするための社会経済的ダイナミズムに恵まれなかったのである。

インド

ムスリムの軍隊（主にトルコ系）が、八世紀はじめにインドへの侵略を始めた。侵略されるまで、インドはもろくてまとまりにかけた統治が何世紀も続いていた。それ以前の同国の歴史の一時期にもそうだったように、中央集権的な統治がなかったおかげで学問と経済には活力が溢れていた。(31) スタンリー・ウォルパートが述べるように、インドにおいて西暦の最初の数世紀というのは、「政治はバラバラだったが、経済・文化は豊かな」時代だったのである。(32)

そのような分権制と経済のダイナミズムに終止符を打ったのが、ムスリムの侵略者である。一二〇六年に成立し、それから三〇〇年以上も続いたデリー・スルタン朝は、高度に中央集権化された統治を行った。スルタンは、帝国の統一を脅かす人間を発見するためにスパイを全土に派遣した。また帝国の行政と軍隊のみならず、交易も厳しく統制した。(33) 中央がモノの値段を決定し、すべての商人を許可制にした。農業に対する課税は生産高の半分にまで達していたので、帝国組織の外側にいる人間がまとまった財産を築くことはできなくなった。一五世紀までに、外部からの侵略と国内の反乱が重なったせいで、スルタン朝は弱体化しはじめた。タタール人の指導者ティムール率いる中央アジアの軍隊が、一三九八年に初めてデリーを攻略する。ただ、それでもスルタン朝は、デリーが再び外国勢の手に落ちる一五二六年までは存続した。

中央アジアからやって来たムスリム集団のムガル人が、次にインドを征服する番だった。ムガル帝国は、一五五六年に皇帝の座についたアクバルによって盤石の態勢を築いた。ムガル帝国の行政はオスマン帝国のものによく似ている。ムガル帝国は当初から非ムスリムに寛容で、ヒンズー教徒を（たいがいは低位のポストだが）帝国の官吏として受け入れた。官吏の大部分は、インドの外で生まれたムスリムだった。そのため彼らは、皇帝《スルタン》に対する依存と忠誠を深めた。彼らは行政のみならず、帝国のために騎兵を召集することについても責任を負っていた。絶対的な服従と忠誠が必須であり、シャー・ジャハーンの治世には、最側近たちは一日に二回、スルタンの前で平伏することを求められた。官吏は財産を増やすことが許されたが、しかし彼らが死ねばそれはスルタンのものになった。地方への中央支配を固めるために、地方貴族の影響力は弱められ、また地方での権限はスルタンに忠実な行政官に与えられた。オスマン帝国と同じように、ムガル帝国もきわめて垂直的な権力構造を維持したのである。

ムガル帝国は、アウラングゼーブの治世（一六五八〜一七〇七年）の末期からぐらつきはじめた。彼が帝国を引き継いだとき、財政難は深刻な状態にあった。すなわち、前任者たちが建造物や記念碑、娯楽に無駄遣いをしたせいで、人々に重い税金がのしかかっていたのである。アウラングゼーブはイスラム教の狂信者で、ヒンズー教徒の弾圧を始めた。具体的には、ヒンズー教徒に新たな税金を課したり、新しくヒンズー教の寺院を立てることを禁じたりしたのである。最終的に、こうした税の増大と弾圧強化は、帝国に対する広範な反乱を招いた。アウラングゼーブは反乱者をねじ伏せたものの、

アウラングゼーブ（作者不明）

そのときには財政を破綻させてしまっていた。一八世紀初頭には帝国の崩壊が始まった。そして、ヨーロッパの帝国主義諸国の格好の餌食になったのである。[34]

オスマン帝国や中華帝国のように、インドでも、中央集権構造が社会の流動性を阻み、富と権力を有する自律的拠点の登場を邪魔していた。そしてそれが経済と政治の発展を遅らせたのである。インドは世界の主導大国になれるだけの資源と人材をもっていたが、結果として、硬直的な政治・社会の階層制のせいで、近代の幕開けにおいてヨーロッパと互角に渡り合うことができなかったのである。

日本

中世を経た後の日本の社会経済構造は、中国やインドよりも、ヨーロッパに近かった。日本では一三世紀に封建領土が現れ始めたので、幕府は垂直的な権力構造を確立するのが難しくなった。むしろ日本は、単一国家に統合されない半自律的な数多くの政体から構成される国となった。ヨーロッパと同じように、地勢が重要だった。すなわち、山と森と川が、中央集権的な統治に対する自然の抵抗力となったのである。さらにこの分権制が、政治には多元性を、経済には起業家精神をもたらした。コンラッド・タットマンによれば、「日本の大部分の地域のように、高次の政治的権威が分散していて、かつ軍隊の統率が緩い場所では、住民は外部の人間から自分たちの身を守ることに共通の利益を見出した。そうした共通利益があったので、隣人同士は集会やその他の共同体組織において団結し、それらの組織が村の規則を決定、施行したのである[35]」。ブローデルが言うには、「最終的な結末は、半ば独立した各地方が力をつけて、自分のところの町、商人、職人、特定の利益団体を守るという状況だった」。ここでもやはりヨーロッパと同じように、そうした独立的な政体が確立すると、今度はそれらの間に水平的な結びつきが生まれた。「有力な職人ギルドが、自分たちのネットワークと独占を町から町へと広げていったのである[36]」。

以上のように政治面での分権制と地域の協力があったのなら、経済と政治の発展が促進されてもよかったはずである。しかし一六世紀の内戦〔戦国時代〕がそれを妨げてしまった。日本の大部分を支配するようになっていた地方の有力者たちが、富・領土・権力を求めて争うにつれ、戦火は拡大した[37]。一七世紀に、戦闘貴族である武士がこの混乱に乗じて日本の支配権を奪取して、新興経済エリートの自律性を後退させた。日本を一九世紀後半まで事実上支配したのは、この武士である。

徳川時代として知られるこの時代に、日本を統治していたのは江戸にいた最高軍事指導者の将軍である。将軍は地方の大名に対して、絶対的な服従と、交替で江戸に住むことを要求した。大名は、自分たちの地域の統治に関しては比較的に高い自律性を有しており、厳しい統制を敷いていた。彼らは将軍の命令により、職人・商人・農民を政治的に支配することが許されていたのである。商業と都市化が徳川時代に拡大したのは確かだが、しかし経済は、権力の階層制と、ほとんどすべての外国貿易を禁ずる鎖国のせいで発展できずにいた。

日本の孤立状態は、ヨーロッパとアメリカの貿易商人がやって来たことで、一九世紀中頃に終わった。ほどなくして徳川時代も終焉を迎え、封建制と侍の政治的優越に終止符が打たれた。一八六八年の明治維新により、政治の自由化が徐々に進んだ。自律的で力をもった経済エリートが再び現れたことで、戦闘貴族である武士の力が弱まったのである。スコット・マクドナルドとアルバート・ガストマンが言うように、「商人は社会の階層制のなかでは低い位置にいたが、その多くは侍よりも裕福で、力をもつようになった(38)」。マクニールが述べるように、「それに続いて、経済が爆発的に繁栄した。その結果として、商人はかつて戦場で失ったものの大部分をとり返したのである。……そして資本家と商人は、自分たちの財産を使って中産階級の都市文化を支えた。それは……侍によって課された禁欲的な規律に対する自覚的な反抗だった(39)」。

日本がアジアで最初に工業化を成し遂げたこと、また、一九三〇年代までに世界の主要な経済・軍事大国になったことは、偶然ではない。日本の勃興は、侍が一七世紀にこの国を支配下に治めたことで一時的に妨げられたが、その根底にあった社会状況、とくに、裕福で自律的な都市の商業エリート階級が早くに現れたことが、徳川時代後の急速な経済発展の下地を形作っていたのである。そして実のところ、その発展のスピードと、日本の近代化が数十年というごく短期間のうちに実現した事実からは、一九三〇年代にこの国を襲った政治の機能不全の理由の一端を読み取れる。〔近代化が短期間でなされたために社会に残った〕従順さ、階層制、親孝行の諸伝統は、工業化とナショナリズムの社会的・思想的要請に応えるものでありながら、しかし同時にそれと衝突するものでもあった(40)。前近代と近代のはざまで止まった政治・社会経済状況が、対内的には軍国主義を、対外的には過剰な野心を生み出したのである。

西洋のグローバル化

ヨーロッパが勃興しているとき、オスマン帝国と、中国・インド・日本の各帝国は中央集権的・階層的な統治構造に足を引っ張られていた。これらの体制の強みは、究極的には弱点になることが明らかになった。すなわち、経済のダイナミズムと政治の多元性を促す社会の流動性を、中央集権制が妨げたのである。ヨーロッパの状況はこれと逆で、弱点が強みになっていた。初期のブルジョアジーは、君主―教会―貴族間の対立から生じた分権制に乗じて、進歩的変革の先駆者となった。最後には、自由民主主義・産業資本主義・世俗ナショナリズムで身を固めた西洋が、オスマン帝国、中国、インド、日本に勝つにとどまらず、勢力範囲を他の地域にも広げていき、世界初の一体的な国際システムを作り上げたのである。

ヨーロッパの勃興が始まった頃、世界の主要地域はお互いにほとんど接触していなかった。各帝国の勢力圏にはそれぞれ独自の制度と慣行があったものの、帝国同士が交流することはごくまれだったので、その違いはほとんど何の影響も及ぼさなかった。ヘドリー・ブルとアダム・ワトソンが述べるように、「これらの地域的国際システム間の接触は……、各システム内部での接触に比べたらはるかに限られていた。……もっとも重要なのは、世界全体ではもちろんのこと、どの二つの地域的国際システムをとってみても、両者の境界線をまたいで機能するような、単一の、合意されたルール・制度というものが存在しなかったことである」。代わりに、各地域は「文化的に特殊で排他的な原則」に従って動いていた[41]。他の研究者もこれと同じ見方で、「相互に明示的に合意された国際社会の基本原則はなかった」し、世界のそれぞれの地域では政治や商業の慣習が全く異なっていたという[42]。

このような国際システム内の分断は、ヨーロッパが勃興する中で消えていった。一五世紀に外洋航行船が登場し、さらに航海技術が進歩しはじめると、ヨーロッパの探検家・商人・移民は、中東、アフリカ、アジア、南北アメリカ大陸に進出拠点を築けるようになった。ヨーロッパの経済・軍事面でのアドバンテージが大きくなると、そうした拠点の数は増え、規模と影響力も大きくなった。一九世紀の終わりまでに、ヨーロッパの主要大国は地球の大部分を直接的・間接的に支配するようになっていた。それにともないヨーロッパは、主権・行政・法・外交・商業についてのヨーロッパ的思想も広めた。その意味で、ヨーロッパは非西洋を追い抜いて支配しただけでなく、ヨーロッパ独自の価値観や制度に基づく世界秩序も打ち立てたのである。事実上、ヨーロッパは自分たちの地域秩序の基本原則を、世界レベルで複製したのである。

西洋は三つの段階を経てグローバルな存在となった。一六四八～一八一五年、すなわちウェストファリア条約からヨーロッパ協調の成立までの時代に、ヨーロッパ独自の秩序の慣習・制度ができあがった。ヨーロッパ人はその慣習・制度を、貿易や移住をする際に広めた。この影響をいちばん受けたのは南北アメリカである。一八一五～一九一四年、すなわちパクス・ブリタニカ〔イギリスの覇権のもとでの平和〕の時代には、ヨーロッパの帝国主義は、領土の面でも政治的支配の範囲でも拡大した。ヨーロッパ中心の世界が姿を現し、そしてヨーロッパのパワーと原則が地球のほとんどの地域に浸透した。第二次世界大戦からはパクス・アメリカーナ〔アメリカの覇権のもとでの平和〕の時代が始まった。アメリカが西洋秩序の監督役をヨーロッパから引き継ぎ、その秩序を自分の利益と価値観に沿う形に変えた。パクス・アメリカーナは、冷戦終結後の一〇年間にピークを迎えた。そのとき、西洋は対抗勢力が不在の状況において、世界を物質面と思想面で支配する体制をいまにも完成させるのではないかと思われた。

ヨーロッパとアメリカが手を組んで史上初となる世界秩序を形成するうえで、西洋のパワーと理念は不可分の関係にあった。西洋は物質面の優位によって他の主要地域を支配できたが、後にその支配に乗じて、非西洋が西洋のルールに従って動くようにしようと試みたのである。ヨーロッパとアメリカは、経済的・戦略的な利益を追求する手段として自分たちの価値観を広めたが、それはまた、自らの原則の普遍性に対する確信の現れでもあった。とはいえ、C・A・ベイリーが鋭く指摘するように、西洋秩序がグローバルなものになれたのは、何もその秩序にもともと魅力が備わっていたからではなく、その秩序が西洋のグローバルな優位性と一体になっていたからなのである。[43] 傲慢な西洋の経済力・軍事力に直面した非西洋は、西洋に黙って従う以外にほとんど選択肢がなかった。自分のイメージにあわせて世界を作り直すことが、西洋による究極のパワー行使の形だったといえるだろう。

ウェストファリア条約以後

ウェストファリア条約は、宗教改革の戦争を終わらせただけではない。それは、新たなヨーロッパ秩序の基本原則も明文化した。条約締結後の数十年間で、この新たな秩序の中核要素は成熟していった。たとえば、領土主権と諸国家の法的平等、外交・商業・戦争・和平に関する法と慣習、そして勢力均衡に基づく国際関係の安定維持である。[44] すでに一五世紀には、スペインとポルトガルが造船・航海の分野で先駆的な技術革新を通じてヨーロッパを牽引する中で、探検家・貿易商人・移民・宣教師は、遠い地を目指して旅立つ際にそうした価値観と原則を携えていた。

ヨーロッパ人が政治秩序に関する自分たちの思想をはじめに広めたのは、何よりも新世界〔南北アメリカ大陸〕である。ワトソンによれば、「ヨーロッパ人は……はじめから新世界を自分たちの行政・統治システムに組み入れた。それはキリスト教世界の拡大となった[45]」。それ以外では、ヨーロッパが他地域に当初与えた影響は限られていた。一七世紀に、アフリカ、南アジア、東アジアにおけるヨーロッパの貿易拠点はいっきに増えている。しかしヨーロッパの貿易商人は、自分たちの商業慣習を主張するよりも現地の慣習に従うことのほうが多かった。[46] そしてたいていの場合、ヨーロッパ人は行動範囲を沿岸の港に限定していて、内陸部にまで進出することはなかったし、現地の支配者に対しても政治的に従順だった。[47]

一八世紀が幕を開けた時点でも、まだヨーロッパ秩序はグローバルなものになっていなかった。その秩序の諸原則は形成途上だったのである。スペイン継承戦争を終わらせたユトレヒト条約（一七一三年）と、アメリカ独立革命（一七七六年）とフランス革命（一七八九年）、そしてナポレオン戦争（一七九九〜一八一五年）はすべて、西洋の秩序規範に共和主義の要素をプラスすることで、その発達に寄与した。とはいえ、ヨーロッパ列強は一八世紀初頭までに世界の多くの場所に拠点を築いており、それによって、列強はほどなく勢力範囲を急速に拡大し、西洋秩序を世界の大部分に普及させることが可能となったのである。

パクス・ブリタニカ

一八世紀の間、軍艦技術の進歩、とくに、重火器を装備した遠洋航行船の開発により、ヨーロッパはライバルとなり得る国々に対する制海権を強化した。ワトソンによれば、「ヨーロッパの海事技術はかなり進歩していたので、アジアのどの大国も、インド洋でイギリスやフランスと張り合うなど考えることすらできなかった」(48)。一九世紀にもさまざまな進歩が続き、ヨーロッパ帝国列強はそれまで以上に頻繁かつ容易に他地域の内陸部に進出できるようになった。ますます専門家集団としての様相を呈するようになっていたヨーロッパの軍隊は、機械化された兵器を装備した蒸気駆動の小型砲艦があったおかげで、アフリカ、インド、東アジアの大部分で河川交通をコントロールし、政治的支配を確立することができた。昔なら植民地の調査に従事する兵隊はマラリアやその他の病気で死ぬこともあったが、キニンなど新しく発見された薬が、アフリカでの勢力拡大を目論むヨーロッパ人を守った。さらには鉄道と海底電信ケーブルも、帝国主義の拡張と支配を後押しした(49)。一九世紀の終わりには、ヨーロッパが地球のほぼすべての場所を植民地にしていた（ただし、南北アメリカの大半はすでに脱植民地化していた）。

ヨーロッパによる世界支配を可能にした要因は、このようなもろもろの技術進歩だけではない。外交も重要だった。ナポレオン戦争が終わったときに、ヨーロッパ列強はヨーロッパ協調という精巧な秩序の仕組みを作り上げた。協調の枠組の中で、イギリス、ロシア、プロシア、オーストリア、フランスは協力して、ヨーロッパと他地域における勢力均衡を管理した。領土の現状を変更する場合には、必ずコンセンサスが求められた。危機への対応を話し合うために会議が開かれ、緩衝地帯、中立地帯、勢力圏やその他の外交手段が、地政学的対立を回避・緩和するために用いられた。協調に完全に組み込まれたロシアでは、西洋化がいっそう進んだ。ヨーロッパ秩序はこのような深化、成文化、制度化を通じて、ヨーロッパとそれ以外の地域にしっかり定着したのである。

ヨーロッパ協調が大陸の安定を保ったので、列強は欲求とエネルギーを気兼ねなく外に吐き出すことができた。とくにイギリスは、ヨーロッパの協調的安定を利用して領土を広げるにとどまらず、外洋艦隊を建造して絶対的な制海権を確立し、また世界の海上交通の要衝も支配した。[50] 制海権の確立にともない、イギリスの政策は重商主義から自由貿易に変わった。一九世紀の後半になると、イギリスは海軍力を使って排他的な経済圏を守るのではなく、開かれた世界貿易システムを他国に強要した。その結果、貿易が拡大し、それがヨーロッパの産業革命を刺激して、ひいてはヨーロッパの世界支配を強固なものにした。一九世紀の終わりには、ドイツとアメリカ――どちらもイギリス・モデルにならい、工業化を成し遂げた――が帝国主義クラブの仲間入りを果たしている。そうして、西洋のグローバルな存在感はさらに強まることとなったのである。

地政学的安定と経済発展、さらには軍事面での優位性を得たことで、ヨーロッパ人はこう確信した。「近代文明とは、ヨーロッパの流儀と基準のことである。世界をより良い安全な場所にするためにそれを広めることが、自分たちの義務であり、利益にもなる」。[51] 西洋の帝国主義の拡張プロジェクトに、奴隷制の廃止、キリスト教の普及、西洋による文明化の実現といった、イデオロギー的野心が加わっていた。こうした目標は、アジアとアフリカの大部分を直接支配することで実現した。名目上は独立を保った国々でさえも、「ヨーロッパ国際社会のルール・制度に従うことを期待され、またそうするように仕向けられた」[52]。宣教師の団体も帝国周縁部に進出したので、西洋の勢力拡大は経済的・政治的なパワーだけでなく、宗教の面でも進むようになった。たしかに、ヨーロッパ列強は、自分たちのところでは主権と政治的多元性に関する慣習を発達させながら、海外では階層的な支配を行っていた[53]。だが、それでもやはり西洋は、新しい国家を建設し、新しい国境を画定し、そして植民地の現地住民に国民・民族・宗教・人種の新しいアイデンティティを与えることで、非西洋を自分の形に似せて作り変えていたのである[54]。

イギリスによるインド支配は、帝国主義による浸透と変容のもっとも重要なケースの一つである。イギリスは一八一三年にインド内の領土に公式に主権を拡大し、その後インドの教育制度・行政・法体系を完全にイギリス式に直した。それまで長らくインドの政治を動かしていたのは、地域と宗教、そしてカーストだった。しかしこのときからはイギリスが英語を話す新しい〔現地〕エリートを育て、彼らは世俗主義・行政の効率・正義について西洋の考えを教え込まれた。『オックスフォード近代インド史』の著者、パーシバル・スピアーによれば、「イギリスの最大の役割は、文化の芽を運ぶことだった。……英語の導入によって西洋思想を伝達する手段が生まれ、イギリス法の導入によって標準的なイギリスの慣習を伝達する手段が生まれた。英語の書物と一緒に西洋の道徳・宗教の思想が入ってきた。さらに宣教師によって、西洋の道徳規範のいわば実践モデルが持ち込まれた[55]」。

オスマン帝国も、一九世紀にヨーロッパの支配下に入った。ヨーロッパが当時オスマン帝国を植民地にしたわけではないが、西洋の外交・貿易のやり方を帝国に押し付けたのは確かである。オスマン帝国はヨーロッパとの政治・経済の結びつきが増えたために、事実上ヨーロッパの勢力圏に組み込まれ、「カピチュレーション」として知られるヨーロッパのルールも受け入れるしかなかった。トーマス・ナフはこう断言する。「一九世紀の最初の数十年間で、帝国のヨーロッパに対する経済的従属はほとんど固定化した」[56]。さらに、タンジマート運動が、オスマン帝国の制度を西洋の制度に置き換えることを公然と求めた。運動に参加した改革者たちは挫折したが、明らかに彼らは、ヨーロッパの政治・経済モデルに帝国を立て直す最大の希望を見出していた。

一八八一年に始まったアフリカ分割により、アフリカ大陸のほとんどが一〇年ほどのうちにヨーロッパの勢力圏に組み込まれた。中国もまた、帝国列強が植民地の拠点、勢力圏、治外法権を求めて競い合う中で、一九世紀後半に西洋の支配下に置かれた。列強は、中国の鉄道・銀行・鉱山・港に多大な投資もしている。さらに西洋式の裁判所を創設し、中国の官僚組織の一部を運営し、条約港と、揚子江上流地域にあった駐屯地に軍隊と戦艦も送っている[57]。日本は西洋からの独立を守っていたものの、西洋化は進んでいた。明治時代における改革の結果、日本は外国との貿易に門戸を開き、急ピッチで工業化を進め、議院内閣制を導入し、東アジアにヨーロッパ流の帝国を打ち立てた。また一九〇二年にはイギリスとの間で日英同盟を結んでいる。多くの日本人は、これで西洋クラブに加入できたと喜んだ。

ヨーロッパ政治の制度・慣習の発達は、西洋の帝国主義的拡張とセットだった。その結果、西洋秩序は二〇世紀が幕を開ける頃にはグローバルなものになっていた。一九一四年の時点で、ヨーロッパの植民地・元植民地は世界の全陸地の八四パーセントに及んでいた。そして西洋の大きな存在感は地政学的であると同時に、思想的なものでもあった[58]。ヘドリー・ブルによれば、「それゆえ第一次世界大戦までに、全世界をカバーする普遍的な国際社会が明らかに存在していたのである」[59]。彼が指摘するように、この国際社会は西洋の価値観と政治原則だけでなく、その利害も反映していた。「国際法のルール……は、ヨーロッパあるいは西洋の大国によって作られただけではない。それはまたかなりの部分で、ヨーロッパあるいは西洋のために作られたのである。すなわち、当時の国際法の中身の少なくとも一部は……ヨーロッパや西洋の優位性を維持しやすくするものだった」[60]。ヨーロッパは、物質面での優位性と思想面での覇権が連動する形をうまく作ったのである。

パクス・アメリカーナ

ヨーロッパが世界の中心だった長い時代は、第二次世界大戦によって終わりを迎えた。ヨーロッパ諸国は戦争によって疲弊、荒廃していた。その優位性は、アメリカが工業・軍事大国として台頭してきたために弱まった。さらに、ヨーロッパは自分の基本原則を広めることに成功しすぎた。もし主権と自由民主主義が西洋モデルの不可欠な要素だとしたら、西洋秩序がグローバル化すれば、ゆくゆくは非西洋も民族自決と自治の権利を与えられるべきだという話になる。実際、戦争が終わった直後から、世界のいたるところで帝国支配に反対する独立運動が起こり、成功を収めることになった。

ヨーロッパの帝国が崩壊したのは、周縁部における反乱だけが原因ではない。それはまた、アメリカが脱植民地化を強く求めたからでもある。アメリカがヨーロッパに植民地主義をやめさせようとしたのは、今回が初めてではない。第一次世界大戦が終わったときにも、ウッドロー・ウィルソン大統領が西洋秩序の改造を試みている。彼が望んだのは、民族自決と民主的統治のために帝国支配を終わ

ウィルソン米大統領（写真：アメリカ議会図書館）

らせること、勢力均衡をやめて集団安全保障と軍縮に取り組むこと、そして秘密外交をやめて、透明性の高い、権威ある国際法に置き換えることだった。国際連盟がこの新秩序を体現する制度になるはずだった。

しかし、ウィルソンの努力はアメリカとヨーロッパで政治的反対にあい、挫折した。彼の思想のかなりの部分は、第二次世界大戦後に現れたリベラルな秩序の形成において重要な働きをしたが、第一次大戦終結の時点では、アメリカ議会上院が連盟への参加を拒否し、またヨーロッパ人にしても、ウィルソン流の理想主義を受け入れることに関しては、アメリカよりもほんの少し積極的であるにすぎなかった。アメリカが孤立主義の道を選んだので、ヨーロッパは戦間期に西洋秩序の担い手としての役割を果たし続けようと奮闘した。だがヨーロッパの民主主義諸国は政治も経済も弱っていて、リベラルな秩序をひっくり返そうと目論んでいたナチス・ドイツと帝国日本が、そこにつけ込もうとしていた。アメリカがようやく第二次大戦に参戦したおかげで、西洋はやっと枢軸国の支配から救い出されたのである。

第二次世界大戦後、アメリカは西洋のリーダーになっただけでなく、その秩序規範も書き換えた。[61]アメリカは帝国の解消を主張し、ヨーロッパ列強はこれに反対できるような立場になかった。アメリカは、勢力均衡に依拠して安定を確保するという考え方よりも、もっと野心的な別の道を選んだ。それは、パワーを行使しつつも、それで敵を抑え込むだけでなく、敵を変革するために民主主義を輸出することもあわせて行うというものだった。世界のリーダーシップを引き継いだアメリカは、「自分のパワーを使えば、世界をアメリカ・モデルに基づく民主的な資本主義へ引っ張っていけると確信したのである」(62)。ドイツと日本の占領・民主化がその好例である。両国は、経済も政治も隅から隅まで作り直された(63)。アメリカは、ヨーロッパの経済を復活させ、政治を安定させるためにマーシャル・プランを始めた(64)。さらには、第二次大戦の一因とみなしていた経済ナショナリズムと保護主義を排除することも決めていた。それに替わるのが、国際機構によって管理される、開かれた貿易・金融システムだったわけである。

フランクリン・ルーズヴェルトとハリー・トルーマンが当初考えていたのは、国連に大国の監視役と世界の代表を任せつつ、アメリカ主導の秩序を世界に広げることだった。しかし冷戦が始まり、民主的な資本主義が独裁的な社会主義と対立するという、二つのブロックからなる秩序が現れた。それ以降、欧米の民主主義諸国が西洋秩序を支え、少しずつ貿易・政治・制度面での結びつきを深めた。欧米以外の地域では、アメリカがソ連を封じ込めるために同盟のネットワークを張り巡らし、そして可能な場合には途上国に市場と民主主義を広めようと動いた。

アメリカが、冷戦の戦略上必要と判断したときには、民主主義を広める努力を中断して、独裁国と手を組んでいたのは事実である。だが、ヨーロッパが世界を支配していた時代に、自分の価値観と制度を他地域に広めようとしていたのと同じように、アメリカも世界の覇権を握っているこの時代を利用して、途上国を、開かれた市場と民主主義へ導いてきた。そして、まさにヨーロッパ優位の時代に理念と利益が連動していたように、アメリカによる国際システムの監督の仕方を形作っていたのも、原則〔理念〕と、安全・繁栄の追求〔利益〕だった。一九世紀初頭から続く国際秩序は、単に西洋のものというだけにとどまらず、西洋のためでもあったわけである。

ソ連の崩壊は、西洋の最終的勝利の前触れかと思われた。西洋モデルに対する最大の競合モデルは敗れ去ったのである。アメリカとヨーロッパはすぐさま協力して、かつての敵を西洋秩序に組み込んだ。EUとNATOは中欧の新興民主主義国に門戸を開いた。ひとそろいのグローバル制度と地域制度――世界貿易機関（WTO）、北米自由貿易協定（NAFTA）、アジア太平洋経済協力会議（APEC）、NATOの平和のためのパートナーシップ（PfP）など――が、貿易、政治の自由化、地政学的安定を促進するために作られた。こうした取り組みは目覚ましい成果をあげている。ベルリンの壁崩壊後の一〇年間に、グローバル経済は順調に成長を続け、さらに民主化の波がヨーロッパの東部だけでなく、アジア、アフリカ、ラテンアメリカにも広がった。単に西洋モデルがグローバル化したというだけの話ではない。歴史が、本当に終わりを迎えつつあるように見えたのである。

第4章　次に来る大転換
——非西洋の勃興

二一世紀がスタートしたとき、アメリカは、西洋の大勝利について、自信過剰とはいえないまでも満足感には浸っていた。歴史はまさに西洋の道を進むかに見えた。だがそんな自信も長くは続かなかった。二〇〇一年九月一一日のテロ攻撃、イラクとアフガニスタンで長引く戦争、グローバル金融危機、手に負えない党派対立が、アメリカに暗い影を落とした。ヨーロッパもまた、経済成長の鈍化やユーロ圏の脆弱性、EU内部の政治対立など、同じくらい多くの問題を抱えていた。ジョージ・W・ブッシュ大統領の任期が終わる頃には、「歴史の終わり」の議論自体が歴史になっていた。代わって注目を集めたのは、ポスト・アメリカ時代が到来する、アジアの世紀が始まるという主張だった(1)。

西洋への評価がこのようにがらっと変わったのは、ある面では社会の雰囲気が劇的に変化したからである。つまり、アメリカとヨーロッパの相次ぐ挫折に人々が反応したのである。しかし、西洋の優位性の持続性に対するもっと冷静な見方は、一時的な状況へのつかの間の感情とは異なる。研究者も政策決定者も、冷戦終結にともなう勝利の喜びに惑わされることなく、ようやく厳然たる事実と向き合うようになった。その事実がはっきり示すのは、西洋のパワーがピークを過ぎたということである。

厳然たる事実

世界はこの先少しずつフラットになっていくだろう。これは数十年かかるプロセスであり、数年でどうこうというものではない。しかし全体的な趨勢は明白であり、それが物語る世界の大転換を止めることはできない。

経済力のバランス

表4・1は、二〇一〇年の世界の経済大国トップ5と、二〇五〇年に予想されるトップ5を並べたものである。もちろんこうした予想は推論にすぎない。その前提条件は変わり得るし、実際変わるものである。それでもなお、この「最有力の予想」からわかるのは、近い将来に順位が大きく入れ替わることである。

二〇一〇年では、世界の経済大国トップ5のうち四カ国が西洋に属している。(2) ゴールドマン・サックスによれば、二〇五〇年にはアメリカがトップ5に入る唯一の西洋大国になるという。さらには、図4・1にあるように、アメリカは二〇五〇年に第二位につけているものの、その経済規模は中国よ

表 4.1　経済大国トップ５――2010 年と 2050 年の比較

2010	2050
1. アメリカ	1. 中国
2. 中国	2. アメリカ
3. 日本	3. インド
4. ドイツ	4. ブラジル
5. フランス	5. ロシア

出典：Jim O'Neill and Anna Stupnytska, "The Long-Term Outlook for the BRICs and N-11 Post Crisis," Goldman Sachs Global Economics Paper no. 192, December 4, 2009, http://www2.goldmansachs.com/our-thinking/brics/brics-reports-pdfs/longterm-outlook.pdf, p.22; International Monetary Fund, "World Economic Outlook Database: GDP at Constant Prices (USD)," April 2011, https://www.imf.org/external/pubs/ft/weo/2011/01/weodata//weoselco.aspx?g=2001&sg=All+countries.

りかなり小さい。ゴールドマン・サックスの予想では、中国のGDPは二〇二七年までにアメリカのGDPに追いつき、それ以降はトップを独走するという。[3] 西洋全体の物質面での優位性についていえば、四つの主要な途上国（ブラジル、ロシア、インド、中国のいわゆるBRICs[4]）のGDPの合計は、二〇三二年までにこんにちの西洋の主要諸国のGDPの合計に追いつきそうである。[5] 世界銀行の予想によると、二〇二五年までには米ドル、ユーロ、中国人民元が、「複数の基軸通貨」をもつ通貨システムの中で同格の存在となり、米ドルのグローバルな優位性はなくなるという。[6]

このような世界のパワー分布の変化を構成要素に細かく分解してみると、さらに興味深いことがわかる。経済成長についていえば、アメリカのGDPは二〇〇九～二〇五〇年に平均で年二・七パーセント伸びると予測されている。一パーセントと予想される日本を大きく上回り、一・七パーセントとされるヨーロッパの主要国（ドイツ、フランス、イギリス、イタリア）よりも高い数字である。同じ期間に、中国は平均で年五・六パーセント、インドは五・九パーセントの成長が見込まれている。[7]

図 4.1　主要諸国の GDP —— 2010 年と 2050 年の比較（単位：10 億ドル）

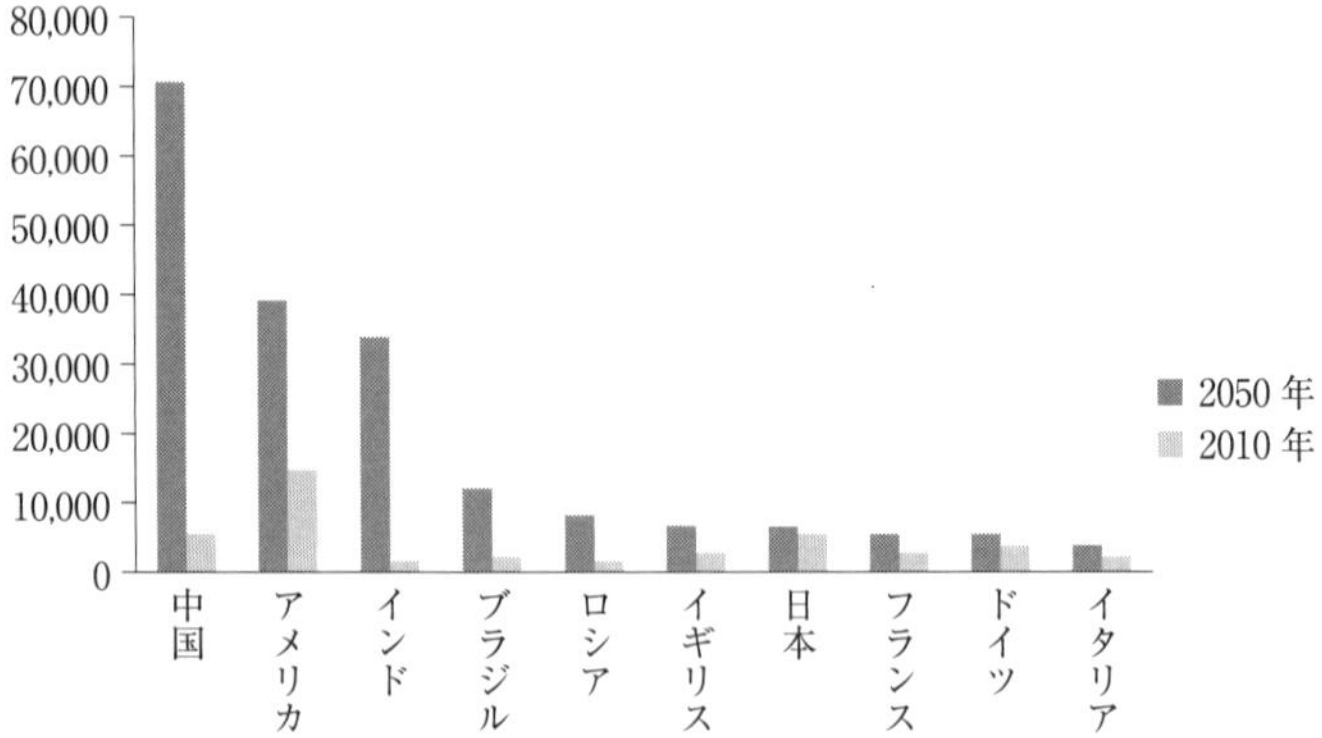

出典：Jim O'Neill and Anna Stupnytska, "The Long-Term Outlook for the BRICs and N-11 Post Crisis," Goldman Sachs Global Economics Paper no. 192, December 4, 2009, http://www2.goldmansachs.com/our-thinking/brics/brics-reports-pdfs/longterm-outlook.pdf, p.22; International Monetary Fund, "World Economic Outlook Database: GDP at Constant Prices (USD)," April 2011, https://www.imf.org/external/pubs/ft/weo/2011/01/weodata//weoselco.aspx?g=2001&sg=All+countries.

さらにいえば、成長率の差がいちばん開くのは、この期間の前半である。つまり、西洋先進諸国と、中国やインドなどの新興国のギャップが埋まるのは、いつかそのうちではなく、これからすぐなのである。

　中国はすでに日本を抜いて世界第二位の経済大国となった。中国がアメリカを抜いて第一位となるにはゆうにあと一〇年はかかるが、さまざまな数字から趨勢は明白である。アメリカは、二〇一〇年に経常収支の赤字が四七〇〇億ドルに上ることを公表した。それは世界的な不均衡を助長して、アメリカの将来の経済成長を脅かすものだった。一方で中国は、同年に三〇五〇億ドルの黒字を達成している。(8) アメリカの過去一〇年の平均消費率はＧＤＰの七〇パーセントで、貯蓄率は約三・五パーセントである。(9) 対照的に中国は、過去一〇年の平均消費率がＧＤＰの三五パーセント、貯蓄率は四〇パーセントにも達する[10]。中国政府は増え続ける黒字の一部を政府系ファンドに投入し、それを世界中で戦略的に投資している。二〇一〇年春の時点で、中国三大ファンドはあわせて約七八〇〇億ドルの資産を保有していた。この金額はオランダのＧＤＰとほぼ同規模である[11]。一方、アメリカは公的債務が二〇一一年初頭に一四兆ドル（ＧＤＰの九〇パーセント超）に達しており、年間の財政赤字も、第二次世界大戦後の数年間以来、最大のレベルになった[12]。アメリカの債務が積み重なるなか、中国はアメリカ国債を購入する主要な外国投資家となった。二〇一〇年の終わりには、約一・二兆ドル分のアメリカ国債を中国が引き受けている。これは、外国人が保有するアメリカ国債全体の二五パーセントを超える額である。実のところ、二〇一〇年までに全アメリカ国債の半分超を外国人が保有しており、そのせいでアメリカは金融面でかなり脆弱な状態に置かれているのである[13]。

中国の経済はいずれ落ち着くだろう。成長率、貯蓄率、財政黒字というのは普通、国の経済が成熟すると下がっていくものである。しかし、中国、インドやその他の途上国の成長について明るい見通しをもてる根拠には、人口にまつわる不変の現実もある。西洋の人口は世界全体の二〇パーセントにも満たない。しかもこの先、相対的にも絶対的にも減る流れにある。アメリカの人口と労働力は、西洋の平均を上回る移民の割合と出生率に支えられてこの先の数十年間は少しずつ増えていくが、ヨーロッパの人口は減っていく。ＥＵ全体の出生率は人口置換水準（人口が安定するために必要な出生率）に届いていないし、移民の割合もアメリカを下回っている[14]。日本も急速に高齢化が進んでいる。一方で、中国の人口は二〇二五年頃から減り始めるものの（その原因は、一九七八年に実施された一人っ子政策である）、図４・２が示すように中国にもインドにも膨大な労働人口があり、この先ある

図4.2　主要諸国の労働人口――2010～2050年（単位：100万人）

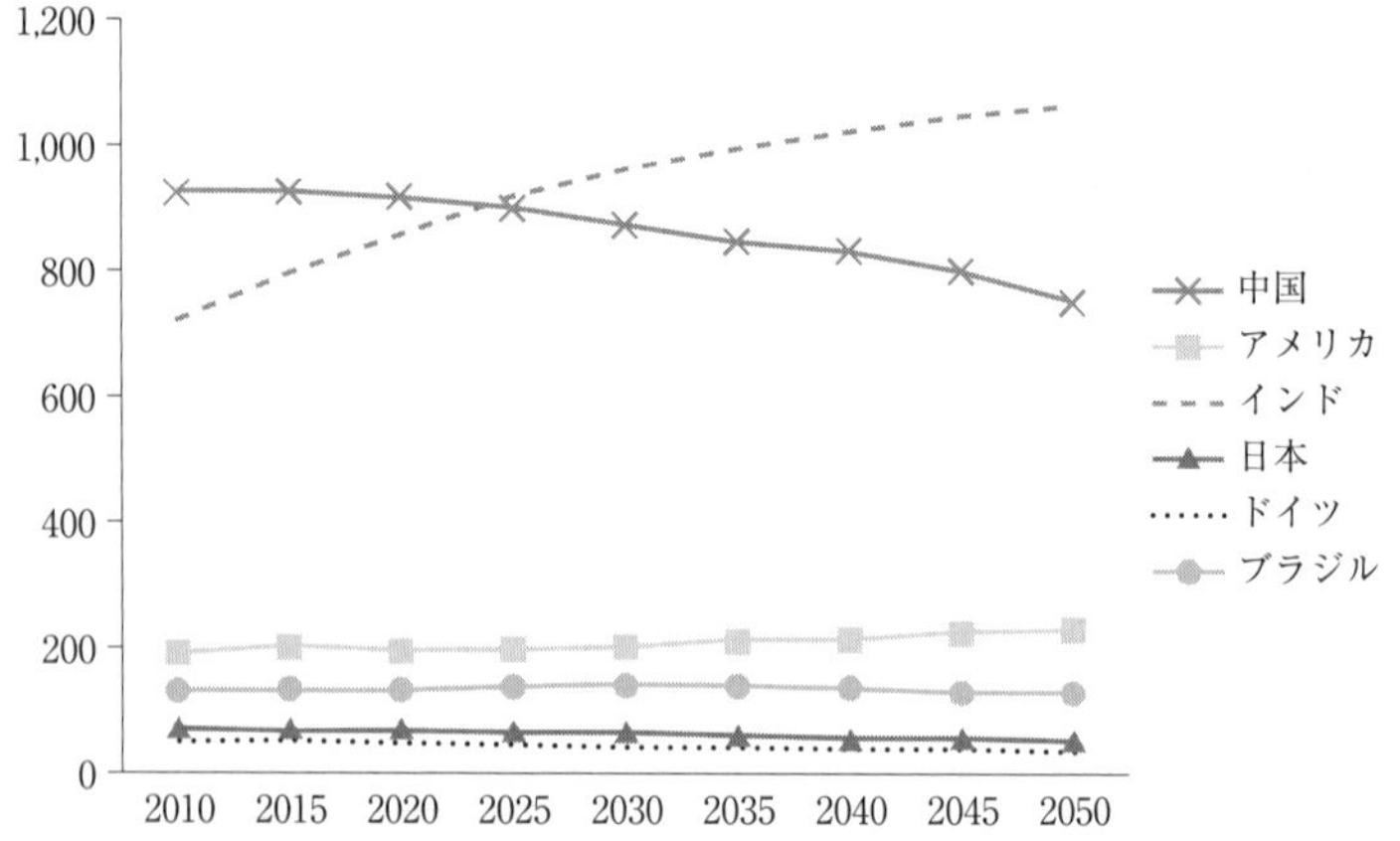

出典：Dominic Wilson and Stupnytska, "The N-11: More Than an Acronym," Global Economic Paper no. 153, March 28, 2007, http://www.chicagobooth.edu/alumni/clubs/pakistan/docs/next11dream-march% 20% 2707-goldmansachs.pdf, p.19.

程度の期間は安泰である。他の多くの途上国でも、労働人口が大幅に増加する流れがしばらく続く。

西洋の労働人口が縮小し、非西洋の労働人口が劇的に拡大していくだけではなく、知的資本も、グローバルシステムの中心から周縁へ移っていくだろう。アメリカにはいまもなお世界最高峰の大学制度がある。しかし、それを利用している人間の多くが外国人であり、その数は増え続けている。そして、彼らはたいてい身につけたスキルを母国に持ち帰っていくのである。

一九七八年にアメリカで授与されたすべての博士号のうち、およそ一二パーセントが外国人留学生のものだった。[15] 二〇〇八年までに、この数字は全学問分野で見ると三三パーセントに上がっている。工学では博士号取得者の六〇パーセントが留学生であり、医学では四八パーセントだった。二〇〇八年にアメリカで博士号を取得した留学生のうち三〇パーセント近くは中国人学生で、中国・

図4.3　科学・工学の博士号の授与数 —— 1997〜2007年

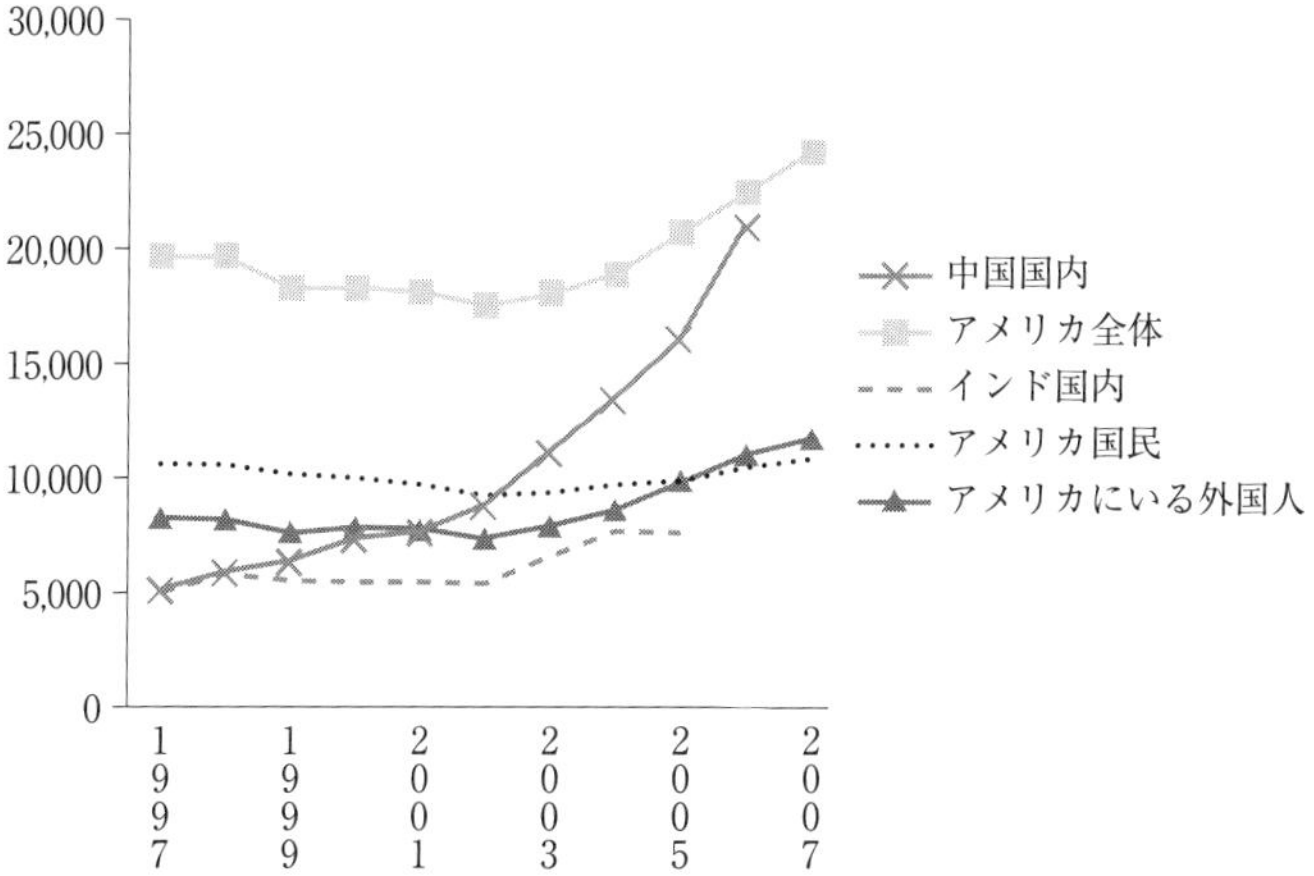

注：インドのデータは2005年まで、中国のデータは2006年までしかない。
出典："Science and Engineering Indicators, 2010," National Science Foundation. January, 2010, http://www.nsf.gov/statistics/seind10/figures.htm, Graph 0.9.

インド・韓国の留学生を合わせると五〇パーセント超になる。図4・3が示すように、アメリカで科学・工学の博士号を取得した留学生の数は一九九七〜二〇〇七年に着実に伸びている。図には、インドと中国の両国内で授与された科学・工学の博士号の数も示されており、中国ではかなり増えていることがわかる。刊行された学術論文のうちアジア人の論文の占める割合は、一九九〇年に一六パーセントだったのが二〇〇四年には二五パーセントに増えているが、これも何ら驚くような話ではない[16]。

中国はまた、自国の大学制度にも多額の投資を続けてきた。政府は一九九八年から、高等教育機関の規模拡大と質の向上を目指す野心的な計画に乗り出している。それから一〇年間で高等教育への支出は三倍近くに増え、高等教育機関の数は一〇二二から二二六三に増えた。一九九七年には一〇〇万人の中国人学生が大学に入学し、その数は二〇〇七年に五五〇万まで伸びている(17)。この先の一〇年間、途上国、とくに中国の労働人口は規模が大きくなるだけでなく、教育レベルもますます上がっていくだろう。

軍事力のバランス

世界の中で経済力の差は、軍事力の差よりも断然早いスピードで縮まっている。経済の領域では、非西洋の勃興が西洋の優位性を少しずつ切り崩してきたし、両者の差もすぐに埋まるだろう。対照的に、西洋の軍事面での優位性は近年確実に強まっている。アメリカは二〇〇一年九月一一日のテロ攻撃の後に軍事支出をいっきに増やしており、それ以降、国防費は他の主要諸国の国防費の合計よりも大きい。アメリカの軍事力は、この先も長きにわたりトップであり続けるだろう。図4・4が示すように、アメリカ、ヨーロッパ、日本で、二〇一〇年の全世界の軍事支出の六五パーセント超を占めている。

しかし、このように偏った軍事バランスも永遠に続くわけではない。軍事力の基盤は、究極的には経済力である。経済力がいまより均等になれば、軍事力もゆくゆくはそれに続くだろう。さらにいえば、軍事力を増強するには特定の経済インフラが必要になる。しっかりとした製造基盤、ハイテク機器を作る技術、鉄鋼や造船などの産業の生産力、エネルギーの消費量・生産能力――。これらが、軍事力を大幅に増強できる潜在能力があるかどうかを測る確かなバロメーターとなる。こんにち、アメリカが軍事面で圧倒的な優位性を誇っているとはいえ、新興国におけるこれら中核的な産業部門の発展は、世界の大転換が進行中であることを確証している。

図4.4　世界の軍事支出の割合――2010年

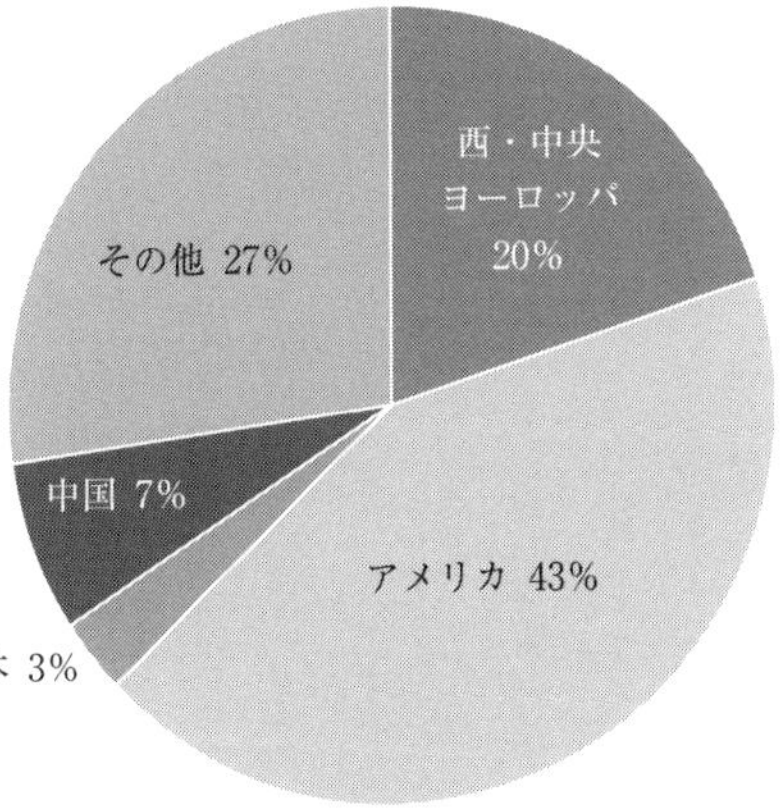

出典：“Military Expenditure Data, 2001-10,” Stockholm International Peace Research Institute, http://www.sipri.org/yearbook/2011/04/04A.

一九九七年にはアメリカとEUと日本で、世界のハイテク機器の輸出量のおよそ五五パーセントを占めていたが、二〇〇八年までにそれも約三九パーセントに下がっている。この間に、中国の占める割合は六パーセントから二〇パーセント近くまで増えた。[18] こうした主役の交代劇は、国防部門にとって重要な二大産業である鉄鋼生産と造船ではさらに如実に現れている。アメリカは一九八〇年に約一億トンの鉄鋼を生産していた。この数字は二〇〇八年までは比較的に安定していたものの、その後は落ち込んで、二〇一〇年には八〇〇〇万トンまで下がっている。同じ時期に、中国の鉄鋼生産量は年間約四〇〇〇万トンから六億トン超に増えている。一方、インドの生産量は一九八〇年に年間約一〇〇〇万トンだったところ、二〇一〇年には六五〇〇万トン超に増えている（図4・5）。造船を見ると、西ヨーロッパは一九六四年に年間五〇〇万総トン近くを生産する世界トップの生産者で、これにアジアが三七〇万総トン、アメリカが二五万総トンで続いて

図4.5　世界の鉄鋼生産量――1980～2010年（単位：1000トン）

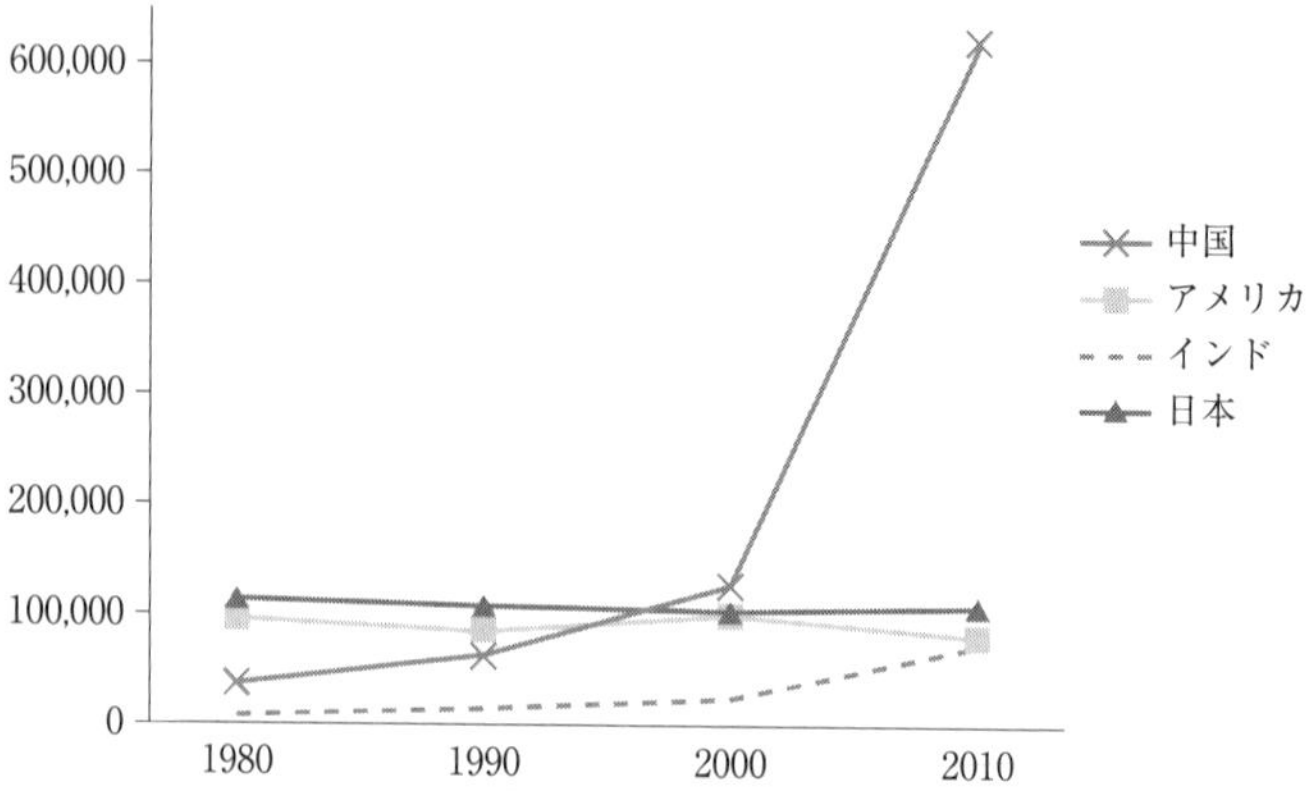

出典：“Steel Statistics Archive,” World Steel Association, http://www.worldsteel.org/index.php?action=stats_search; “The Largest Steel Producing Countries,” World Steel Association, January 21, 2011, http://www.worldsteel.org/pitures/newsfiles/2010% 20statistics% 20tables.pdf. Note: 2010 Statistics are preliminary.

いた。二〇〇九年にはアジアの生産量が七〇〇〇万総トンまで伸びていたが、それ以外の国々は全部足しても七〇〇万総トンに満たなかった（図4・6）。このような工業生産高の大幅な増大を牽引したのは、中国である。それを考えれば、同国が二〇一〇年にアメリカを抜いて世界トップのエネルギー消費国になったというのも、うなずける話である。

もちろん、アジアの造船建造量が突出しているといっても、それが直接アメリカの海上覇権に影響を及ぼすわけではない。アジアで建造される船の大半は商船であり、軍艦ではない。軍艦についていえば、アメリカの艦隊は、一一個の空母打撃群を含む三〇〇隻近い艦船、七〇隻超の潜水艦、約三七〇〇機の航空機からなるもので、他国の追随を許さない[19]。とはいえ、中国やその他の東アジア諸国は造船能力が向上しているので、その気になればいつでも艦隊を急速に増強できることは確

図4.6　世界の造船建造量――1964～2009年（単位：1000総トン）

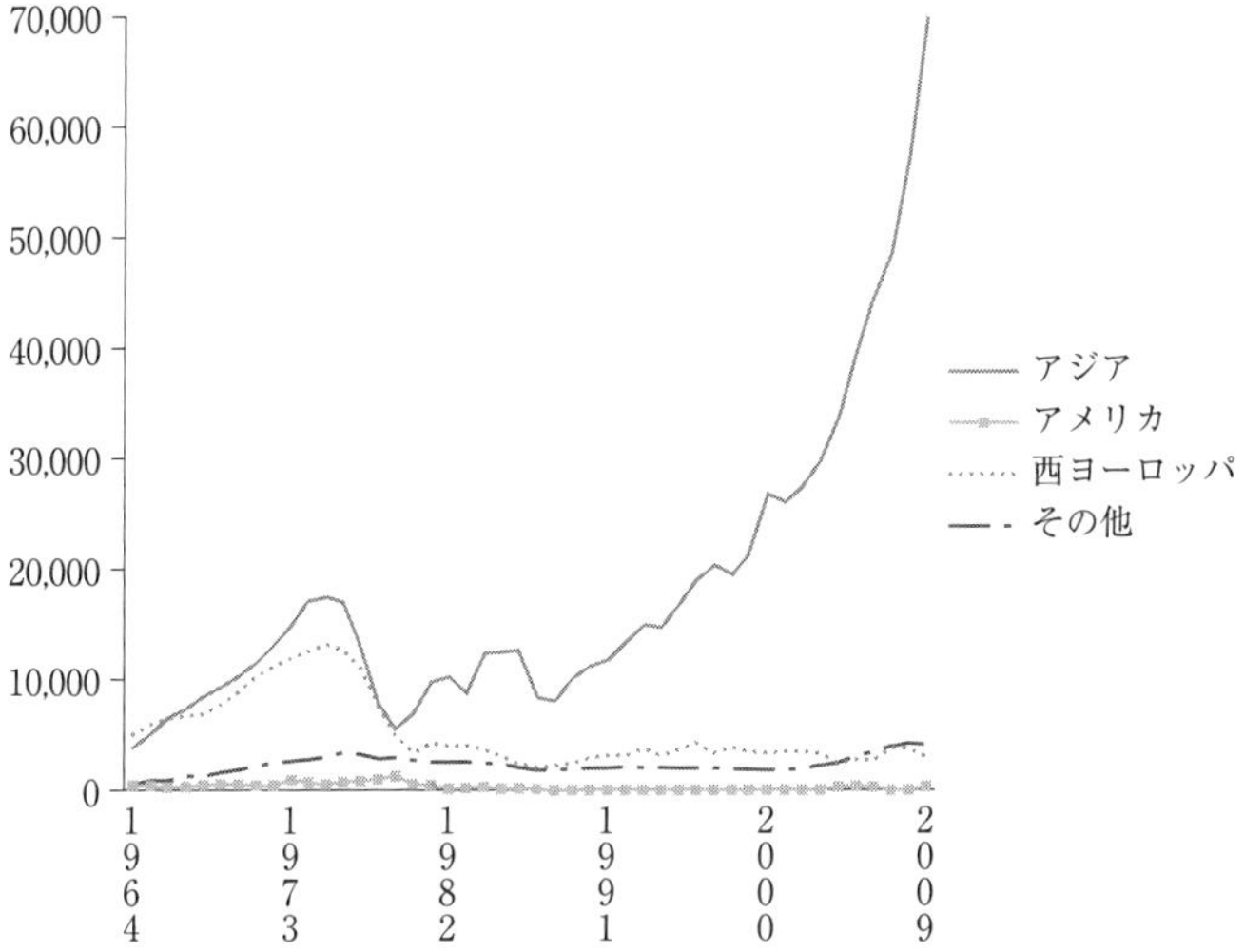

出典："World Shipbuilding Deliveries," Lloyd's Register of Shipping's "World Fleet Statistics," October 11, 2010, http://shipbuildinghistory.com/today/statistics/world.htm.

かである。[20] さらにいえば、中国の艦隊の近代化と増強は、少しずつではあるが北東アジアの海軍力のバランスをすでに変えつつある。

第二次世界大戦以降、アメリカは同盟国とともに、韓国から日本本土・沖縄、グアムに広がる基地のネットワークを使いながら、北東アジアにおける確固とした制海権を維持してきた。二〇一一年の時点で、西太平洋とインド洋をカバーするアメリカの第七艦隊は、最大で七〇隻の艦船、三〇〇機の航空機、四万人の人員を擁している。[21] しかし中国の造船計画も目を見張るものがある。中国の艦隊にはいま、八〇隻近い大型水上艦が含まれている。艦隊の近代化の一環として展開されたものとしては、中国製の在来型攻撃潜水艦二一隻、ロシアから購入して追加した潜水艦一〇隻、攻撃型原子力潜水艦二隻、弾道ミサイル搭載型潜水艦一隻、駆逐艦一一隻、フリゲー

中国の艦隊（写真：ⓒAFP PHOTO / GUANG NIU）

ト艦一六隻などがある。空母の就役は二〇一五〜二〇二〇年に始まると言われる。[22] 中国は、アメリカのグローバルな制海権に挑戦するほど野心的な海軍増強を始めるサインは何も出していないが、水上・潜水艦隊の近代化は対艦兵器の今後の発展とともに、アメリカの地域的覇権に挑戦するものになりそうである。

このことは究極的に、東アジアの戦略環境に地殻変動をもたらすだろう。それは遠い未来の話ではない。実際、中国海軍の方針は、同国の戦略家たちが言うところの「近海防衛」に重点を置いている。最近のある研究によれば、「この戦略がPLAN（人民解放軍海軍）に求めるのは、中国の三つの『近海』、すなわち南シナ海、東シナ海、黄海において、あるいはクリル諸島から日本本土、琉球諸島、台湾、フィリピン、ボルネオまでをつなぐ『第一列島線』の内側と、その少し外側の領域において、潜在的な敵に対抗するのに十分な作戦遂行能力を構築することである」。[23] もし中国が一〇年か二〇年のうちに独自のモンロー・ドクトリンを宣言し、自分の地域における覇権を主張するべく動いたら、そのときは、レトリックを実践に移せるだけの海軍力をすでに備えていることだろう。

地域の海軍力のバランスにおける同じような変化は、インドが海軍に資源を投入するなか、インド洋でも起きている。一九九〇年代の終盤に、インド政府は海軍力の大幅な増強を目指す「海上戦略大計画」を開始した。(24) インド海軍の予算は一九九七年から急激に増えている。(25) 進行中の造船計画では、二〇隻超の軍艦と二隻の空母が新しく建造される予定になっている。三隻の空母が近いうちに就役することを考えれば、インドが地域の海軍大国以上のものを目指していることは明白である。実際、インド海軍はすでに大西洋で演習を行っている。(26)

アメリカとインドはいままさに、戦略的パートナーシップを構築している最中である。そこには少なからず、中国の台頭に対抗するねらいがある。したがって、少なくとも現段階では、インドの海軍力増強はアメリカの地域プレゼンスに対抗するというより、それと連携するものになるだろう。しかし、インドが今後二〇年間、地政学的にどことどう連携するかは全く不透明である。最低限言えることは、インド洋における海軍の存在感の増大によって、インドは、アメリカとの交渉を有利に運べる材料を多く手に入れるということである。

＊

西洋の経済面での優位性はすでに陰りが見え始めている。富のグローバルな分散はこの一〇年以内に加速するだろう。アメリカは引き続き何十年も世界最大の軍事大国でありつづけるが、複数の地域で優位性を保つ能力は、新興国が海軍力を増強しつづけるにつれて低下していく。そして経済の世界がもっとフラットになれば、そこからかなりのタイム・ラグはあるものの、最終的には軍事力も世界の中でいまより均等に分散していくだろう。

このように、アメリカは一代前の覇権国であるイギリスがかつて通った道を歩んでいるように見える。イギリスの経済面での優位性は、一九世紀の終わりにはアメリカとドイツの台頭によって脅かされていた。イギリス海軍は、世紀が変わる頃にはまだ他に劣らない存在だったが、アメリカ、日本、ドイツで同時に進んでいた造船計画のせいで、帝国全域で制海権を維持することができなくなったのである。イギリスは巧みな外交を駆使してアメリカおよび日本との関係改善を進めたおかげで、艦隊をドイツとの戦いに集中的に振り向けられたし、ひいては第一次世界大戦で勝利した。しかし、その間ずっとイギリスの経済・海上覇権は弱まり続けていたのである。一九三〇年代には経済の弱体化によって軍備の再建もままならず、ナチス・ドイツと帝国日本の脅威に対して哀れなほど準備ができなかった。イギリスはアメリカと他の同盟国に助けられて、第二次世界大戦の勝利国になることはできた。しかしこの戦争は、イギリスがパクス・ブリタニカの時代以降どれほど落ちぶれていたのかを、白日の下にさらしたのである。

歴史は決してそっくりそのまま繰り返さない。だが大きな趨勢は間違いなく繰り返されるものである。アメリカの軍事面での優位性は、次の一〇年間も揺るがないだろう。しかし、その優位性にともなう影響力は、経済の世界がフラットになってきたせいですでに低下している。この先の数年間で、勃興する非西洋は新たな地政学的野心を抱くようになるだろうし、それを実現できるだけの軍事力ももつことになるだろう。

第5章　西洋モデルとは異なる未来

ウィリアム・マクニールは、西洋の勃興について書いた名著の中で、西洋近代モデルがこれから世界中で複製されるだろうという大胆な予想を結論としている。

未来のコスモポリタニズムはどのようなものであれ、間違いなく西洋色の濃いものになる。世界国家が生まれるとすれば、少なくとも最初の段階は西洋の帝国という形をとるだろう。たとえ非西洋が何かの拍子に世界的な政治・軍事的権威を獲得するとしても、それは変わらない。というのも、非西洋がそのような権威を獲得するためには、工業主義や科学、そして何らかの民主的な政治信念をうたって権力を取り繕うといったような、西洋的なものに頼らざるを得ないからである。そう考えると、人間社会の歴史の到達点を簡潔に言い表すには、「西洋の勃興」という言葉が適当なのかもしれない。(1)

マクニールがこの名著を書いたのは一九六〇年代初頭だが、彼の見解は、近代化は西洋モデル以外にないと主張する西洋の研究者や政策決定者にいまも広く受け入れられている。非西洋は近代化するにつれて西洋を後追いするというのが一般的な認識といえよう。かつて北ヨーロッパで見られたように、社会経済の変化によって都市の中産階級が勃興すれば、自由民主主義と世俗ナショナリズムが世界中に広まるというわけである。ロバート・ケーガンが述べるように、西洋のエリートは「自由民主主義が統治の唯一正統な形態であり、他の統治形態は正統でないばかりか長続きもしないとする、思想上の信念を貫いてきた(2)」。

このような、西洋モデルには抗しがたい魅力があるとする確信は、地政学的に重大な意味をもつ。前章で詳しく見たように、世界のパワーバランスは、非西洋の新興勢力に有利な形へと変わりつつある。世界の新しい大転換が始まり、まさに一五〇〇〜一八〇〇年の世界と同じように、振り子が再び動きだしている。もしマクニールと彼に賛同する人々が正しいなら、この大転換はスムーズに進むだろう。新興勢力は勃興する中で西洋化し、既存の国際秩序の中で割り当てられた場所にすんなり収まるだろう。しかし、もしマクニールの単線的な歴史観が間違っているとすれば、来る世界の大転換ははるかに重大な変化をもたらすことになる。それは単に世界のパワー分布を変えるにとどまらず、政治秩序の概念と、新時代の世界の根本原則を書き換えることにもなるだろう。

本章の主張は通説とは異なり、世界の政治が均質化することはなく、むしろこれからは多様な近代モデルが現れてくるというものである。なぜ新興国は西洋モデルを採用せず、独自の発展の道を歩むのか。なぜ、国内統治や今後の国際システムについて独自の考えをもつのか。これについて主に三点を考察しよう。

第一に、西洋の勃興プロセスは、近世ヨーロッパ独特の物質的条件ならではの展開だった。政治的分裂や商業の革新、都市化、あるいは都市と農村の社会経済面での分化といった現象により、初期ブルジョアジーは少しずつ、君主・貴族・教会に対する抵抗勢力へと成長した。そして、そこから現れた政治空間が豊かな土壌となり、後に宗教改革が、最終的には立憲主義が花開いたのである。たしかに、中国、インド、ブラジルのような新興国では中産階級が台頭しており、それはある程度、一五〇〇〜一八〇〇年のヨーロッパにおけるブルジョアジーと同じ働きをするだろう。だがこんにちの新興国は、それぞれに特有の政治、人口、地勢、社会経済の状況によって独自の近代化路線を歩んでいる。つまり、西洋とは違うタイプの近代を作り上げているのである。

第二に、文化の問題も重要である。文化によって、各地域に特有のタイプの近代が生まれ、発展する。中国とロシアのような、資本主義独裁国の共同体主義的・家父長主義的な文化は、西洋における自由主義の伝統と著しい対照を見せている。そうした国々は、非自由主義的な政治と資本主義を混ぜ合わせて、西洋とは違う魅力的な別モデルを作り出しつつある。西洋の勃興において宗教改革は重大な事件だったが、中東で中産階級が成長しているとしても、イスラム版宗教改革は起きそうにもない。七世紀からずっと宗教と政治が固く結びついている地域では、たとえ社会経済が大きく変化しても、国家とモスクの不可分の関係は変わらない。アフリカの大部分では、植民地の宗主国が引いた人工的な国境線が部族・言語の境界線とずれているところが多く、安定した民主主義を確立するためのすぐれた取り組みも、民族対立のせいで台無しになる状態が続いている。そしてラテンアメリカでは、植民地支配の遺産が経済格差や人種の階層化と相まって、独特のポピュリズムを生んでいる。

第三に、国際的な序列を上っていく現代の新興国を取り巻く国際環境は、西洋の勃興期とはかなり異なっている。中世と近世の帝国の統治は、政治・経済・宗教の中央集権的制度に頼っていた。唯一ヨーロッパにおいてのみ、統治制度が弱かったために、商人、職人、専門家が、富と権力の独占を維持しようとする国家の支配から逃れることができた。そこから生まれたダイナミズムに支えられて、ヨーロッパは東方の中央集権的な帝国、すなわち、オスマン帝国、インド、中国、日本を追い抜き、最終的にはそれらを圧倒したのである。階層的な帝国が大部分を占めるような世界では、進歩は下から始まるしかなかった。つまり、国家に逆らえるだけの力をもつ新しい自律的な社会アクターが変化をもたらしたのである。

こんにち、状況は異なっている。中国のような非民主的・中央集権的な国家でさえも、自国民をただ束縛して搾取するのではなく、彼らの生活を豊かで良いものにしようと考えている。中国の中産階級は日々増えており、すでに何億人もの中国人が貧困を脱した。中国政府は国民と富を分け合うつもりがあるとはいえ、権力に関してはまだそうなっていない。しかし中国は少なくともいまの段階では、才能ある人間を活用することと、大衆の願望の多くを満たすことに関しては、有効な方法を見つけている。もはや商人、職人、専門家は、自分たちの潜在力を発揮するために国家の支配から逃れる必要がない。中国のような賢明な独裁国は、経営者や起業家、銀行家の邪魔をするのではなく、彼らの繁栄を支えており、そうして中産階級を国家機構に取り込んでいるのである。

あらゆるタイプの国家が以前よりも民意に応え、責任をもつようになった一方、グローバルシステム自体も変化し、分権化や加速化、流動化がかなり進んできた。膨大な量の資本、モノ、サービス、ヒトが日々国境を越えて動いている。デジタル時代とグローバリゼーションが組み合わさった結果、情報と投資はかつてないスピードで広がっている。スピード、穴だらけの国境、相互依存を特徴とする世界では、中央集権的な国家のほうが、自由放任で民主的な国家よりもうまくやっていけるかもしれない。最近の金融危機を見てもわかるように、規制された市場と計画経済には、西洋の市場・経済にはない強みがある。中国は昨今の大不況からそれほど大きなダメージを受けずに済んだが、それは少なからず、中央の計画、十分な黒字、高い貯蓄率のおかげである。一方、アメリカとヨーロッパはわずかな回復を遂げるのにも苦労したし、危機発生を許した不十分な規制枠組みの修正も簡単ではなかった。また、西洋民主主義諸国では、既得権益層と非協力的な議会、そして二極化した不満だらけの有権者が障害となり、保健医療、年金、税金、その他長期支払能力の確保に不可欠なプログラムを改革するのが難しくなっている。

近世の階層制国家は伝統的な権力制度を守り、まだ相互依存のなかったグローバルシステムの中で高い自律性をもっていたため、変化は下から起きるしかなかった。そのきっかけを作ったのはヨーロッパの多元性である。ところがこんにち、中央集権的な国家は昔よりも民意に応えるようになっただけでなく、そうした国々を取り巻く国際環境も異なっている。動きが速く、相互依存的で、国境が穴だらけの世界に対応するには、国家によるコントロールが強いほうが有利になるケースが多い。

つまり、西洋モデルからの逸脱という現象は、均質的な世界に向かう一本道の途中で少し脇に外れた程度の話ではなく、西洋近代モデルとは違う有力な別モデルが現れているということなのである。

たしかに、自由民主主義は過去二世紀にわたって順調に続いてきたし、間違いなくこれからも普及し続けるだろう。しかし、いまや西洋モデルは、持続力と独自の強みを兼ね備えた別モデルと対峙している。民主主義の普及は、理想的条件がそろったとしても、ゆっくりと、断続的にしか進まないだろう。来る世界の大転換はそれよりもずっと速いペースで起きる。したがって、その先に現れる世界では、パワーが多極化するのみならず、近代モデルも多様化する。

本章は、多様な国々の最近の政治情勢を概観し、西洋化とは異なる主要モデルについて検討する。中国、ロシア、ペルシャ湾岸の諸王国では、独裁的資本主義が驚くべき持続性を誇っている。イラク、エジプト、トルコでは、近代化と民衆の政治参加の進展は、政教分離を促すのではなく、宗教（イスラム）と政治の結びつきを強化している。イスラエルは、中東における民主主義と近代の前哨地点だが、やはりこの国も、宗教と政治の関係にまつわる深刻なジレンマに直面している。アフリカの大部分では、ワンマン政治家と彼らが作り上げた利益誘導システムが強固なため、選挙は民主主義の体裁をとりつくろう以上のものではない。また、ラテンアメリカ諸国の大半では左翼ポピュリズムが席巻してきた。西洋型の自由民主主義に対するこれらの競合相手は、まさに、来る世界が政治の多様性によって特徴付けられることを示している。

本章の最後で論じるのは、安定した民主主義を確立している国家でさえも、西洋の覇権期に確立された国際システムを受け入れないだろうということである。一般的な見解では、インドやブラジルのような新興民主主義国は民主的な制度・価値観をもっているのだから、当然西洋の陣営に加わるはずとされる。しかし、そのような期待は、中国とロシアが西洋におとなしく従うと考えるのと同じくらい幻想である。

世界最大の民主主義国であるインドが、アメリカと手を組む構想を真剣に検討するようになったのはごく最近のことにすぎないし、両国は協力関係を育んでいる最中にもかかわらず、イラン、パキスタン、アフガニスタンをめぐって、あるいは貿易問題で意見が割れている。一九八五年以来、安定した民主主義国であるブラジルも、中東問題でアメリカとはつねに足並みが乱れていた。二〇〇三〜二〇一〇年に大統領を務めたルイス・イナシオ・ルーラ・ダ・シルヴァは、パレスチナを独立国家として承認する動きをリードしたし、さらにはアメリカがイランを孤立させようと動いているときに、同国のムハマド・アフマディネジャド大統領〔当時〕と会談している。イスラム世界の数少ない民主主義国であるトルコは、かつての西洋志向から最近はっきりと離れつつある。こうした新興民主主義諸国の政策が物語るのは、その国の外交路線を予測するには、国内の統治制度よりも、国際的序列に占める位置と固有の国益を見たほうがよいということである。

世界の大転換が進むにつれて見えてくる政治の風景は驚くほど多様であり、そこに心地よい均質性は存在しない。西側諸国は、毛色のかなり異なる指導者たちと舞台を共有せざるを得ない。独裁者、神政政治家、ワンマン政治家、ポピュリストたちが影響力を増し、その結果、自由民主主義は、国際システムに存在するさまざまなタイプの政治秩序の一つに過ぎなくなる。そして自由民主主義的な新興国さえも、威信と地政学的利害のため、西洋の要望どおりの場所におとなしく収まることはないだろう。

独　裁

商人、職人、起業家から成る新興中産階級は西洋勃興の推進力であった。中東やアジアと同様にヨーロッパでも、伝統的な権力と正統性に固執する国家は、そうした新しい社会アクターの台頭に抵抗した。しかし、新興ブルジョアジーが現状打破に成功したのは、国家が弱かったヨーロッパだけである。その結果が、宗教改革、立憲君主制、産業革命であり、西洋の世界的覇権の確立であった。

冷戦後、西洋型の資本主義と起業家精神が世界中に広まった。しかし自由民主主義は普及が遅れている。その主な理由は、こんにちの新興国が新興中産階級に抵抗しそれを抑え込むのではなく、全く逆のことを行っているからである。つまり、起業家とビジネス・エリートを受け入れて、体制に取り込んでいる。独裁国は、ブルジョアジーの政治的脅威を打ち消すだけでなく、現状維持に貢献する専門職階級も育てており、その結果、高い安定性と正統性を誇っている。いまやネオコンですら、市場と民主主義が必ずしもセットではないことを認めるようになった。ロバート・ケーガンが嘆くように、「独裁制のもとでも国は豊かになれるということが、結局は証明されたのである」(3)。

高い持続力を誇る独裁制には、大きく三つのタイプがある。**共同体主義独裁制**では、民間部門と国家機構が相互に支え合う協力関係を結んでいる。中産階級が欲しいもの（財産）を獲得し、支配政党も欲しいもの（権力維持）を手に入れている。正統性は、経済パフォーマンスと政治的安定から生まれる。つまり、共同体主義独裁制は、個人の機会・自由よりも安定と経済成長を優先する社会に、富を広く分配すればうまくいく。中国がその代表例である。

家父長主義独裁制では、国家とブルジョアジーの関係はもっと垂直的である。中産階級の大部分は官僚やその他の公務員であり、民間部門と市民社会は弱々しく、国家権力の厳しい監視下にある。一般市民は、国家が自分たちの面倒を見てくれる、そして政治的に服従すれば経済的・社会的恩恵を受けられると期待している。正統性は権威と予測可能性から生まれる。つまり、共同体主義独裁制が活動的な市民層との取引にやむを得ず応じるのに対して、家父長主義独裁制は従順で受け身な人々に〔取引はせずに〕セット販売を行う。この代表例はロシアである。

部族独裁制では、国家というよりは部族・氏族によって形作られる政治共同体に、中産階級が取り込まれている。正統性は、血統および、有力一族に仕事と財産を配分することから生まれる。政治秩序を主に支えるのは、部族内の利益誘導である。ペルシャ湾岸の諸王国が代表例である。

共同体主義独裁制――中国

中国は、今後二〇年のうちに世界をリードする大国になり、その政治の展開が新しい国際秩序の性格を大きく左右する。中国は経済的・地政学的な存在感からして、間違いなくポスト西洋秩序のルール設定に強い影響力をもつだろうし、さらに重要なのは、トレンド発信地になることである。中国が政治的安定を保ちつつきわめて高い経済成長率を維持し続ければ、中国型の資本主義独裁は、自由民主主義に対する有力な競合モデルとして魅力がますます高まることになろう。

西洋の中国ウォッチャーの多くは、この国が経済成長とともに民主化すると主張する。(4)そうした楽観論の主な根拠は、西洋の経験と、東アジアの他の工業国が民主化した実績である。彼らによれば、中国の中産階級は拡大するにつれて、かつてヨーロッパで新興ブルジョアジーがしたのと同じ働きをするという。すなわち、国家に逆らい、自分たちの経済的パワーを政治的パワーに変換するというのである。しかし、この変化は起きていない。中国の中産階級は急速に拡大しているが、民主化がそれにあわせて進展する流れにはなっていない。それどころか逆に、中産階級の勃興は、政治の自由化ではなく、政治の現状維持に貢献しているようである。

中国がこのように西洋と異なる路線を進んでいるのは、その順応性によるところが大きい。鄧小平が毛沢東の後継者としての地位を固めた後、中国共産党は一九七八年から市場経済への移行に乗り出した。その成果は驚異的である。一九七八〜二〇〇二年に中国経済は八倍以上成長し、一人当たりの所得は六〇〇パーセント以上も上昇、民間部門の生産高もGDP比〇・二パーセントから四一パーセントに拡大した(5)。過去一〇年間の中国の年間成長率は平均一〇・九パーセントで、これは西洋諸国のおよそ五倍である。そのような持続的な成長のおかげで、四億人以上の中国人が貧困から脱し、中産階級も劇的に増えている。二〇〇五年の時点で、中国国内で活動している民間企業は約三〇〇〇万におよぶ(6)。

もし中国が西洋近代モデルに追随していたのであれば、この経済成長には政治の自由化がともなってきたはずである。裕福で勢いのある中産階級が台頭して、国家に対抗する勢力となり、中国共産党の権力独占を崩したはずである。しかしそうはならなかった。そこに見えるのは、西洋とは全く違う歴史的経緯である。

中国の共同体主義的文化は、独裁制を支える要因の一つである。中国社会は昔からずっと、個人の利益よりも安定、連帯、公共の福祉を重んじてきた。これは、自由主義と個人の自律性を重んじる西洋の伝統とは対照的である。研究者の中には、こうした文化的特徴は、中国が国家主導の灌漑事業に依存していた過去に由来するという見方がある。その事業は、強力な官僚制と中央統制経済、固定的な社会階層を生みだした。[7] あるいは、家族と共同体への忠誠という儒教の伝統に注目する研究者もいる。[8] 現代の中国社会が秩序と安定を重視する傾向は、激動の毛沢東時代の後にとくに目立ちはじめた。毛沢東の時代に文化大革命などの施策が社会的混乱と経済的苦難をもたらしたので、人々は急激な変化に強い抵抗感を抱くようになったのである。

このように政治文化は重要である。しかし、独裁制を支える最重要の要因は、社会経済の発展パターンである。第一に、市場経済への移行による経済発展の裾野は広く、新興ブルジョアジー限定ではなかった。経済の自由化に向けて中国共産党が最初に取り組んだことの一つは、農業人民公社の解体である。土地が小作農に分配され、その結果農業の利潤が増え続けたことで、民営化を支持する農村勢力が拡大した。実際、民間部門の起業家集団が最初に現れたのは、都会ではなく農村だった。[9] さらに内陸の小作農も沿岸大都市で起きた工業化ブームの恩恵を受けた。何百万人もの農民が大都市に移住して、建設業や製造業の職を

鄧小平（写真：ⓒAFP）

得たのである。くわえて、中国の民営化は漸進的だったので、国有部門の労働者は保護された。その結果、中国は、旧ソ連圏のような「ビッグバン的」移行による高い失業率と大きな混乱に直面せずに済んだのである。(10) 中国では改革開放時代のはじめから小作農と労働者の生活レベルも向上し、野心的な起業家だけでなく、彼らもまた中国経済の移行がうまくいくことを強く望むようになった。

中国が市場経済と私的所有制へ移行していく中で、同国の起業家が小作農や労働者よりも大きな利益を得ていることは間違いなく、そのため大きな格差が生じつつある。階級間の富の不均衡によって労働者の不満や政治的抗議が増大し、指導層は格差是正を最優先課題として認識するようになった。とはいえ、経済近代化の恩恵が広く行き渡っていることは、中国共産党の正統性を強める働きをしている。二〇一〇年に行われた世論調査によれば、八七パーセントもの中国国民が国の現状に満足している（これに対して、アメリカ国民の中で、自国の現状に同じような認識をもっている人々は二〇一〇年にわずか三〇パーセントである）。(11) 中国人の満足度がこれほど高い状況は、政治改革よりも、現状維持に好都合である。中国の有名な学者で、熱心な民主化支持者でもある裴敏欣《はいびんきん》は、急速な経済成長が、政治的自由への人々の欲求を強めず、むしろ共産党支配を強化し、自由の拡大を求める世論を封じ込めている現実を認めている。(12)

しかし、所得増大、国民の満足度、安定した政治が結びついているといっても、それだけでは、なぜ中国の新興ブルジョアジーが共産党の権力独占に挑戦してこなかったのか、十分に説明できない。ヨーロッパの新興中産階級は経済的に成功した後、伝統的な権力制度の力を削ぎにかかったが、これと同じ自由化の動きは中国で起きなかった。その主な理由は、同国の主な権力制度である共産党が、中産階級を抑圧するよりも取り込むことを選んだからである。共産党が、一党支配をひっくり返せるだけの富と力をもつ社会セクターである中産階級を国家の中に取り込んでしまったので、その人々は独裁制に反対して団結する勢力とはならず、独裁制内の既得権益層となった。

民間部門が拡大するなか、中国共産党の中核的な戦略は、起業家、専門家、知識人と共生関係を結ぶことだった。その結果、中国の勢いのある国民の多くは、国家機構の中に取り込まれるか、国家機構との相互協力関係に引き込まれるかのどちらかになった。新興中産階級は、自律的パワーを高める意志も能力ももたなかった。国家が民間部門と市民社会の大部分にかなり深く浸透したので、ブルース・ディクソンの言葉を借りれば、「自律性とは無力を意味する」[13]ことになった。デーヴィッド・シャンボーも、中国共産党が環境の変化に驚くべき順応性を発揮したと認める。「党は、相当な権威と権力を備えた全国組織のままである。党が、『街で唯一のゲームである〔事実上、中国で活動できる政党は共産党だけであり、同党が国の政治・経済を支配しているということ〕』[14]」。

中国共産党の共同体主義的な取り込み戦略には、三つの形がある。第一に、党が経済団体を立ち上げた。その団体は事実上、民間部門の同業組合であり、起業家はそこを通じてハイレベルの政府・党幹部と定期的に接触するようになった。影響力は双方向に作用した。企業側が自らの利益につながる政策変更の要望を政府・党幹部に伝える一方、共産党は民間部門の発展を監視し、その方向性を決めることができたのである。ケリー・ツァイによれば、このような民間部門と国家の相互作用の最大の成果は、非公式で漸進的な政策調整であり、それが法と制度の変更へ至るにはまだ時間がかかるという[15]。ディクソンも、経済団体が、党の中心グループと、「自分たちのことを国家の敵ではなく仲間だ

と考えている」起業家との間での合意形成を促すことに全般的に成功したという。(16)

党幹部のビジネス界進出が、中国共産党による営利企業への浸透の第二の方法である。それは、国有企業の経営陣に党幹部を任命したり、国有企業の民営化に党員を関与させたりすることで進んでいる。中国の国有部門はいまだにＧＤＰの約四〇パーセントを生み出しており、また共産党が国有企業経営者の約八〇パーセントを任命している。そうした経営者の多くが党員であるため、党の中心グループは実質的に実業家と化している。(17)二〇一〇年の時点で、党は国内の一二九の巨大国有コングロマリットの会長の半分以上、ＣＥＯの三分の一以上を任命してきた。(18)中国の最初の億万長者、栄毅仁《えいきじん》が鄧小平のおかげで財産を築けたのも偶然ではない。鄧小平は彼に、中国最大の国有コングロマリットの一つ、中国国際信託投資公司の立ち上げを任せたのである。

民間企業に直接関わっている党員もかなり多い。その中には、政府・党のポストを辞めて民間部門でフルタイムの仕事に専念する人もいれば、国家との公的関係を維持しておく人もいる。いわゆる「赤い資本主義者」の党員は、はじめのうちはイデオロギー的原理主義者からの批判をかわすために、私的に所有する企業のことを「集体企業」と呼んでいた。(19)だがもはやそのように言いつくろう必要もない。こんにち、中国共産党の党員が民間企業に関わることはよくある話であり、党員ならではの利益誘導の仕組みをうまく使って自分たちの収入を増やすケースが多い。こうした現状があるため、党員は、民間部門の利益に資する政治的・法的環境を整えることに、個人的な利害関心をもつようになった。

民間部門を取り込む第三の方法は、起業家を中国共産党の党員にすることである。これに関して大きなターニングポイントは、二〇〇一年七月に当時の共産党トップの江沢民が、演説の中で起業家の入党を認めたことである。この決断は大きな論争を呼んだ[20]。主として労働者と農民から構成されていた党が、長年にわたってイデオロギー上の敵だった資本家に門戸を開こうとしていたのである。経済の近代化が進んだ結果、階級闘争は中国共産党の主要目標から公式に外された。党内には強い反対があったにもかかわらず、党としては他に選択肢がなかった。国内の民間部門がすでに急成長している以上、中国共産党は、市場原理で動く部分が増えた経済を管理するために、起業家、金融業者、テクノクラートのスキルを必要としていたのである。

党と民間部門の結びつきはすでに一九九〇年代にかなり深まっていたとはいえ、共産党が公式にビジネス界に門戸を開いたインパクトはかなり大きかった。江沢民の演説のすぐ後に、一〇万人以上の起業家が入党を申請したといわれる[21]。ツァイによれば、このときから現在までに、起業家の三分の一以上が党員になったという[22]。このように数多くの起業家を党内に取り込んだ結果、共産党は民間部門に対していっそう好意的になったし、また民間部門を体制に取り込むのも容易になった。

共産党は、知識人についても同じような共同体主義的な取り込み戦略をとった。一九八九年の天安門事件について、指導層は学生と教員の政治活動をある程度は非難したが、事件後から党は大学キャンパスで精力的な勧誘活動を始めた。一九九〇年代中頃までに、大学生の党員数は二倍以上に増えた。二〇〇一年には中国のマスコミが、国内の大学生の三分の一が入党を申請したと報じた。ディクソンによれば、大学教員・職員のおよそ四〇パーセントが共産党に所属しているという[23]。とくに北京のエリート大学だと、多くの大学教員が政府・党の機関と密接な関係にある。知識人の大半は国家に対抗するのではなく、国家と手を組んでいるのである。

たしかに、知識人と政治活動家の中には、国家からの誘いを断り、民主化と市民的自由の拡大を求める運動を展開している人々が一部にいる。しかし、ほとんどの知識人と起業家が体制にうまく取り込まれてしまっているため、国家が異論を封じ込めることはたやすい。ビジネス界と同じように知識人も、ほとんどの場合、政治の現状維持に貢献しているのである。

このように中国は一九七八年から、西洋の近代化モデルを否定するような道を歩んで発展してきた。資本主義が始まり中産階級が勃興しても、政治の自由化がそれにともなうことはなかった。逆に、中国の起業家と知識人は、ほとんどが独裁国家の中にうまく取り込まれてしまった。ディクソンは、起業家が中国の政治的変革の担い手になるという予想は根拠がほとんどないと結論づけている[24]。ツァイもこう言う。「中国の資本家は実利的で創造的だが、新進気鋭の民主主義者ではない」。「経済成長は、民主主義を支持する資本家階級を生み出さなかった」というのが彼女の結論である[25]。さらに、中国が繁栄すればするほど、それだけ起業家の満足度も高まり、国家と協力したくなる気持ちもますます強まるだろう[26]。少なくとも中国の場合、繁栄拡大と、市民の政治的な活動・抵抗は反比例の関係にある。西洋諸国の中には、経済の自由化が中国に民主主義をもたらす日を待ち望む人々もいるが、彼らはかなり長く待たされることになるのではないか。

中国型独裁の強み

中国型の一党支配には明白な強みがある。その最たるものは、指導者が面倒な民主的プロセスに邪魔されずに政策決定できることである。もちろん、政府は党内や官僚組織内の争いをコントロールし、腐敗した党員や官僚を制御して、国民に対する正統性を気にかける必要もある。しかし政府は、自由民主主義の特徴である立憲的・制度的制約にわずらわされることがない。この点は鄧小平がかなり露骨に認めている。「西洋式のチェック・アンド・バランスなどは絶対にやってはならない。そのような類の発想に惑わされるべきでない。重要なのは効率性である」[27]。とくに、西洋民主主義諸国の経済成長が鈍化し、有権者が分裂して不満を抱いている時代には、このようなトップダウン型の統治方法の強みが際立ってくる。

イデオロギーと指導者の個人崇拝の行き過ぎで混乱した毛沢東時代には、チェック・アンド・バランスの欠如が明らかに問題を生んでいた。しかし中国政府はもはやイデオロギー運動を推進していない。逆に、政府はいまや徹底的な実利主義・重商主義路線を歩んでおり、政治的安定・繁栄・国力の追求において抜け目がない。その結果、指導層の統率力の向上、経済成長、国内の安定、地政学的勢力圏の拡大といった目覚ましい成果をあげてきたのである。

中国の勃興が続くという楽観的予測が前提にしているのは、中央集権的な独裁国家だからこそ可能な、堅実なマクロ経済政策とインフラ・知的資本への投資である。中国は、人口二〇万以上の都市すべてを全国的な道路網で結ぶ大規模プロジェクトに着手している。現在進行中の建設計画では、一年ごとにおよそ四〇〇〇キロの道路が作られており、最終的にはおよそ八万五〇〇〇キロのネットワークができあがる予定である。これは、アメリカの州間道路網の規模を上回る[28]。高速鉄道の分野は長い間、日本の新幹線とフランスのＴＧＶの独壇場だったが、中国でも急速に普及が進んでいる。二〇一二年までに、中国は世界中の高速鉄道を全部合わせたものよりも長い高速鉄道を敷設する計画である。

北京と上海を結ぶ路線が二〇一一年に開業し、両都市間の移動時間は約九時間から五時間に短縮された。さらに中国は鉄道車両の技術改良も進めており、いずれは最高時速二四〇マイル近くを達成して国際競争に勝利するだろう。二〇一〇年に中国は一二〇〇億ドルを高速鉄道に投資したのに対して、アメリカが二〇〇九年の景気刺激策の中で同じ目的に充てたのは八〇億ドルである(29)。

中国はアメリカを抜いて世界最大の温室効果ガス排出国になったが、環境技術の普及に向けた取り組みもリードしている。中国には、技術的なノウハウと、アメリカ、ヨーロッパ、日本よりも安い賃金の製造業、そして潤沢な政府補助金という魅力的なセットがそろっている。環境技術の大部分がまだ利益を生み出す段階には至っていないため、補助金はとくに重要である。中国の太陽光パネル生産によって太陽光エネルギーの価格は三〇パーセント下がったし、石炭ガス化の開発で最先端を行くのも中国企業である(30)。さらに中国は、風力タービンの主要生産国でもある。ニューヨーク・タイムズは最近、次のように書いている。中国は「再生可能エネルギーの技術開発の主導権を握ろうとしており、西洋がやがて中東の石油に依存するのをやめて、中国製の太陽光パネル、風力タービンなどの機器に依存する可能性が高まっている(31)」。

中国が技術分野で躍進しているのは、少なからず、科学・工学分野を中心に大学への投資を持続的に行ってきたからである(32)。政府は、学校教育への支出をこれまで着実に増やし続けてきた。二〇〇六年は教育への支出がGDP比三パーセント未満だったが、二〇一二年までにはこれを四パーセントにする計画である(33)。科学研究に対する手厚い支援にひかれて、海外で学んだ中国人研究者約二〇万人が近年母国に戻り、その中には専門分野でトップレベルの人材もいる(34)。このような国家の大盤振る舞いは、科学・工学だけでなく人文学にも及んでいる。数十年前まで、中国共産党はクラシック音楽を西洋の文化帝国主義のシンボルとみなしていたが、いまや事情は異なる。音楽専攻の学生、一流音楽学校への入学希望者、ピアノ・バイオリンの製造業者の数は爆発的に増えている(35)。また、二〇一五年までに新しく約一〇〇〇の美術館・博物館を開業する計画もある(36)。

中国政府の外交政策のかじ取りも、国内の経済運営と同じくらいねらいが明確で、抜け目がない。中国外交はドイツ勃興期のビスマルク外交を彷彿とさせる。ビスマルクは、ドイツをヨーロッパ国際関係の中心に置くことに成功した。彼は強硬な外交を推し進めたが、ドイツに対抗する諸国家の連合が現れないよう、引き際をわきまえていた。同じように中国政府も、東アジア国際関係の中心となるための野心的外交を続け、地域での影響力は増大しているとはいえ、全般的な歩みは慎重である。あまり強引にやり過ぎると、近隣諸国が中国に対抗する連合を作りかねないことを十分承知しているのである。

たしかに、東アジアの近隣諸国は中国の勃興を神経質に警戒しているので、軍備を少しずつ増強する傾向がある。オーストラリアは、約一〇〇億ドルを新しい軍艦建造につぎ込むことを計画中である。これは同国にとって第二次世界大戦後で最大の海軍増強となる。ヴェトナムは最近、潜水艦六隻と高性能ジェット戦闘機をロシアに発注した。そして日本も、二〇一〇年に新しい国家安全保障の方針を発表し、自衛隊は北方警戒に重点を置くのをやめ、南西諸島への中国の脅威に集中することになった。日本はまた、韓国との軍事協力の強化にも取り組んできた(37)。

中国の外交がときに過剰な動きを見せるのも事実である。ごく最近まで、中国の指導層は限定的かつ控えめな目標の外交路線を原則とし、それにより経済成長に専念することができた。中国は外交・軍事面で低姿勢を保つ一方、地政学上の存在感と威信を高めるために必要な国力を蓄えることに集中していた。そしていま、中国の指導層は自分たちが次のステージに上がったと確信し、それゆえ力試しをしてもよいはずだと考えている。そうして新しい攻撃的外交を開始した中国は、二〇一〇年後半に見られたように、時折やりすぎてしまう。南シナ海が「核心的利益」だと警告してみたり、日本と尖閣諸島／釣魚島をめぐってもめたり、あるいは北朝鮮が韓国海軍の艦船や韓国の島を攻撃してもそれを公に批判しなかったり、ということである。

国際社会の反応はすばやかった。アメリカはたたみかけるような外交攻勢でインドとの戦略的パートナーシップを強化し、韓国・日本との同盟をてこ入れし、東南アジアへの関与を深めた[38]。アメリカの動きは地域全体でおおむね歓迎された。中国政府は、これらのメッセージを読み取ったもようで、二〇一〇年の終わりまでに態度を改めた。発言は穏健に、地域外交は目に見えて抑制的なものになり、北朝鮮には強い圧力をかけてその行動を抑えた。中国は少なくともいまのところは、近隣諸国の反発を招いたときはいつでも、外交的野心を押さえることができるようである。

中国は近隣地域以外でも、同じように抜け目なく立ち回っている。ビスマルクのドイツは、イギリスの覇権による安定を利用して貿易と影響力を拡大させた。まさに同じように、中国も、アメリカが支えるグローバル公共財から恩恵を受けているものの、そのコストは分担していない。アメリカ海軍が世界の航路を守っているので、中国の港に出入りするタンカーや貨物船は世界中を安全に航行できる。アメリカはアフガニスタンを安定させるために多数の自国兵士の命を犠牲にし、年間約一〇〇〇億ドルをつぎ込んできた。その間、中国は戦略的にアフガニスタンの鉱床《こうしょう》を購入している。アメリカがイランに核開発を放棄させるために制裁を課すと、中国はイランの石油を買う。一般的に、アメリカが問題を抱えた途上国に関与する場合、それは過激派と戦い、内戦を防ぎ、社会経済の不安定要因の除去に取り組むという、安全保障目的であることがほとんどである。対照的に中国の関与は、自国産業が使う原料を確保するためである。中国政府はまた、発展が進んだ国においても戦略的である。たとえばブラジルにおいて、中国は港とインフラに数十億ドルを投資してきた(39)。中国の外交政策は、国内政策とまさに同じように、冷徹ともいえるほどの現実主義が貫徹されている。

疑い深い人はこう言うかもしれない。中国がこのように成功しているのは、何も独裁的な手法のおかげではなく、むしろそうした手法「にもかかわらず」成功していると見るべきではないか。だがインドと少し比べてみれば、そうではないことがわかる。過去二〇年間、インドの年間成長率は中国のおよそ半分だった。インドの人口は一二億人であり、一四億人の中国に追いつくのには十分な規模である。しかしインドには、経済政策について命令を下せる独裁政府がない。インドは民主主義国であり、その政治制度は、国内の民族・言語がきわめて多様であるためにかなり非効率なものになっている(40)。メグナド・デサイが述べるように、「インドの悩みの種は、経済活動のあらゆる側面が政治性を帯びてしまうところにある。……これは民主主義があるからでもあり、また民主主義があるにもかかわらず、なのである(41)」。この国で資源配分の決定を左右するのは、効率性よりも、対立する有権者の間でいかに利益を分配するのか、そしてさまざまな利益誘導システムにどう寄与するかという問題である。インドの多数の農村住民が選挙で発揮する力はこの点に関してとくに重要であり、これが、中国で力強い経済成長を支えた国家主導型の工業化を妨げている。

中国の弱点

中国型の共同体主義独裁制には多くの弱点がある。道徳的な側面だけを見ても、市民的自由の欠如、人権侵害、異論の抑圧はまぎれもない汚点である。さらに、政治における多元性の欠如は道徳上の問題であるばかりでなく、この国の経済の足かせにもなっている。アメリカでは、ベンチャー・キャピタルと優れた技術が組み合わさってイノベーションを生み出しているが、中国にはそれがない。中国企業は低コストで高品質の製品を生産することは非常に得意だが、西洋の技術を改良するのではなく、それをコピーしがちである。そのようなやり方では、賃金が上昇して製造業が安い労働力を求めて他国に移るようになれば、経済成長は鈍るだろう。くわえて、国家、党、民間部門は自分たちの利益ばかりを考えて密接に結びつきすぎている。カール・ウォルターとフレイザー・ハウィの言葉を借りれば、「中国は同族会社である」。経済は依然として利益誘導頼みで、腐敗がはびこっている。融資手続きが金融専門家ではなく党関係者によって決められるのもよくあることで、銀行部門はすでにかなりの額の不良債権を抱えている可能性がある。それゆえ、アメリカとヨーロッパを最近襲ったのと同じような市場の失敗が起きやすい(42)。

そして、中国は政治面でも数多くの課題に直面している。民営化によって都市部だけではなく農村部でも生活水準が向上したものの、所得格差は残り、それが政治的安定を脅かす深刻な問題に発展する危険性もある。沿岸都市と内陸農村の社会経済面での分断が、中国共産党による秩序維持と権力独占にとって最大のリスクといえるかもしれない。中国が世界の環境技術をリードしているにしても、急速な経済成長は広範な環境汚染をもたらしてきた(43)。環境汚染は長期的な健康上のリスクをはらむだけでなく、たとえば、もしきれいな水が不足するような事態になれば、それは政治情勢を不安定にするかもしれない。そして中国の新しいエリートは、少なくともいまのところは国家に取り込まれているが、中産階級がこのまま成長し続ければ、いずれは一党支配を切り崩すことになるかもしれない。エドワード・スタインフェルドによれば、中国は「自壊型権威主義」に押しつぶされ、最終的には台湾や韓国と同じ発展経路をたどって民主化する可能性があるという(44)。中国政府はもろさを抱えているし、経済成長とグローバル市場への統合が続いている現状からすれば、独裁支配も長くはないと考える研究者は他にもいる(45)。

中国の政治システムには明らかに欠陥がある。しかし重要なことは欠陥の有無ではなく、そのシステムが経済・安全保障に関してしっかり機能して、対抗する民主主義諸国と互角に渡り合えるのか否かということである。一九七八年以降のこの国の実績から判断すれば、答えは間違いなくイエスである。裴敏欣のような懐疑論者はこれとは違う考えで、中国型の独裁制は必ず貪欲さを露わにして、国民の暮らしを良くすることよりも国民から資源を絞り取ることに専念するだろうと主張する(46)。しかし、このグローバル化された世界においてはとくに、パフォーマンスは究極的には他国との比較によって評価される以上、中国共産党は、自分が生き残るためには国民の期待に沿う結果を出していかなければならないことをよくわかっている。中国は民主主義ではないかもしれないが、指導層は自分たちの正統性が、繁栄を促進し、国際的な地位を高められるかどうかにかかっていることを十分に理解している。彼らがこんにちまでそうした現実を強く意識してきたからこそ、国民の八〇パーセント以上が自国の進む道に満足しているわけである。このような状況において、中国政府がすぐに方針転換しなければならない必然的な理由は何もない。逆に、あるやり方でうまくいったのであれば、変化よりも継続が望ましいということになる。

もちろん、中国がいつか民主主義国になるというのはもっともな見方だし、実際にそうなる可能性もある。中国の膨大な農村人口がこのまま製造業に流入し続ければ、ヨーロッパのケースとまさに同じように、新興労働者階級が最終的には普通選挙権を要求し、そして獲得するかもしれない。しかしヨーロッパでも、中産階級の勃興にともなう立憲主義から、労働者階級の勃興にともなう自由民主主義へ移行するのに、かなり長い時間がかかった。その事実は心にとどめておくべきだろう。一六八八年の名誉革命後、イギリスは新興ブルジョアジーにかなりの権力を与えたが、自由民主主義は一八八〇年代の議会改革のときまで定着しなかった。同じように、ドイツの支配階級は一九世紀初頭まで新興商業エリートと権力を分有していたが、両者の同盟関係はそれから何十年もの間、勃興する労働者階級を封じ込めた。二〇世紀半ばまでドイツは安定した民主主義国にならなかったのである。

中国が政治的な転機を迎えるのはまだ遠い未来の話である。何よりも、農民が依然として全人口の五〇~六〇パーセントを占めている現実がある。(47) これと比べてイギリスの場合、一九世紀終盤に自由民主主義が定着した頃、全人口のおよそ七〇パーセントが都市に住んでいた。この割合は、こんにちの北アメリカおよびヨーロッパにおける都市住民の割合と同じである。こうした数字からすれば、中国の社会経済的変化が自由民主主義をもたらす日がいつか訪れるにしても、それにはまだかなりの時間が必要だろう。少なくとも当分の間、中国の共同体主義独裁制は自由民主主義に対する競合モデルとして揺るがないし、それは、歴史の終わりに向かう途中で少し脇にそれた程度の現象とはいえない。

家父長独裁制――ロシア

ロシアは家父長独裁制である。中央政府の強権支配は、国家に養ってもらうことを望む国民にほぼ歓迎されており、市民社会の入り込む余地がみられない。中国型の共同体主義独裁制では、国家がブルジョアジーのほとんどを取り込む。共産党指導層と民間部門は、国家が企業の経済的ニーズを満たす代わりに政治権力を独占し続けるという取引をしてきた。それに対して、ロシア型の家父長独裁制では、国家は基本的にブルジョアジーを統制する。政治指導層はブルジョアジーに中央政府のルールに従うよう強制してきた。ロシアの民間部門は国家との間で安定的均衡を目指してこなかったし、それどころか服従を強いられてきたのである。

ロシアと中国の独裁制がこのように違うのには、深い歴史的背景がある。帝政ロシアは階層制国家で、介入志向が強かった。中央政府が国を強権的に動かしていたのである。ソ連時代も同様である。政府が政治だけではなく、保健医療、教育、年金制度もすべて取り仕切っていた。ソ連という国家は抑圧的でありながら気前もよく、国民に服従を要求しながら、それとセットであらゆるサービスを提供した。そしてソ連崩壊後も、多くのロシア人は言論の自由を歓迎しながら、同時にそれまで政府が与えてくれていたサービスも切望したのである。

ロシアと同様に、中国の歴代王朝も階層的かつ絶対的に政治を支配していた。しかし中国の皇帝と官僚機構が、人々の日常生活に介入することはまれだった。人々の最後の拠り所は、政府ではなく親族だったのである。親族と地域共同体への固い忠誠は、毛沢東が農業、工業、社会生活の大部分を強引に集産化しようと試みた時代も生き残った。こんにち、中国の保健医療制度は大部分が民営化されている。公的な年金制度もないので、高齢者が頼りにするのは政府ではなく自分の親族である。

住宅の共有スペースを比べてみると、共同体主義独裁制と家父長独裁制の違いが浮かび上がってくる。中国ではたとえ貧しい地域でも、多くの場合、共同の玄関や中庭、小道はきれいで、手入れが行き届いている。それらを利用する人々が協力して管理しているのである。ロシアでは、そのような共有空間は手入れがされず、荒れていることが多い。住人は清潔できちんとした部屋に住んでいるにしても、彼らが責任を負う範囲は部屋の玄関で終わってしまう。その境界線を越えたところに広がるのは、町中の無主地である。それは国家が管理しているわけでもないし、住民の共同体意識も私的領域にとどまるためにそこまで及ばない。

ソ連崩壊後のロシア——「主権民主主義」の定着

ソ連崩壊後のロシア国民が相変わらず国家に世話人の役割を期待したとはいえ、国家がそれに応えられないことはしばしばあった。一九九〇年代初頭にソ連が崩壊すると、ロシアの政治・経済のインフラは劣化した。一九九一〜一九九九年にロシア大統領を務めたボリス・エリツィンは、長いこと待ち望まれていた民主的改革を始めたが、自由化の進展とともに、国の主要な政治制度と経済は衰退した。権力は中央から地方へ分散し、首都モスクワは犯罪と腐敗のはびこる無法地帯になった。銃をもったボディガードと、警察が賄賂をせしめようとして行うだけの交通違反の取り締まりが、当時の世相を象徴する風景だった。

ソ連の指令経済は崩れたが、自由市場への移行は行き詰った。凄まじいインフレが起こり、一九九三年には九〇〇パーセント近くにまで達した。民営化が進む中で、コネをもつロシア人は国家が売り払う資産を格安に、怪しげな取引であっという間に手に入れた。一九九〇年代後半までに、一握りの新興財閥（オリガルヒ）が巨万の富を築き、それに見合う政治力も有するようになる。インフレで所得格差が急拡大するのと同時に、平均的ロシア人の生活水準はいっきに下がった。モスクワの目抜き通りであるトベルスカヤ通りには、世界の一流デザイナーのショップが立ち並んだが、それはごく少数の富裕層以外には無縁のものだった。そして一九九八年の金融危機によって、景気は下落どころではなく急降下する。一九九七〜九九年にロシアのＧＤＰは五〇パーセント低下し、一九九七年末に一ドル＝約六ルーブルで取引されていた通貨は、二年後には一ドル＝二九ルーブル近くまで暴落していた。

二〇〇〇年にエリツィンの後継者に選ばれ、二〇〇八年からは首相となったウラジミール・プーチンは権力を再び中央に集中させ、経済を復活させながら国家再建に尽力し、あらゆる面で見事に成功した。中央政府の権威を立て直し、インフレを抑制し、そしてエネルギー価格の上昇にも助けられて大統領任期中に平均約七パーセントの成長率を達成した。しかしこのような国家の復活は、それ以前の一〇年間に行われた民主的改革を犠牲にして実現したものである。

議会選挙と大統領選挙はいまも行われているが、メディア統制、野党への脅迫、不正投票によって選挙はいつも台無しになる。中央政府は権力を取り戻し、法の支配を復活させたが、それはクレムリンの法であって、独立した司法府の法ではない。エリツィン時代、大幅に権力を拡大した地方知事は選挙で選ばれていた。ところがいまは、知事は中央政府によって任命されるようになり、中央に借りができる形になった。さらにプーチンは政敵を厳しく取り締まり、独立系の報道機関を閉鎖し、ロシア国内の外国組織の活動を制限した。そして彼は新興財閥にもねらいを定めた。政権を支持するか、もしくは政治に関わらないことに同意した人々は大部分が自由にビジネスを続けられたが、ウラジミール・グシンスキー、ボリス・ベレゾフスキー、ミハイル・ホドルコフスキーのように逆らった人々は迫害されるか、国外に追放されるか、投獄されるかのいずれかだった。

ロシアの経済エリートは脅されてきたのである。結果として、ロシアの民間部門は中国のそれより政治力が弱い。中国企業が国家と共生関係を築いたのに対して、ロシア企業は国家に従属してきた。それゆえロシアのビジネス環境は快適とはいえず、予測不能性が高く、いまだに中央政府の気まぐれに振り回されている。これは外国人投資家がロシアを敬遠してきた主な理由である。中国でビジネスをするなら、政治的なコネクションを作らなければならないし（ときに賄賂も必要となる）、官僚組織の面倒な壁も突破しなければならないが、それができれば投資はかなり安全である。ロシアでのビジネスは、同じくらい多くのお役所仕事に煩わされ、そしてそれを乗り越えたところで結局、投資は国家の餌食になりやすい。世界銀行の二〇一〇年版「ビジネス環境ランキング」を見ると、中国は七九位で、一二三位のロシアのはるか上にいる[48]。外国人投資家はこれに準じて行動しており、二〇一〇年末の時点で、中国への直接対外投資は約六五八〇億ドルだが（世界第七位）、ロシアは二九七〇億ドルである（世界第一九位）[49]。

こんにちのロシアが直面しているもう一つの問題は、統治制度が弱く、その力が及ぶ範囲も狭いことである。クレムリンはたしかに権力を取り戻したが、政策実施のためには怠慢や無能力、腐敗で機能不全に陥っている官僚組織に頼らざるを得ない。マクロ経済政策のような少数の主要官僚が監督・実施する政策分野ではおおむねスムーズに事が運ぶが、インフラ整備のように異なる省庁間、地域間の協力を必要とする分野は、いつもめちゃくちゃである。道路、鉄道、その他の交通・産業インフラの整備において、ロシアは中国に後れをとっている。(50)

原因の一端は「石油の呪い」にある。ロシアは石油・ガスの売り上げが国の輸出および歳入の五〇パーセント以上を占めるため、他の多くの国で経済成長のカギとなったハイテク技術のノウハウ獲得や製造基盤の整備を怠ってきた。エネルギー収入が簡単に得られるし、同時にそれが為替レートをつり上げることで、他の国内産業の競争力を低下させてしまったのである。エネルギー収入は産業の多角化を妨げ、国家の懐を豊かにすることで中央集権化を後押しすることにもなった。また、エネルギー、交通、工業の巨大企業を国が所有しているため、労働者の約三分の一が公共部門で働く。ロシアの中産階級は国民の約三〇パーセントとされるが、実質的には一〇パーセント程度である。残りの二〇パーセントの大部分は、政府官僚とその他の公務員であり、彼らは単に収入面で中産階級だというだけで、メンタリティや経済活動の性質からすれば中産階級とはいえず、波風を立てるようなことはしそうにない。(51)

ロシアは、真の起業家精神をもった階級が非常に脆弱で、超富裕エリートは脅されて政治的服従を強いられているので、政治や経済に変化を起こす原動力がない。社会変革は、もしかするとトップダウンで生まれるかもしれない。ドミトリー・メドベージェフ大統領〔二〇一二年時点〕（元弁護士）

プーチンとメドベージェフ（写真：©AFP PHOTO／Dmitry Astakhov）

は、プーチン（元ＫＧＢ職員）よりはリベラル志向であり、経済の多角化の重要性を強調してきた。しかし二〇〇八年のメドベージェフ大統領就任以降の政策変更は、漸進的なものに過ぎない。そして、大統領への返り咲きを図るプーチンは、しばらく陰の実力者として君臨するだろう。そうなればさまざまな局面でいまと同じ状況がいつまでも続くことになる。さらに、ロシア国民の中で西洋型の民主主義が必要と考える人は二五パーセント未満で、ソ連型の政府か、あるいは「国の伝統」に沿う独特の参加型政府を望む人々は六〇パーセント近くいる。[52] ほとんどのロシア人が、民主主義の不確実性よりも家父長制の安定を好む。これは、一九九〇年代の経験から、人々が民主主義を腐敗や混乱、経済の衰退と同一視するようになったことがとくに大きい。ロシア人は資本主義に対して積極的になったが、自由民主主義に対してはそうなっていない。

ロシアは、政治の停滞、エネルギー中心の経済、人口の減少傾向のせいで、中国とは対照的に、他国が飛びつくようなビジネスモデルを世界に提示しそうにない。だがそれでも、ロシア型の「主権民主主義」――ロシア政府は、民主主義と独裁制の独自の組み合わせをそう呼ぶ――は形のはっきりしない折衷モデルとして、これから数十年間に他の少なからぬ国が採用するかもしれない。実際、近隣諸国にとってはすでにロシアがお手本になっているようである。旧ソ連諸国のほとんどで民主的自由が後退している。フリーダム・ハウスの二〇一〇年の報告書によれば、政治的自由のレベルで、一二の旧ソ連諸国（バルト諸国を除く）のうち一一カ国は一〇年前より状況が悪くなった(53)。中国の「ましな」タイプの共同体主義独裁制は旗手になるかもしれないが、ロシアのような、独裁と家父長主義と民主主義のごった煮のほうが世界に広まるかもしれない。

ロシアの近代モデルは、国内政治だけでなく外交面でも西洋に挑戦するだろう。プーチンは当初から、国内の立て直しだけでなく、地政学的な影響力の回復にも取り組んでいた。ナショナリズムの活用や、国民の大国願望を自在に操ることにかけては、彼の手腕は見事なものだった。彼はアメリカに毅然と立ち向かい、世界全体でパワーを均等に分散すべきだと声高に主張することで、自分の人気を国内でも海外でも高めるという妙技をやってのけた。たとえば二〇〇七年には、アメリカの覇権を、「主人が一人、あるいは支配者が一人の世界」と表現した。彼はさらにこう続けた。「結局のところ、そうした状況はシステム内のすべての人間ばかりか、支配者自身にとっても非常に危険である。なぜなら支配者は内部から自壊するからである(54)」。

国内政治と同じように、ロシア政府は対外的な影響力を行使する際にも混合型手法でやってきた。一方で、ロシアは大国クラブの一員として振る舞っている。G８に参加し〔現在、ロシアはG８から除外されている（二〇一六年二月時点）〕、アメリカおよびアメリカのヨーロッパ同盟国と協力して、核軍縮やイランの核開発阻止に取り組んでいる。他方で、ロシアは西洋への対抗勢力としての地位を着実に築いている。アメリカのミサイル防衛やNATO拡大をめぐってアメリカと論争してきたし、二〇〇八年にはグルジアに侵攻し、アブハジアと南オセチアの両地域がジョージアから分離して独立国家となることを認めた。中国とともに中央アジア諸国と上海協力機構（SCO）も作り、この機構は、BRICsサミットと同様、西洋が支配する諸制度に対する競合相手となっている。

以上のような混合型手法をとっているロシアは、西洋秩序とポスト西洋秩序の橋渡しに貢献できる独特のポジションにいるのかもしれない。ロシアは西洋との間に長い外交関係の歴史を有する一方、新興国からも強い信頼を得ている。さらにいえば、米ロ関係の「リセット」を目指すオバマの取り組みが実を結び、アフガニスタン、イラン、軍備管理について米ロの新しい協力関係が生まれてきた。ロシアがNATOに加盟する可能性も含めて、ロシアをしっかり西洋につなぎとめるための対話も続けられてきた。西洋がうまくロシアを自分たちの制度に組み込めれば、ポスト西洋秩序のあり方をめぐる交渉で、ロシアはかなり心強い仲介人になってくれるだろう。(55)

部族独裁制——湾岸の諸王国

石油が豊富なペルシャ湾岸の諸王国は、第三の独裁制、すなわち部族独裁制である。アラビア半島の保守的体制は、中国のような共同体主義や、ロシア的な家父長主義に頼るのでもなく、利益誘導と忠誠にまつわる部族の伝統に基づいて正統性を確保している。豊富なエネルギー収入が政府の金庫を一杯にしてくれるので、湾岸の支配者たちは、国民間の富の再配分によって異論を確実に封じ込めてきた。二〇一一年の民衆蜂起〔アラブの春〕はたしかに動揺をもたらしたが、湾岸の諸王国はどこも嵐を乗り切り、うわべだけの政治改革を受け入れてやり過ごした。これらの独裁諸国は、世界でもっとも非リベラルな国家としての特徴をもちながらも、部族社会に立脚した権力と経済面での大盤振舞いを組み合わせることで、驚くべき持続力を備えている。

地政学上の重要性でいえば、湾岸諸国は中国やロシアに比べると小さな存在である。半島最大の国家であるサウジアラビアの人口は約二八〇〇万人で、中国の二パーセントにも満たない。二番目に大きいアラブ首長国連邦（ＵＡＥ）は約六〇〇万人だが、国民はそのうちの一五パーセントだけで、残りは外国人労働者である。とはいえ、これらの国々はその規模以上の力を持ち続けるだろうし、新しい世界秩序の形成過程で大きな役割を担うことにもなるだろう。その確かな論拠は多くある。

まず、再生可能エネルギーへの投資がいくら伸びていても、とりわけ中国とインドの石油・ガス需要が増えているので、世界はこれからもしばらくは化石燃料に大きく依存しつづけるだろう。イランとイラクを含めたこの地域には、世界の原油確認埋蔵量の三分の二近くがある。したがってペルシャ湾の重要性は今後も変わらない。エネルギー・投資の収入から潤沢な資金が流れ込む政府系ファンドが、地域の影響力を増幅している。くわえて、湾岸諸国はアメリカの密接な戦略的パートナーでもある。各国は大規模な米軍の駐留を受け入れており、その米軍がイラクとアフガニスタンでの作戦を支え、石油を守り、イランの脅威を防いでいる。イラクとアフガニスタンの戦争が収束に向かうことで米軍のプレゼンスは減ったが、アメリカとの戦略的な結びつきが密接かつ重要である現実は変わっていない。実際、アメリカは最近、湾岸諸国の防衛能力を強化して、各国がイランに対抗するのを支援している。

また、西洋モデルが世界でどれだけ受け入れられるのかを占ううえで、ペルシャ湾における民主的改革の展開が重要な判断材料になることも事実である。とりわけ、ブッシュ政権がこの地域の〔政治の〕自由化のきっかけになると豪語した戦争、すなわちアメリカ主導のイラク侵攻があった後ではなおさらである。イスラエルを除けば、民主主義が中東に根付くプロセスは困難を極めた。後になってみればアラブの春がターニングポイントだったということになるかもしれないが、少なくともいまのところは、湾岸の国王たちが権力の独占を緩める気配はない。したがって、もし独裁制が盤石の湾岸諸国で自由化が進めば、民主主義の前途は明るいものになるだろう。

しかし、そのような変化がすぐに起こる気配はない。湾岸の諸王国の中で、アラブの春の最中に広範かつ持続的な民衆デモを経験したのは、バーレーンだけである。スンニ派が多数派の他の王国とは違って、バーレーンはシーア派が多数派でありながら、統治しているのはスンニ派の国王である。当然ながら、同国で街頭デモに繰り出した人々はシーア派である。(56) 国内に少数派とはいえ多くのシーア派を抱えるサウジアラビアが、すぐに軍隊をバーレーンに派遣してデモの鎮圧を手助けしたのも当然であろう。サウジアラビアは、シーア派の不満が波及してくるのを何としても事前に防ぎたかったのである。

部族社会の伝統は湾岸諸国に深く根付いており、この先も何世代にわたって政治改革に対する強力なブレーキとして働くだろう。指導者は王族のみから選出される。後継者は世襲か、王と側近が密室で話し合って決めている。湾岸諸国の支配者たちは有力な氏族・一族を仲間に引き入れることで、自らの権力を強化している。その氏族・一族のほうは、自分たちの部族・親族ネットワークの中で利益誘導の仕組みを広げていく。アリ・モハメド・ハリファは、七つの首長国からなる連邦国家UAEの研究において、次のように述べている。「任命された閣僚のほとんどが、首長国の支配一族の人間か、あるいはこの地域の部族政治の中で支配一族と結びついている市民のどちらかである」[57]。同じように、低位の公職の任命にも、有力な一族を取り込むねらいがある。クリストファー・デーヴィッドソンはこう指摘する。「権力の中枢にいる支配一族の内外の血縁関係」に政府が十分に配慮することは、「部族から強い支援を受けることがいまも必要である現状」において、重要でありつづけている[58]。

中国やロシアと同様に、湾岸の独裁体制の正統性と権威は、国民の経済面での期待に応えられるかどうかにかかっている。湾岸諸国において、その期待に応えるいちばんの方法は富の再配分である。つまり、政府がエネルギー輸出の収入を、直接の補助金や雇用という形で人々に分け与えるのである。UAEが一九七一年に建国されたとき、領土とエネルギー収入のいちばん大きい首長国のアブダビは、連邦予算のおよそ九〇パーセントを負担する形で国の財政を支えた。連邦政府は道路、電力供給網、通信インフラを整備し、土地、住宅、雇用を人々に与えた。さらには、首長国の国民同士の結婚式費用の資金さえも提供した。デーヴィッドソンが述べるように、「UAEの全土に物欲的な協定が現れた。それは、住民のほとんど全員が給料のいい仕事の安定や報酬と引き換えに、国家の正統性を認めるという、不文・暗黙の契約である」[59]。教育レベルが高く専門的能力をもつエリートを含め、UAEの国民は国家の気前の良さにすがって収入を得ているので、政治の現状を変えようという経済的インセンティブをほとんどもたない。

もし政治改革の気運が高まるとすれば、それは主に、出世の機会が限られている現実に対する人々の不満に端を発する形になるだろう。二〇一一年のはじめに、湾岸諸国の多くの政府が大規模な財政支出策を発表したのは偶然ではない。各政府は、人々の間で高まる不満に、アラブの春が火をつけるのではないかと強く懸念したのである。サウジアラビア政府は約一〇〇〇億ドルの社会的支出を約束し、バーレーンとオマーンの景気刺激策にも資金を援助した。政府はエネルギー収入があるので、異論を封じ込められるだけの十分な資金をもっているが、「石油の呪い」のせいで、とくに若者を中心にキャリアアップに必要なスキルをもたない人々が増えてしまった。サウジアラビアは人口の四〇パーセント近くが一五歳未満で、年齢中央値は男性が二三歳、女性が一九歳である。[60] サウジアラビアの若者の多くにとって、雇用情勢の見通しは明るくない。とくに女性はいまも一般的に労働力から除外されており、男性中心の部族社会の中では就職の機会が限られている。UAEの労働現場は外国人労働者が圧倒的に多く、労働力の九〇パーセント近くを占めている。UAE国民はたとえ経済面で不安がないにしても、国の中で自分たちがたくさんの外国人（その多くは教育レベルが高く、はるかに前途有望なキャリアパスを歩んでいる）に囲まれたごく小さなマイノリティになっている現状に、ますます不満を募らせている。

湾岸諸国の中には、自国民のスキルを向上させ、雇用情勢を改善する必要性をしっかり認識し、国内産業の多角化、および質の高い労働力育成に必要な教育制度への投資に熱心に取り組んでいるところもある。カタールは教育都市を設立し、そのすばらしいキャンパスでは、ジョージタウン、コーネル、テキサスA&M、カーネギーメロンなどのアメリカの大学が学位プログラムを提供している。U

AEにはニューヨーク大学などの有名大学も進出している。サウジアラビアでは、商業・産業の中心地となる新しい六つの都市の建設が進行中である。それらの都市では、二〇二〇年までに一〇〇万の新しい雇用が生まれることになっている。(61)

このように湾岸の諸王国は自国民の知的資本に投資しているが、それはこの先の数世代にわたり具体的な成果をあげる見込みがある。すなわち、国民の教育レベルが上がり、彼らが給料の高い職に就けるようになるというわけである。しかし、たとえそうなったとしても、教育レベルの高い中産階級は増えていく中で、中国やロシアのケースと同じように、自分たちを豊かにしてくれる独裁国家の敵ではなく、仲間になりそうである。さらにその間も部族支配の伝統が、人々の生活水準を高いレベルで維持するのに十分なエネルギー収入に支えられて、住民の大部分の政治的忠誠を確保しつづけるだろう。

クウェートは、湾岸の諸王国の中でも比較的に民主的な政府をもつ国である。議会は任命ではなく選挙により選ばれるし、議会の役割も、他の王国のように単に助言を与えることではなく、法を作ることである。この地域で動乱が起きる前の二〇一〇年のフリーダム・ハウスのランキングを見ると、クウェートがアラブ世界でもっとも民主的な国とされている。とはいえ、この国の開かれた政治システムの具体的な利点は、あまりはっきりしない。ここ最近の議会多数派は、イスラム主義者と保守的な部族主義者である。支配一族と議会の対立が膠着状態に陥っているために、経済の改革と多角化が進まず、成長は鈍化している。二〇〇九年四月、後継者問題や経済・社会政策をめぐる争いが続く最中に、クウェート国王が議会を解散した。国王がそのようなことをするのは今回が初めてではない。

この騒動は、地域内で関心を集めないわけにはいかなかった。クウェートの近隣諸国は、よく同国の政治的混乱を引き合いに出して独裁制の利点をアピールする。[62]さらには外国人投資家も、カタールやUAEのような絶対君主国のほうが、ビジネス環境は先が見通しやすくて良いと考えてきた。

この地域で民主主義の評判を下げている国は、クウェートに限らない。イラクでも選挙に基づく統治の実験が行われているが、それは参加型政府の利点を十分証明するものにはなっていない。これは、ジョージ・W・ブッシュ政権の期待を完全に裏切る結果である。湾岸の近隣諸国がサダム・フセインを懐かしんでいるわけではない。しかし近隣諸国の目に映るイラクというのは、欠点を抱えた選挙のせいで民族・宗派・党派の対立にむしばまれた政府ができあがってしまうような、深刻な機能障害に陥った国家である。アラブの春のときにイラクで民衆デモが起き、それが暴力的に弾圧されたことからすれば、およそこの国の政府がリベラルであるとは言えない。そして、イラクのスンニ派とシーア派の間でいまも続く対立は、地域全体に広がる宗派間の分断を助長しつづけている。湾岸の諸王国は、イラクの状況に民主的統治の良い面を見出すよりも、むしろその危険性を感じ取っている。

変化は内部から起きそうにもないが、外部から引き起こされることもなさそうである。アメリカはレトリックの上ではいつもアラブ世界の民主化を求めるし、リビア介入もたしかに支持したが、現状を変えるために何かしそうな気配はほとんどない。とくにそれは、イラクとアフガニスタンに民主主義を輸出しようとしたときの苦い経験を踏まえれば、なおさらである。一般的に湾岸の保守的な王国はアメリカの軍事プレゼンスをこころよく受け入れており、アメリカもそれをしばらく維持したいと考えている。グローバル経済は、依然としてこの地域の化石燃料に依存している。経済の多角化と漸進的な政治改革が進めば湾岸地域はもっと安定するかもしれないが、アメリカは、戦略的・経済的な相互依存関係にある絶対主義諸国の力を弱めるインセンティブをもっていない。湾岸の部族独裁制は活力に溢れており、当分その状況は変わらないだろう。

*

中国とロシア、そして湾岸の諸王国は、世界に一〇〇以上存在する非民主主義諸国のごく一部に過ぎない。そうした非リベラルな国々のいくつかは、間違いなくこの先の数十年のうちに民主主義へ移行するだろう。しかし、多くの国々は間違いなく、そうならない。独裁国は共同体主義、家父長主義、部族主義のどれであるにせよ、来る世界の大転換を生き抜く態勢が整っている。

神政政治

世俗的民主主義は西洋世界の最大の特徴である。対照的に、中東には独裁者のほかに神政政治家もいる。湾岸の諸王国の注目すべき点は、部族独裁制だけではなく、イスラム教を政治に組み込んでいるところである。この地域の支配者たちは部族の長であって宗教指導者ではないが、イスラム教の権威と密接に協力しながら統治を行っている。つまり国家とモスクが深く結びついているのである。宗教は、法律や衣食、ジェンダー、外交政策など政治・社会のほぼすべての側面に浸透している。六つの湾岸諸国からなる地域グループの湾岸協力会議は、その憲章において、加盟国が「特別な絆、共通の特徴、イスラム教の教義に基づく類似のシステム」を有すると述べている[63]。湾岸の諸王国が国家とモスクを結びつけているのは精神と慣習の次元に限られるが、イランは制度的にも両者を結びつけている。テヘランで政治ヒエラルキーのトップに君臨するのは宗教指導者である。〔二〇一一年時点の〕イランの大統領マフムド・アフマディネジャドは世俗の人間だが、この国は事実上、最高指導者のアヤトラ・ハメネイが動かす神政国家なのである。八六人の宗教学者からなる専門家会議が彼をサポートしている。基本的にはそうした宗教指導者たちが国を仕切っているのである。

政治・政策に対するイスラム教の影響は湾岸諸国でとくに顕著だが、宗教は中東全体の政治においても重要な役割を果たしている。たしかに、この地域の国々の大多数は、宗教的権威ではなく世俗の人間が統治を行っている。しかしそうした国のほとんどは、合意ではなく強制によって世俗志向を維持してきた。中東の世俗体制はおおむね、指導者によって上から押し付けられたものである。彼らは、絶対的権力を目指す際に、イスラム運動が障害として立ちはだかることを恐れていたのである。対照的に、西洋の世俗政治は下から現れた。それは民衆が宗教・政治の多元性を求めて戦った結果である。イスラム世界に世俗政府は少なくないが、それらが拠って立つ基盤は不自然でもろい。それは、社会経済的な基盤から自然に生まれた政治体制ではないのである。

二〇一一年初頭にホスニ・ムバラク大統領が市民の反乱により追放されるときまで、エジプト政府は長い間強権支配を続けていた。それは少なからず、そうでもしなければ最大野党のムスリム同胞団が国をイスラム色に染めてしまいかねないという懸念を抱いていたからである。実際、ムバラクがいなくなってからというもの、同胞団の政治的影響力は強まるばかりだった。これは驚く結果ではない。

なぜなら、エジプト人の九五パーセントはイスラム教が政治において大きな役割を果たすべきと信じているうえ、三分の二近くは国内法がコーランに厳格に従うことを望んでいるからである。[64]イラクは何十年も世俗体制が続いていたが、サダム・フセインの権力は容赦ない異論弾圧によってのみ維持されていた。その彼がいなくなったいま、イスラム教は政治の中ではるかに大きな役割を果たしている。アルジェリアも世俗体制である。しかしそれも、一九九一年に行われた自由で公正な選挙に勝利したイスラム主義者が政権につくのを、軍隊が阻止したからに過ぎない。トルコは、一九二〇年代に共和国として設立されてから一〇年前まで世俗主義を固持する体制が続いてきたが、この国でさえ、軍隊がイスラム主義者を寄せ付けないように努力してきたし、ときにはそのために権力を奪取することもあった。さらにトルコでは、後に述べるように、西洋の歴史とはきわめて対照的に、経済成長と中産階級の拡大によって、政治における宗教の役割が減るどころか、増えてきたのである。

西洋の歴史と違う部分は他にもある。中東で市民参加型の政治が普及すると、それは宗教政党の政治力を弱めるのではなく、強めてきた。二〇〇三年のアメリカ主導のイラク侵攻後、イラクは不完全な民主主義を採用した。その恩恵を主に受けた勢力の一つがイスラム主義者である。二〇〇六年に行われたパレスチナ自治区の選挙でも、イスラエルとの戦いにこだわる好戦的なイスラム主義政党のハマスが第一党になった。ハマスは、パレスチナのもう一つの主要政党ファタハと権力闘争を繰り広げた後、ガザ地区を掌握した。それから自分たちの急進的なイスラム教をガザの住民に強制し、イスラエル南部に対するミサイル攻撃も続けた。レバノンで最近行われた選挙でも、イスラム原理主義との関係が深く、イスラエルに敵意を抱く政党であるヒズボラの影響力が強まる結果になった。実際、二〇一一年一月にレバノンの当時の政権が崩壊した後、ヒズボラはメンバーのナジブ・ミカティを新首相にすることに成功した。アラブの春は他の国にも同じような影響を及ぼす可能性がある。つまり、民衆の反乱によって体制が崩壊した国では、イスラム主義勢力の影響力が強まっていくかもしれない。

イスラム版宗教改革?

中東が宗教と政治の関係について西洋の経験をなぞっていないのは、何ら不思議なことではない。むしろ、西洋こそが独特の道を歩んだのである。ヨーロッパでは、プロテスタントの宗教改革が花開く土壌を新興ブルジョアジーが提供した後、国家が教会から離れていくのは自然の流れだった。世俗権力と宗教的権威は、コンスタンティヌス大帝の時代から一時的な政略結婚の状態にあったとはいえ、やはり両者は別物だったのである。キリスト教は信仰の宗教であって法の宗教ではなく、政治に直接影響力を行使するには世俗制度に頼るほかない。したがって、君主と教皇の断交は、教会の政治力に致命的なダメージを与えたのである。

イスラム世界の近代化は、全く違う道のりをたどってきた。スンニ派とシーア派の分裂があったため、イスラム教は当初から信仰の多様性と向き合ってきた。教皇と、教会の制度的ヒエラルキーに一元的権威が付与されるカトリックの伝統とは対照的に、イスラム教の権威たちは長らく神学と儀礼について論争してきた。「意見のある程度の多様性は害がなく、むしろ有益ですらあるという、イスラム教に深く根付いた考え」が存在することを、バーナード・ルイスが指摘している(65)。それゆえイスラム教は、意見対立が起きてもカトリックほど不安定にはならなかった。さらにイスラム教はカトリックに比べて、社会的変化が突きつける挑戦に直面する機会が非常に少なかった。オスマン帝国においては、社会経済状況が、現状打破を目指す中産階級の発展を促す流れにはならなかった。帝国当局が市場と商人、知識人を厳しく統制しつづけたのである。そして最後に、イスラム教は信仰であると同時に法体系でもあるため、イスラム諸国において政治と宗教はつねに結びついてきた。それは今後もずっと変わりそうにない。オリビエ・ロイが述べるように、「宗教的改革が可能なのは、それが、人々が認識している文化、社会、政治の問題に影響するときだけである」(66)。中東の根本的なトレンドからすれば、イスラム版宗教改革がすぐに起きそうな気配は少しも感じられない。

西洋と中東イスラム世界の根本的な違いはもう一つある。それは「国民（ネーション）」の概念に関係する。西洋で国民というものが主要な政治単位として登場したのは、変革の終盤になってからである。すなわち、プロテスタントの宗教改革が起きて、宗教の多様性が受け入れられてからずっと後の話である。したがって、ヨーロッパの国民国家の大半が形成されたとき、教会は政治領域の外側か、そこから離れたところで制度化されていた。くわえて、ヨーロッパの各国民は、同系列の言語・民族の集団で構成されるかなり有機的な単位であるケースが多かったので、政治的アイデンティティ・忠誠の主要な源泉になりやすかった。

国民国家はその後、主にヨーロッパ列強の帝国主義政策を通じて世界中に輸出された。イスラム教がまだ政治のかなりの部分を占めていたイスラム世界にナショナリズムが訪れたので、中東において国民というものは、たいていは宗教を中核的アイデンティティとして成立した。そして中東の諸国民の大半は有機的な政治体ではなく、昔からあった政治・民族・部族的忠誠とは合致しない人工的な実体である。そうであるから、中東イスラム世界の国民国家は、西洋の国民国家のように優越的な地位にいるわけではない。依然として多くの国では、宗教・部族のアイデンティティが国民としての忠誠心よりもはるかに強い。西洋では、世俗ナショナリズムが宗教に代わってアイデンティティの最大の源泉になった。イスラム世界の大部分では、ナショナリズムは世俗的なものでもないし、政治的アイデンティティの主要な拠り所として宗教、宗派、部族を凌駕しているわけでもない。実際、ルイスが指摘するように、アラビア語にはもともと国民や愛国心といった概念に当てはまる言葉がなく、西洋から概念が輸入された後にようやく作られたのである(67)。

以上のことから、世俗的な西洋近代モデルがイスラム世界に現れるにしても、せいぜい遠い未来の話に過ぎない。中東全体で、宗教と政治の不可分の関係は変わりそうにない。ただし、逆説的にもイランが例外になるかもしれない。こんにち、イランは神政政治の典型例だが、おそらく最終的には人々の要求に押されて政治から宗教を排除する、数少ないイスラム国の一つになるのではないか。

イランと西洋は長いこと対立しているにもかかわらず、イランの政治発展と西洋の道のりには重要な類似点がある。近代以前のヨーロッパのカトリック教会は、高度に制度化されていたと同時に、政治にも直接関わっていた。同じように、イランのシーア派が発達させてきたモスクは、中東の他の国々の伝統とは対照的に制度化され、政治に深く関与するものになっている。一九七九年の革命以来、政治を牛耳っているのは聖職者である。ロイによれば、イランのイスラム革命によって導入されたのは、宗教を使って権力を強化するような「政治的聖職者の機構」である(68)。イラン国民は神政政治による経済面での制約と社会的束縛にうんざりしているので、かつてヨーロッパ人がカトリック教会を政治の世界から排除したのと同じように、おそらくモスクを政治から排除しようと動くのではないか。そして何よりも、イランには教育レベルの高い中産階級がたくさんいて、その彼らがビジネス環境の改善と個人の自律性の拡大を切望している現実がある。さらにイランには、何世紀も続いたペルシャの歴史・文化の後継者として、民族的には多様でありながら有機的な国民意識がある。イランが世俗化するのは運命だというわけではないが、そうなっても何ら不思議ではない。

イスラム世界の他の国々を見ると、宗教と政治の結びつきは密接とはいえ複雑で、それほど直接的なものではない。その結びつきはアイデンティティ、信仰、政治文化の次元であって、宗教的制度が公式に国家の中に組み込まれているわけではない。実際、中東の多くの国において聖職者は、政治的野心につきものの誘惑と妥協から宗教を遠ざけるために、政治に直接関わることを慎重に避けている。たとえばイラクの場合、もっとも影響力が大きい人物の一人にアヤトラ・シスターニがいるが、彼は政治に日常的に関わることを注意深く回避している。アフガニスタンも同じである。〔二〇一二年時点の〕ハミド・カルザイ大統領がトップに立つ世俗政府は、同国の宗教組織から公式に切り離されているが、全国各地の宗教指導者約三〇〇〇人からなるウラマー評議会は大きな影響力をもっている。西洋の場合、教会と国家を分離したのは、政治を宗教から守るためであった。イランでも近いうちにそうなるかもしれない。しかしイスラム世界の大半は、その逆である。すなわち、聖職者は宗教を政治から守ろうとして、国家と距離を置くのである。(69)

トルコの最近の情勢を見れば、イスラム諸国が進む独自の近代化路線には、別のタイプもあることがよくわかる。近世ヨーロッパで進んだ政治の世俗化に関しては、新興中産階級が主な原動力になった。しかしトルコの場合、経済発展と中産階級の拡大は政治の世俗化を後押しするのではなく邪魔をした。第一次世界大戦後、トルコの初代大統領ケマル・アタチュルクは厳格な世俗主義を強制したが、その前提の一つは、イスラム教がオスマン帝国の経済・社会の発展を妨げていたという思いである。西洋型の世俗ナショナリズムに基づくトルコの近代モデルを構築しようという彼の決意は、軍と司法に支持された。さらには、イスタンブールや帝国内の他の都市に多く住み、勢力を拡大していたビジネス・エリートもアタチュルクを支持した。軍はイスラム主義から世俗国家を守るために、二〇世紀の後半に四回、国を支配下に治めた。

このように世俗主義にこだわってきたトルコ政治は、二〇〇二年の選挙で公正開発党（ＡＫＰ）が政権を獲得したときに終わりを迎えた。イスラム主義にルーツをもつ政党であるＡＫＰは、それ以降政権を維持している。レジェップ・タイイップ・エルドアン首相〔二〇一六年二月現在は、大統領〕のもとで、ＡＫＰは大統領と議会の力を強めるために、軍と裁判所——どちらもずっと世俗的統治を強制してきた——の力を大幅に削減した。そのための最大の手段は、二〇一〇年の国民投票だった。この投票により、軍が一九八〇年の権力奪取後に制定した憲法の修正が認められた。ＡＫＰはさらに外交路線も変更した。トルコは何十年もの間、経済的にも地政学的にもほとんど西方、つまりヨーロッパとアメリカしか見てこなかった。それがいまや、南と東を見ることにかなり多くの時間とエネルギーを割くようになり、周辺のイスラム諸国との経済的・地政学的関係を深めようと熱心に動いている。こうした戦略上の方針転換から大きなダメージを受けたものの一つに、イスラエルとの友好関係がある。

トルコ政治にこうした変化が起きたのは、大部分、都市・農村の労働者階級が経済的・政治的に力をつけたためである。伝統的な都市エリートよりも保守的で信心深いそうしたトルコの新興勢力は、ＡＫＰの選挙基盤になっており、また同党のイスラム主義的傾向をいちばん支持する人々である。イスラム教の慣習と価値観を大切にする新しい中産階級が登場したのはトルコに限らない。ロイが言うように、「信仰と信条は保守的でありながらビジネスに関しては現代的な考えをもち、ウェーバー的な労働倫理を備えたイスラム純粋主義者からなる中産階級が、どうやら生まれつつあるようである。……この新興ブルジョアジーは伝統的な価値観を固く守っているうえ、その価値観を現代の環境の中で存続させることにも熱心である」(70)。

このようにトルコの経済と政治の発展経路は、西洋モデルとかけ離れている。経済成長と中産階級の拡大はモスクと国家の分離につながらず、逆に宗教を政治の世界に戻しつつある。そして経済が上り調子のなか、この国は広く中東全体のトレンドを決めることにもなりそうである。中産階級がイスラム世界で拡大していけば、おそらく宗教は政治に対する影響力を失うのではなく、強めることになりそうである。

その先に見えるのは、イスラム教の世俗化ではなく、イスラム近代モデルである。オックスフォード大学を拠点に活動する信心深いムスリム知識人、タリク・ラマダンが主張するように、このイスラム近代モデルが西洋モデルと一致しない以上、両者はうまく共存する道を考えなければならない。イスラム教徒が西洋世界とともに生きながら、また西洋世界の中で生きながらも、自分たちの信仰と伝統を守れるような共存のあり方を模索している点で、ラマダンは正しい(71)。西洋はイスラム版宗教改革を提唱すべきではないし、期待すべきでもない。それは近い将来に起きそうもない。提唱すべきなのはむしろ、西洋の政治的・宗教的伝統を尊重し、またそれらからも尊敬されるような、寛容で穏健なタイプのイスラム教である。

アラブの春

二〇一〇年の終わりから中東・北アフリカにいっきに広がり始めた民衆蜂起は、一見したところ、中東のイスラム世界が西洋近代モデルからこれからも外れたままだろうという見解に異論を突きつけるように見える。各国で次々とデモが起きるなか、この地域もいよいよ民主主義を採用するかに思われた。はじめのうちは政策決定者も学者も同じように、この蜂起をフランス革命やベルリンの壁崩壊になぞらえた。すなわち、アラブ世界に参加型政治が訪れる歴史の転機だというわけである。そしてたしかに、この政治的覚醒は間違いなく、尊厳と自由を求める人間の欲求が普遍的であることを確信させる、希望に満ちた出来事だった。

しかし、騒ぎが収まって、当初の高揚感も冷めてくると、厳しい現実が見えてきた。バーレーン、イラク、リビア、シリア、イエメンの各政府は、殺傷力の高い武器でデモを鎮圧した。リビアでは、反政府勢力の拠点だったベンガジで大量殺りくが起きるのではないかとの懸念から、国連安保理が市民を保護するための軍事介入を承認した。NATO主導の軍事作戦によって、最終的にリビアの体制は崩壊した。だがリビアの反政府運動に外部から助けの手が差し伸べられたのは例外だった。民衆蜂起の起きた他の国々の多くでは、西洋諸国は自制を強く求める以上のことをせず、独裁政権がデモをた。

厳しく取り締まった。弾圧——ときに残忍な弾圧——により、たいていの蜂起は完全にねじ伏せられ

　たしかに、この地域にいる多くの強権的な支配者たち——チュニジアのベン・アリ、エジプトのホスニ・ムバラク、リビアのムアマル・カダフィ——は政権の座を追われた。しかし彼らが去った後に少しずつできあがってきた新しい政府は、重要な改革を進めたとはいえ、自由民主主義国としてすぐに安定することはなさそうである。さらにいえば、エジプトはアラブ世界の中でいちばん人口が多くて影響力の強い国かもしれないが、同国が地域全体のトレンドを決めると考えるのは間違っている。エジプトには、ほとんどの近隣諸国にはない政治的なアドバンテージがある。エジプト軍は規律のしっかりしたプロ集団で、アメリカとも強い結びつきがあり、ムバラク追放を後押しする重要な働きをした。そして今後は憲法と政治機関の改革を監視するだろう。エジプトの近隣諸国の大半には、政治的変革を支えられる国家機関がない。

　くわえて、エジプトには古代までさかのぼる国民意識があり、それが社会の結束を生んでいる。そのような結束はこの地域にまれなものである。なぜなら、ここではほとんどの国が、植民地帝国が残していった政治的な人工物だからである。イラク、ヨルダン、レバノン、シリア、そしてアラビア半島と北アフリカの多くの国々では、国民としてのアイデンティティが希薄で、いつも部族、宗派、民族の分断に負けてしまう。このような分断をこれまでは強権支配が抑え込んできた。民主化はその分断をやわらげるよりも、表面化させる方向に作用するだろう。もしエジプトがゆっくりと民主主義に向かっているとしても、近隣諸国の大半はそのずっと後ろを遅れてついていくものと思われる。

たとえ中東においてこの流れが急に変わり、民主主義が急速に普及するにしても、この地域が国際秩序の中で西洋の要望通りのポジションに収まることはないだろう。中東の民主化が進めば、それだけイスラム教が——穏健なタイプであるとしても——公的な場で果たす役割も増えていく。こうした結果に良いも悪いもないだろう。世界の中で、政治と宗教が結びついている地域には、単にそういう現実があるという話に過ぎない。西洋の識者や政策決定者は、中東で民主主義が普及すれば西洋的価値観も広まるとの幻想を抱くのはやめたほうがよい。さらに言うと、民主主義を求める人々を突き動かす尊厳の欲求は、アメリカ、ヨーロッパ、イスラエルに対して毅然と立ち向かえという主張をあおる可能性もある。たとえば、二〇一一年の春（ムバラク政権崩壊後）にエジプトで行われた世論調査によれば、一九七九年に締結されたイスラエルとの平和条約を破棄することに賛成のエジプト人は五〇パーセントを超えた(72)。中東は外国に支配された長い歴史があり、そのような地域で民主化が進めば、おそらく西洋との戦略的な協力関係は大幅に縮小していくだろう。

イスラエルは例外か？

一般的にイスラエルは、自由主義も民主主義も十分ではないイスラム世界の中にある、西洋のリベラルで民主的な前哨地点とみなされる。しかしその実態はハイブリッドな国である。この国は西洋の多くの価値観・制度を中東に輸入してきたが、それらを中東の価値観・制度と混ぜ合わせたのである。

イスラエルは、宗教と国家を制度上分離している自由民主主義国である。しかしユダヤ教はキリスト教と違って、そしてイスラム教と同じように、信仰の宗教であると同時に法の宗教でもある。モーセ五書に記された法がカバーする範囲は、宗教上の儀礼や道徳的な行いから、商取引、農業、料理といったような日常的な事柄まで及ぶ。タルムードはユダヤ教の律法についての長い講釈だが、その中心は、日常生活のほぼすべての事柄に関わる六一三のミツヴォットという戒律である。さらに、イスラム世界と同じように、ユダヤ教においても国民概念は宗教と混ざり合っている。イスラエルはユダヤ人の国民国家であり、そのユダヤ人は宗教によって定義づけられる部分の大きい人間集団である。イスラエル人と国外《ディアスポラ》のユダヤ人が抱くアイデンティティには、文化的・歴史的要素に加えて宗教的要素も色濃く入っている。

　ユダヤ教が信仰と法と国民性を固く結びつけていることがまさに原因となり、イスラエルでは宗教と政治の関係は曖昧な状態にある。イスラエルは形式上は世俗的な民主主義国だが、実態としては宗教が政治に浸透している。宗教政党が議会で成立させた法律により、エル・アル航空や他の主要企業はユダヤ教の安息日に休業することになった。超正統派〔ユダヤ教の一宗派。以下に出てくる「正統派」とは区別される〕の人々は兵役を免除されている。民事婚は存在せず――やりたければ海外に行くしかない――、ラビが結婚式を執り行うのは、新郎新婦が両方ともユダヤ人である場合に限られる。市民権に関わる基本的な問題、すなわち誰がユダヤ人で、イスラエルに戻る法的権利を有するのかという問題ですら、宗教法によって決まる。

　同じように戦争と平和の問題にも、宗教と政治の密接な関係が影響する。パレスチナのヨルダン川西岸地区には多くのイスラエル人が住んでいるが、彼らは宗教上の理由――ユダヤ・サマリアへの宗教的なこだわり――からそこに住んでいるのである。この土地に対する彼らの愛着は、パレスチナ人との和平交渉にとって大きな障害になっている。なぜなら、交渉がどのように進むにせよ、西岸地区内のユダヤ人入植地の少なくとも一部を撤去することは避けられそうにないからである。アメリカのオバマ大統領は任期一年目に、イスラエル政府に入植地の拡張をやめるよう強く要請して、中東和平プロセスを前進させようとした。彼はイスラエルに入植活動を一時停止させたものの、それは一〇カ月しか続かなかった。一時停止が解除されたのは、少なからず、ユダヤ教右派からの圧力のせいである。パレスチナ人はその後すぐにイスラエルとの交渉を打ち切った。

ユダヤ教正統派はイスラエル人口の約二五パーセントを占めるに過ぎないが、小さな宗教政党がいつも連立政権の浮沈を左右する議院内閣制のもとで、彼らの政治力は増幅される。そして正統派の影響力は、比較的に高い出生率に支えられて今後も強まる一方だろう。イスラエルの中では信心深いユダヤ人と世俗的なユダヤ人の争いがすでにこじれているが、人口構成のトレンドからすると、それはさらに深刻になりそうである。両者の生活スタイルと考え方の違いはとても大きいため、ある種の物理的な分離状況が現れつつある。信心深い家族がエルサレムに住むケースが増えている一方、世俗的なユダヤ人はテルアビブやその他の都市に移り住み、そこで多数派を形成している。このような分断は、ごくまれにとはいえ暴力を生む危険性をはらんでいる。それを悲劇的な形で実証したのが、一九九五年のラビン首相の暗殺である。犯人は、首相の取り組んでいたパレスチナとの和平に反対する、好戦的な正統派ユダヤ人だった。暴力はもっとささいなきっかけでも起きる。たとえば二〇〇九年の夏には、エルサレムで安息日に営業していた駐車場をめぐって正統派の人々と警察が衝突した。

イスラエルは重要な部分で、西洋近代モデルと、中東に特有の別モデルとの間の、複雑な接点の縮図である。テルアビブにある主要なビーチの大部分では、ビキニ姿の女性があふれ、ロックを大音量で流すバーが並んでいる。しかし、ビーチの北端には壁に囲まれた区域があって、正統派の女性が男性のいないところで泳げるようになっている。テルアビブのすぐ北にある海沿いの都市ヘルツリーヤは、世界でも有数の最先端の技術革新の中心地であり、イスラエルの順調な経済がグローバル市場につながるための重要な中継点になっている。しかし、すぐ近くのブネイ・ブラクには超正統派の大きなコミュニティーがあり、そこの人々はグローバリゼーションとそれが象徴する西洋近代モデルから離れることに熱心である。ヘルツリーヤとブネイ・ブラクという異なる世界の対立は、近いうちにイスラエルの政治を揺るがすだろう。そして、これら二つの都市から垣間見えるのは、来る世界の大転換に対処しようとする西洋が、中東で競合する複数の近代モデルに直面する将来である。

ワンマン政治

宗教と政治の密接な結びつきが中東の最大の特徴だとすれば、アフリカはワンマン政治家(strongmen)の大陸であるところに特徴がある[73]。独裁者(autocrats)が権力をルーティン化し、官僚組織と治安機構を活用するのに対して、ワンマン政治家は権力を一手に握り、個人的な利益誘導システムと忠実な民兵によって支配体制を維持する。ワンマン政治家の伝統は、独立前からアフリカ諸国に存在していた[74]。数十年にわたるヨーロッパ列強の統治が、トップダウン型政治の遺産をこの大陸に残した。独立によって現地の指導者たちがヨーロッパ人にとって代わったが、彼らも同じように権力への制約がほとんどない形での統治を行ったのである。

また、ヨーロッパの植民地帝国はアフリカを去る際、民族・言語の境界線とは違う国境も残していった。先述のように、ヨーロッパの国民国家は、言語的・文化的なつながりをもつ人々で形成される有機体であることが多い。対照的に、独立後のアフリカに存在する国家には、もともと人々をまとめる力がほとんどなかった。一九六〇～一九九三年にコートジボワールの大統領を務めたフェリックス・ウフエ・ボワニは、次のように述べている。「われわれアフリカ人が前の主人から受け継いだものは国家であり、国民ではない。その国家の中の諸民族間のつながりはきわめて弱い」[75]。植民地時代のもう一つの遺産は、政治的忠誠と経済的利益誘導の結びつきである。植民地政府によって育成された現地の協力者は、モノと武器の流れをコントロールすることで政治的ネットワークを構築し、影響力を行使した。資源の分配が政治権力の現れだったのである。

ほとんどのアフリカ諸国は第二次世界大戦後の独立によって、独裁国になるか、選挙に基づく一党支配体制になるかのどちらかだった。選挙結果はやる前から決まっていた。独立期から一九八九年までの間に行われた一〇六の大統領選挙で、当選者の平均得票率は九二パーセントだった[76]。アフリカの指導者たちが主張したのは、全く異なる民族・言語集団からなる貧しい国に安定と経済成長をもたらすためには、権威主義的なリーダーシップが必要ということである。そして、彼らはしばしば自分たちの権力の大きさを隠そうともしない。一九六四～一九九三年にマラウィの指導者だったヘイスティングズ・バンダは、一九七二年にこう述べている。「あらゆる問題が私の仕事である。あらゆる問題が。教育、経済、農業、交通の現状といったあらゆる問題が私の仕事である。私の言葉はすべて法になる。文字通りの法である。それがこの国の真実なのだ」(77)。

見せかけの民主化

一九九〇年代、民主化と思われるものの波がアフリカを席巻した。一党支配体制は明らかに結果を出せていなかった。事実、多くのアフリカ諸国で経済状況は独立以降の数十年で悪化し、対外債務が積み重なり腐敗が蔓延した。その間、都会化した知的レベルの高い人々のグループが現れて、変革を求める有権者となった(78)。外国の援助ドナーからの圧力が、経済停滞および国内の不満と相まって、開かれた選挙を求める大きな流れを後押しした。一九九〇年代に、アフリカの四八カ国のうち四二カ国で複数政党制選挙が行われ、権力の移行も立憲的メカニズムを通じて進みだした。一九六〇年代〜一九八〇年代にアフリカの指導者が政権を失ったケースは、ほとんどがクーデターか暴力的な政権転覆によるものだった。一九九〇年以降になると、指導者が政権を失うのは法や手続きに則った形であることが多くなった(79)。

しかし、大多数のアフリカ諸国は形だけの民主主義を装い、実質がともなっていない。選挙は基本的に国内の異論をかわしつつ西洋のドナーからお墨付きを得ながら、与党の権力を強化するものになっている。ニコラス・ファン・デ・ワールはこう述べている。ほとんどのアフリカ諸国で、「複数政党制選挙を導入したといっても、それはかつての権威主義的な支配者が権力維持の巧妙な戦略として、民主主義を取り繕い、定期的な選挙を許容しているだけの話である」(80)。H・クワシ・プレンペも同じ意見である。「アフリカで大統領の立場にある人々は、近年の一連の民主的改革を経た後も、以前とほとんど変わらない権力を保持している」[81]。アフリカには、たとえばボツワナのような、一定レベルの自由民主主義が支持されてきた成功例もいくつかある。南アフリカでも、アフリカ国民会議の存在感が大きいがゆえに真の民主的競争は制約されているとはいえ、民主化は大きく前進してきた[82]。しかしアフリカ大陸のほとんどの国において、複数政党制による民主主義への移行は見せかけに過ぎない。

ワンマン政治家による統治は、新家産制と呼ばれるようになった。なぜ「家産制」なのか。それは、威信と利益誘導によって統治を行う個人が権力をもっているからである。なぜ「新」なのか。それは、この統治手法が政治制度の中で定着したのは最近だからである[83]。家産制が制度化されたことにより、ワンマン政治家の統治は驚異的な持続力をもつようになった。それは、特定の個人のカリスマ性と権威に依存する一過性の政治秩序にとどまらない、一つのシステムと化したのである。

近年のアフリカで、複数政党制による民主主義へ移行した後の選挙結果から見えてくるのは、まさに政治改革がいかに表面的だったかということである。現職の大統領が再選を目指して立候補すると、依然として八五パーセント以上の確率で当選する[84]。野党が大統領の座を勝ち取った例外ケースでも、その党はすぐにワンマン政治家の統治に堕してしまう。すなわち、新政権も、権力独占の旨味には抗しがたいと悟るのである。ナイジェリアの二〇〇七年の選挙は、腐敗や暴力の問題があったものの、この国で初めて文民政権から別の文民政権への平和的な政権交代に成功した。しかし新しい大統領はすぐ「民族ごとの利益誘導」に走った。そのせいで「政治は、貴重な石油資源の支配をめぐる個人的・党派的争いに終始する」ものになってしまった[85]。

他のほとんどのアフリカ諸国も状況は同じである。セネガルは二〇〇〇年に平和的で法に則った政権交代があったものの、すぐに「選挙権威主義体制（基本的には権威主義体制でありながら、限定的な形で競争選挙を行っているもの）」に陥った。[86] ケニアでは二〇〇七年に複数政党制選挙が実施されたが、不正告発が各地で相次ぎ、選挙結果にも疑念がもたれた。現職大統領のムアイ・キバキの勝利宣言後、民族間の衝突が起きて数百人が死亡した。キバキと、競争相手であるライラ・オディンガとの間で、最終的には連立政権が成立したものの機能していない。タンザニアでは与党がメディアを統制し、非合法な弾圧によって野党も封じ込めている。[87] ガーナは二〇〇八年に比較的自由で公正な選挙を実施したが、新大統領は権力を行政府に集中させ、自分の権力に対する制度的抑制を無視した。[88]

トップダウン型統治の遺産が、こうした不完全な民主的統治に寄与していることは間違いない。しかし、アフリカでワンマン政治がなくならない理由はもう一つある。それは、他の地域で権威主義的支配を切り崩したあの社会経済的変化が、この大陸の大部分ではまだ起きていないからである。階級形成を支え、多くのブルジョアジーを生み出す経済発展がまだないために、アフリカの政治はいまなお民族を中心に回っている。[89] 統治は、血縁集団への資源分配が中心で、公共政策を考えて実施することの重要性ははるかに低い。アフリカにおいて民族が政治を支える傾向が顕著なのは、独立後に国境が民族・言語の境界線とは異なるところに引かれたためである。この点について、メレディスが詳しく述べている。

階級形成によって忠誠のあり方が変わるようなことがほとんどなかった大陸では、民族がいちばん強固な政治的基盤となり、政治家も有権者も民族の結束に頼るようになった。政治家にとって、民族は権力獲得への足がかりだった。彼らはいわば「民族起業家」になったのである。有権者にとっては、民族は政府からの施し物に与《あずか》るためのいちばんの頼みの綱だった。彼らが望んだのは、権力の中心に地元の代表者がいることだった。つまり、利権の一部を獲得して、それを地元に持ち帰るような民族的パトロンを求めたのである。主要な忠誠は、部族アイデンティティに根付いたままだった。血縁、氏族、民族といった要因が、人々の投票行動を大きく左右した。本質的に、血縁集団がアフリカ政治の最大の構成要素となったのである(90)。

議会は、大統領の権力とその基盤をなす民族内の利益誘導を崩すことができなかった。それはある面で、議会がそうすることを憲法が認めていないからである(91)。多くの西洋諸国の場合、行政府は明示的に与えられた権力しかもたない。それがアフリカでは、たいていは憲法が、他に明示的に付与されていない権力すべてを大統領に与えている。アフリカの多くの大統領が法案提出の権限を独占している。大臣や他の上級任命職は議会から選ばれるのが普通で、権力分立の意味は薄れている。最近のケニア政府を見ると、議員の四〇パーセント以上が行政府にもポストをもっていた(92)。

法律上は議会と裁判所が優位な立場にある場合ですら、両者の力はしばしばインフォーマルな利益誘導システムに負けてしまう。大統領の特権が、制度的なチェック・アンド・バランスをいつも簡単に退けてしまうのである(93)。野党が行政府の権力を抑制するための憲法改正を頻繁に要求しているのは確かである。しかし一方で野党は、利益誘導の恩恵に与ろうと大統領のご機嫌取りにも精を出す。そして野党が大統領の地位を獲得したときはつねに、かつて自分たちが主張していた改革を実施せず、無制限の権力の特典を享受する。[94]

弱い中産階級

アフリカの大統領たちがインフォーマルな力をもっているのは、少なからず、資源を掌握しているからであり、また経済的便宜をはかったり仕事を与えたりすることで利益誘導ネットワークを維持できているからでもある。[95] 一九六四〜一九九一年にザンビアの大統領を務めたケネス・カウンダは、首都ルサカだけでも、利益誘導に使えるポストを四万件も掌握していたと言われる。[96] ケニアでは、議員が一年に一五万ドル相当を稼ぐ一方、人口の四〇パーセントは一日一ドル未満で暮らしている。[97] 多くの国では、政府の歳入の大部分が貿易関税と外国援助から来ているので、行政府が財布を握る一方、立法府は財政を管理する役割を制限されてしまう。[98] ナイジェリアのように石油関連の収入がたっぷりある国々でも、パターンは同じである。[99]

政府内の人間と彼らの利益誘導ネットワークに富が集中している状況は、自己増殖サイクルを生み出している。民間部門を含む経済活動には国家が介在し、ワンマン政治に逆らえる力をもった中産階級は生まれない。たとえばウガンダは、人口の約九〇パーセントが農村部に住み、ビジネス界は、「国家の利益誘導に全面的に依存し過ぎているせいで、現状に挑戦することはまず不可能である。一方、例外的に国家から独立している実業家は数が少なすぎて、政治の戦いに身を投じることができない」。[100] マイケル・ブラットンとニコラス・ファン・デ・ワールは、この問題が構造的で、アフリカ特有のものだと主張する。新家産制国家が行政権力と利益誘導を使って、独立的な起業家と企業を弱体化させたので、「アフリカ各国の弱いブルジョアジーは……国家がもつ所有権、過剰な規制、役人の腐敗に悩まされている」[101]。

アフリカの民主主義活動家も外国のドナーも、ワンマン政治を揺るがすことはできていない。大陸のどこでも、大統領たちは威圧的な脅しによって、自由民主主義の運動を握りつぶすか、手なずけるかしてきた。外国のドナーはグッド・ガバナンスを援助条件にしてきたし、それはモザンビークなどで成功を収めた。しかしたいていの場合、現地政府の進める改革は基本的にうわべだけである。ドナーを喜ばせ続け、援助の流れが途切れないようにしているが、大統領の権力や利益誘導への依存を制限するために何かすることはほとんどない。複数政党制選挙への移行は民主主義の定着につながらず、何よりもワンマン政治の継続を隠ぺいするものとなった。そして、中国がアフリカで戦略的・経済的存在感を強めているので――中国は、アフリカ諸国の統治がどんなものであれ、お構いなしに投資と援助を続けている――、政治の現状は以前よりも安定して見える。これから先もしばらくは、ワンマン政治家がアフリカ諸国のほとんどを支配することになりそうである。

ポピュリズム

世界には発展著しい地域がいくつかあるが、ラテンアメリカはその中でもっとも西洋の発展モデルに近い。中南米諸国は、過去半世紀にわたって順調に都市化・民主化してきた。一九八〇年代から自由民主主義が深く根付き、二〇一〇年のフリーダム・ハウスのランキングによれば、この地域の一九カ国のうち一〇カ国が「自由」、八カ国が「部分的に自由」で、「自由ではない」とされたのは一カ国（キューバ）だけだった。地域に古くからあった対立の多くは収まったし、一九九一年に発足した南米貿易圏メルコスールにより、加盟国間の経済統合も進展した。

にもかかわらず、ラテンアメリカの社会経済の発展も独特であり、独自の近代モデルも確立されつつある。その結果として現れた左翼ポピュリズムは、富と政治権力から長らく締め出されていた最下層に迎合し、また、この地域の政治にとって古くからの活力源である反米感情を利用している。このポピュリズムは、ヨーロッパ型の社会民主主義とそれほど違うわけではない。しかし、そのポピュリズムが原因でラテンアメリカ諸国の大半は、西洋秩序が世界を覆う可能性を警戒し、ワシントン・コンセンサスの自由市場イデオロギーに反発し、そして地政学的連携では、欧米民主主義国よりも途上国を重視するようになった。

ラテンアメリカの近代モデルは、植民地時代の遺産に起源がある。スペインとポルトガルが支配していた時代、権力はつねに、絶大な力をもつ総督に集中していた。この伝統は独立後も、カリスマ的、権威主義的な人物である、通常、軍出身のカウディーリョ〔軍事指導者〕に形を変えて受け継がれた。また、ヨーロッパ列強は大きな富の格差も残していった。その格差の主な原因は、一部の特権的な人々による土地の独占所有にあった。社会の階層化には、経済面だけでなく人種的な側面もあった。ヨーロッパから来た移民が、先住民と、奴隷としてラテンアメリカに連れて来られたアフリカ系の人々を支配していたのである。

ラテンアメリカの大部分では、一九世紀初頭に帝国支配が終わりを迎えた。反植民地闘争を主導した多くの軍事指導者たちは、その後、新しい独立国家の政治指導者になった。このときから、軍が統治に直接関わる長い伝統が始まったのである。独立当初の数十年間、秩序維持を担う軍はカウディーリョの命令に従って行動した。一九世紀終わりに、ラテンアメリカ各国の軍はほとんどが専門化、近代化されたが、文民統制下で政治に関与しない将校団を作ろうとする試みは、大体がうまくいかなかった。逆にラテンアメリカ各国の軍は、文民リーダーに対してではなく、ラ・パトリア（母国）に忠誠心を抱くようになった。とくに、第二次世界大戦後に景気が悪化し、政治情勢も不安定になったときには、軍事指導者は国家の守護者として振る舞った(102)。クーデターがあちこちで発生し、軍事体制が生まれた。メキシコとコスタリカを除くラテンアメリカのすべての国が、一九五〇年代～一九八〇年代に長期の軍政を経験している。左翼の反政府勢力と民主主義活動家に対する鎮圧作戦の中で弾圧と虐待が続き、ラテンアメリカのいくつかの国の軍は悪名高い存在になった。

急速な都市化

社会経済の面では、一九世紀終盤から二〇世紀初頭にかけて近代化と工業化を目指すぎこちない動きが始まった。しかし、この地域のほとんどの国が工業化、都市化、民主化に向けた体系的な取り組みを始めたのは、二〇世紀後半になってからである。そのようにスタートが遅れたために、移行は慌ただしいものになり、社会経済の発展パターンも西洋とは違う形になった。一九〇〇年の時点で、ラテンアメリカの人口の七五パーセントは農村部に住んでいて、大体それと同じぐらいの人々が読み書きできなかった(103)。二〇世紀前半には北米とヨーロッパで工業化が急速に進んでいたが、経済の変化がラテンアメリカに訪れるまでには時間がかかった。一九六〇年には、人口の六〇パーセントが依然として農業に従事していた。それ以降、都市化が急ピッチで進み、二〇〇七年には人口の七五パーセント以上が都市部に住むようになった(104)。

急速な都市化の影響で、ラテンアメリカの都市の政治的立場は、ヨーロッパで近代化を推し進めた都市のそれとは全く違うものになった。ヨーロッパの都市は、独裁的な権力制度から逃れようと必死だった起業家、商人、専門職を引きつけることが多かった。そうして新興中産階級が政治的変革の原動力になったのである。対照的にラテンアメリカでは、まだ現れたばかりの中産階級と急増する労働者階級からなる都市住民は、独裁国家に束縛されていた。国家は、地主エリートが政治権力を握る時代が、社会経済の発展によって終わろうとしている現実を十分理解していたのである。軍人の独裁者あるいは文民のワンマン政治家（その多くは軍と密接に連携していた）は、政治的服従と引き換えに経済的恩恵を与えることで、ブルジョアジーと都市の労働者階級をうまく取り込んだ。

中産階級は、補助金、工業製品の保護関税、建設事業の契約、有利な税制といったもろもろの条件を勝ち取った。国家と結びついた労働組合などによって組織化された労働者階級は、社会的保護の恩恵を獲得した。都市化の最初の数十年間、ブルジョアジーも労働者階級も民主化を強く求めることはしなかった。どちらも、政治の自由化より経済的利益を選んだのである。地主エリートも同じような取引を受け入れた。彼らは昔からもっていた政治力を失ったが、その代わりに土地改革を回避し、所有地の大部分を保持できた。現代のブラジルでは、いまも土地所有者の一パーセントが農村の土地の約五〇パーセントを所有している(105)。こうした政治的な取引に参加させてもらえなかった主な社会セクターは、都市の貧困層――地下経済の労働者で労働組合に加入していない人々――と農民であり、その中には混血、黒人、先住民の世帯が多く含まれている。

以上のような階級構造が現れた結果、ラテンアメリカの都市は、先駆的存在であるヨーロッパの都市とは異なって、政治的変革の担い手ではなく、権威主義的統治の保守的な支持者であった。このように、社会経済の発展と政治の停滞が珍しい形で混じり合ったところから、独特のイデオロギー的副産物が生まれた。それは右翼ポピュリズムである。植民地支配とカウディーリョの伝統に便乗する形で、カリスマ指導者への権力集中が進んだ。ナショナリズムのイデオロギーは、階級と人種で分裂した社会をまとめるのに役立った。ポピュリストの指導者は、資源を労働者階級に振り向けるために必要な財源を――経済エリートへの増税をせずに――確保しようと考え、主要産業の国有化を進めた。国家による市場介入はコーポラティズム〔政府が企業・労働組合と協調しながら政策を進めるやり方〕。ここでは、選挙や議会での討議といったオープンな民主的プロセスとは違う、閉鎖的あるいは談合的な政治手法として、否定的に捉えられている〕と腐敗を助長し、それらはいまも多くのラテンアメリカ諸国で経済の足かせになっている。そして、ポピュリズムは社会の底流にある反米感情も利用した。この感情は、中南米にアメリカが介入してきた長い歴史と、冷戦期のアメリカの過剰な政策に由来している。(106) 軍事体制と右翼ポピュリズムの組み合わせは、魅力的なやり方であることがわかった。(107) 一九七〇年代の終わりには、ラテンアメリカの一九カ国のうち一四カ国が依然として軍政のままだった。

左傾化

一九八〇年代になるとラテンアメリカは民主化の時代に入り、軍事体制は比較的速やかに終わりを迎えた。この地域のほとんどの国で軍が進んで権力を手放し、民主主義と文民統治への移行はおおむね整然と進んだ[108]。軍が権力独占をやめたのには多くの理由がある。経済状況の悪化とビジネス界の不満、市民団体の活性化が重なったことで、軍は政治的安定を保つ自信を失った。将校の中で比較的穏健な人々は、とくにブラジルの場合、治安維持機構の中で強硬派の力が増している状況に懸念を抱いていた。穏健派にとって、市民社会と手を組むことは、自分たちの立場を強化し、将校団のプロフェッショナリズムを守るための方策だったのである。そして最後に、アメリカを中心として国際社会が、ラテンアメリカ諸国に対して、抑圧と権威主義的統治をやめるように圧力を強めていた[109]。

ヨーロッパの場合、政治の自由化プロセスで最後の仕上げをしたのは新興中産階級だったが、ラテンアメリカではそうならなかった。民主化は進展したものの、労働者階級と都市・農村の貧困層が人口のかなりの部分を占める状況は変わっていない。ラテンアメリカの中産階級は平均で人口の約二〇パーセントである。それはつまり、この地域では、西洋における政治の自由化をもたらしたあの大規模なブルジョアジーが存在しない中で、民主化が進んだということである[110]。そのため、権威主義体制と企業・労働組合の間で成立した経済的合意に、最下層の人々に政治的権利を与えるという項目は含まれなかった。結果、ラテンアメリカにおける政治の重心は明らかに左に移ってきた。経済エリートが支持する市場重視型の政策はなくなったわけではないが、いまやそれも、社会福祉の充実と貧困層のニーズ充足を目指す取り組みによって補完されている。

一九八〇年代以降のラテンアメリカを席巻した民主化の波は、このように政治の風景を変えた。右翼ポピュリズムから左翼ポピュリズムへと、振り子が大きく動いたのである。二〇一〇年の時点で、この地域の一九カ国のうち一五カ国は中道左派か左翼の政権が統治している。例外はコロンビア、ホンジュラス、メキシコ、パナマだけである。貧困層の動員と選挙における影響力の増大によってこのような左傾化が進むと、野心的な貧困削減プログラムがいっきに増えた。この流れをリードしたのは、労働組合のリーダーから政治家に転身したブラジルの大統領、ルイス・イナシオ・ルーラ・ダ・シルヴァ〔二〇一一年一月に任期終了〕である。彼が始めたボルサ・ファミリアというプログラムは、貧困層の家庭に対して、子供をきちんと学校に通わせ、ワクチン接種も受けさせれば直接給付金を支払うというものだった。ルーラ大統領の一期目の間に、ブラジルの貧困率は二五パーセント以上も下がった。メキシコ政府も、右寄りになってきたとはいえ、オポチュニダデスと呼ばれる類似のプログラムを実施しており、その対象は人口の四分の一以上に及んでいる。[111]

社会福祉の対象は、組織化された労働者階級から貧困層にも広がったが、それにともないポピュリズムは強化されたとは言わないまでも継続した。たとえブラジルをはじめこの地域の多くの国々が貧困削減に成功したとはいえ、ラテンアメリカの人口の約四〇パーセントはいまだに貧困ライン以下の暮らしを続けており、所得格差が世界最大である状況も変わっていない。広範囲にわたる貧困と格差は、人々の考え方に深い影響を及ぼしている。ラテンアメリカの人々の三分の二以上が、自分たちの国は社会全般の利益よりも少数の有力者のために統治されていると思っている。格差はなくならないし、ごく一部の富裕層の利益に資する形に歪められた政治システムもなくならない。そうした現実への幻滅が民主化にともなってきたのである。[112]「ラテンアメリカ・バロメーター」の最近の世論調査によると、ラテンアメリカの人々のざっと半分が、非民主的な政府であっても経済状況を改善してくれるならそれを受け入れるという。[113]こうした不満があるので、指導者たちは、社会の不正義や経済・政治の不公平を標的にする左翼ポピュリズムを採用する気になったのである。

政治のポピュリスト的な性格に拍車をかけているのが、ラテンアメリカの多くの国が大統領制と議院内閣制を組み合わせた形の、行き詰まりを招きやすい選挙制度を採用している現実である。この地域のほとんどの国の議会は、比例代表制によって選ばれる。それはつまり、大統領の政権与党が議席の過半数を獲得できないケースが多いことを意味する。たとえばブラジルの二〇〇二年の選挙では、一九の政党が議席を獲得したが、ルーラ大統領の労働党は全議席の一八パーセントしかとれなかった。ラテンアメリカの一八カ国で最近行われた選挙を対象にした、二〇〇五年のある研究によれば、大統領の政党が下院で過半数を獲得するのは、平均して六回の選挙のうち一回だけだった。政治の世界が分裂し、行政府と立法府が対立し、そして停滞が長引く中で、指導者たちは行き詰まりを避けるためにポピュリズムの求心力に頼りたくなるのである。[114]

マイノリティの政治的な周縁化が続く状況も、左翼ポピュリズムを生む要因の一つである。そうしたマイノリティに対しては、所得再配分や社会正義を訴えることが選挙ではとくに強いアピールになる。民主化と富の再配分のおかげで、黒人と先住民は発言力が強まり生活水準も上がったが、依然として統治制度の中では十分な発言権をもたず、植民地時代の人種的ヒエラルキーの痕跡がずっと残っているのである。たとえばブラジルは、黒人とパルド（褐色の人）が人口の約四四パーセントを占め

チャベス・ヴェネズエラ大統領（©AFP PHOTO／Luis Acosta）

ているにもかかわらず、下院の最近の会期で全議員五一三人のうち黒人は一五人しかいない。グアテマラは人口の六〇パーセント以上がマヤ族だが、最近の議会において全議員一三三人のうちマヤ族は一四人しかいない[115]。

マイノリティの動員が、急進的な左翼ポピュリズムにつながるケースもあった。その象徴的な存在が、ヴェネズエラのウゴ・チャベス大統領〔二〇一三年三月に死去〕である。ヨーロッパ系、アフリカ系、先住民の混血のヴェネズエラ人である彼は、二〇〇二年の当選後、最下層の味方になった。彼は「資源ナショナリズム」に訴えながらヴェネズエラのエリート層や外国の多国籍企業と対決し、石油産業やその他の産業を国家が管理すべきと主張した。チャベスは、富の再配分と反米レトリックと異論抑圧を組み合わせた手法により、有権者の中でもとくに不利な境遇にある集団の支持を集め、ヴェネズエラの支配階級の打倒に成功したのである。ボリヴィアのエボ・モラレス、エクアドルのラファエル・コレア、ニカラグアのダニエル・オルテガ、ペルーのオジャンタ・ウマラといった指導者たちのポピュリズムは、チャベスのポピュリズムを穏健にしたものである。しかし全員がチャベスの例にならって、富の再配分と社会正義を約束することで貧しい人々を引き付け、権力の座に上りつめたのである。チャベスの過激な社会主義ポピュリズムは例外であり、一般的とはいえない。それがうまくいったのは、たいてい政党システムが分裂・分極化した国である。伝統的な政治エリートの間で手詰まり状態が生まれると、急進的なポピュリストに付け入るスキを与えることになる[116]。さらに、石油・鉱物といった天然資源が豊富にあり、それを国有化すれば政府が十分な歳入を得られるような国では、同じような状況になる可能性はさらに高い[117]。チャベスやモラレスのような人々にしてみれば、産業の国有化によって国の金庫を一杯にすることは、社会正義を追求するために必要なことなのである。

ラテンアメリカのほとんどの国は政党システムが安定しており、中産階級の指導者たちと、貧困層の動員から生まれた政治運動の間で妥協ができた。そのような国では、左翼ポピュリズムは穏健になった。ブラジルでルーラが選挙に勝利したのは、最下層の人々に支持されたことが大きい。しかし彼は民間資本、マクロ経済の安定、開かれた市場といった、同国の目覚ましい経済成長をもたらした重要な要素も維持した。彼の後継者であるジレマ・ルセフもこの基本路線を踏襲している。外交に関していえば、ルーラはチャベスのように侮辱的な言葉で反米を叫ぶことは避けたが、アメリカとは距離を置き、基本的に西洋ではなくＢＲＩＣｓ諸国と連携した。彼はイランに対して友好的な態度をとり、またパレスチナ国家を強く支持したが、それはアメリカとの関係でつねに摩擦の種になった。

このような左傾化の流れにも例外がいくつかある。とくにメキシコである。この国の大統領の座は七〇年間ずっと制度的革命党が独占してきたが、二〇〇〇年に国民行動党がその壁を崩した。国民行動党にそれができたのは、一つには、同党が国内の新興中産階級に市場志向型の改革を約束したからである。それはとくに、グローバリゼーションと自由貿易からいちばん恩恵を受けていた北部地域にとって魅力的だった。コカ・コーラ・メキシコの元社長ビセンテ・フォックス大統領が、メキシコ政治の新たなステージを象徴する人物だった(118)。国民行動党は二〇〇六年の選挙で政権を維持したが、中道右派の政治的優位は紙一重だった。フォックスの後を継いだフェリペ・カルデロンがロペス・オブラドールに勝ったものの、得票差は〇・五パーセント未満だったのである。オブラドールが支持の大半を集めたのは、南部・中部の農村の貧困層と少数民族である。もしオブラドールが勝っていれば、彼は左翼ポピュリズムへの大幅な路線変更を行い、自分の支持層に迎合していたことだろう。

ラテンアメリカでは、経済発展が続くなかで、政治に関してはこれからも左翼ポピュリズムが主流を占めるだろう。所得格差はなくならず、先住民が政治的に取り残される状況も変わらないため、極左勢力は安定した支持層に恵まれるだろう。しかし、ヴェネズエラ経済が急速に落ち込んだことからわかるように、チャベス型の社会主義ポピュリズムには限界もある。外国資本の必要性と海外市場の魅力からすれば、ルーラ型の穏健な左翼ポピュリズムのほうが標準になりそうである。生き残るのはカラカス・コンセンサスではなく、ブラジリア・コンセンサスだろう〔カラカスはヴェネズエラの首都、ブラジリアはブラジルの首都〕。

この先の数十年間、ラテンアメリカが西洋の発展モデルからそう離れていない道を進む可能性は、世界の他のどの地域よりも高い。結局、こんにちこの地域の大部分を占めているのは、基本的には民主的で資本主義の国々なのである。しかし、独裁制や所得格差、人種的ヒエラルキー、そして反米主義の長い歴史があるために、ラテンアメリカでは、西洋モデルとは一線を画する独特の左翼ポピュリズムが支配的になるだろう。

ラテンアメリカでは、広範な中産階級が確立されるよりずっと早く、民主化によって最下層の人々が政治の表舞台に登場した。地域の伝統的な政治・経済エリートがもつ富と権力、そしてグローバリゼーションにより課せられた市場のルールが、例外はいくつかあるにせよ、チャベスが抱いていたような極端なイデオロギーを抑制する。しかし、二一世紀が進んでいく中で、堅固な左翼ポピュリズムはラテンアメリカの政治を席巻するであろうし、そうしてこの地域は、新しい世界をめぐる論争の中で西洋とは違う立場をとることになろう。

民主主義諸国も一枚岩ではない

ロバート・ケーガンは最近こう述べている。「こんにちの世界において、ある国の地政学的連携を予測するうえでいちばんのヒントになるのは、その国の『文明』や地理的な位置ではなく、統治形態である」[119]。このような見方をするのは彼だけではない。アメリカでは二〇〇八年の選挙の準備期間中、民主党も共和党も口をそろえて「民主主義諸国の連盟（a League of Democracies）」の利点を絶賛した。それは民主主義諸国によるグローバルな重役会議のようなものである。そこに参加する国々は考え方が似ているので、国際的な諸問題のほとんどについてコンセンサスを形成し、それを持続できると考えられている[120]。このような、世界の民主主義諸国は自然に協力しあうという確信は、ヨーロッパ・大西洋地域が経済・軍事的優位性を失っても、国際秩序への西洋的アプローチは存続するという信念を支えている。たとえばよく耳にする予想は、インドが大国ランキングの順位を上がっていけばアメリカと手を組むだろうというものである。オバマ大統領は二〇一〇年一一月にインドを訪れた際、この国を「世界最大の民主主義国」と賞賛し、「共通の利益と価値によって結びつくアメリカとインドの関係は、二一世紀のもっとも重要なパートナーシップの一つである」と断言した(121)。

しかし、統治形態が、その国の地政学的連携を決定づける重要な要素だと考えるのは誤りである。民主主義諸国が互いに協力することは、決して当たり前の話ではない。反対に、民主主義諸国が外交問題に関して別々の道を進むケースは少なくない。インドとアメリカの関係を考えてみてほしい。インドは一九四七年に独立してからずっと民主主義国だが、冷戦期の大半はソ連側についていた。たしかに時代は変わったし、インドとアメリカはほぼ一〇年にわたって戦略的・経済的な関係を深めてきた。しかし、両国がなぜ近づいているのかといえば、それは何よりも中国のパワーを抑制することに共通利益を見出しているからである。ジョージ・W・ブッシュはインドとの核開発協力に関する協定を喜んで結んだが、そのいちばんの動機は、中国の台頭に対してバランスをとることだった。後にオバマ大統領は、インドの国連安保理の常任理事国入りを支持したが、これも事情は同じである。

インドとアメリカの新しい戦略的関係にとって、中国の台頭に備えることが唯一の動機というわけではない。オバマが二〇一〇年にインドを訪れた際に明言したように、アメリカがインドを魅力的な相手とみなす理由の一つは、インドが民主主義国だからである。しかし、アメリカとインドの間で議題に上っている主な外交問題をよく見れば、両国がともに民主主義を信奉するからといって、それが地政学的利益の一致を保証することはまずあり得ないとわかる。

パキスタンはインドの大敵である。両国は独立してからこれまで三回戦争をしており、いまなおどちらの軍隊も次の戦争に備えている。だがアメリカは、パキスタンに何十億ドルもの経済・軍事支援を続けてきた。それは、アフガニスタンとパキスタンの国境地帯で活動しているイスラム武装勢力の掃討作戦に対して、パキスタンの協力を得るためである。さらに、米軍のアフガニスタンからの最終撤退を早めるために、アメリカはアフガニスタンのタリバン（ひそかにパキスタンと手を組んでいる）と政治的取引をしようと動いてきた。これは、アフガニスタンにおけるパキスタンの影響力を強めるものであり、インドにとってみれば最悪の展開である。アメリカの大敵であるイランに目を転ずれば、立場は逆転する。アメリカはイランの核開発を止めるため、ずっと同国を孤立させようとしてきたが、インドはイランとの経済的・政治的関係を断絶することを躊躇してきた。同じように、アメリカとインドは気候変動や世界貿易の問題についても意見が大きく分かれてきた。こうした問題のすべてにおいて、民主主義を信奉するという共通点から生じる親近感がどれほどあろうとも、国益の違いがそれを凌駕してきたのである。

インドが国際的な協力相手を探す際に、民主的制度と少なくとも同じくらい重要になるのが、社会経済状況と国際的序列における順位である。国内・国際統治に関するニューデリー・コンセンサスなるものは、まだ形成途上だが、アメリカよりはブラジルの考え方に近い。インドには、社会の階層化、多様な民族・言語、所得格差、膨大な農村の貧困層があるので、この先もずっと左翼ポピュリズムが続くだろう。

インドが伝統的にリーダーを自任してきた非同盟運動は、大国が作る同盟ネットワークに対抗しようとするグループで、大半が途上国である。インドはまた、アメリカ主導の民主化アジェンダや、抑圧的体制への制裁についても賛同をためらってきた。インドは、そのような政策を大国による好ましくない介入とみなす傾向がある。貿易に関していえば、インドは他の途上国と足並みをそろえることが多い。国連総会でインドが過去十年でアメリカに同調して投票した割合は約二五パーセントに過ぎない。これは、多くの国際問題に対するインドの考え方を如実に示している。ここから読み取れるのは、インドの新興国としての利益・地位のほうが、同国の民主的制度よりも、外交政策の要因として重要ということである。[122]〔二〇一二年時点の〕インドのマンモハン・シン首相は最近、「新しいグローバルな『ゲームのルール』」と、国際制度の「改革と復活」を求めた。[123]これもまた、インドが他の新興国と連携することを示唆している。

同じことは、他の多くの民主的な新興国にも当てはまる。ブラジルは一九八〇年代から安定した民主主義国だが、ラテンアメリカの問題（最近でいえば、コロンビアにおける米軍駐留、ホンジュラスでの二〇〇九年の「クーデター」に対する国際社会の対応）や、中東の諸問題（イラン、パレスチナ・イスラエル紛争）をめぐってアメリカと意見が分かれることが通例である。この地域の他の多くの指導者と同じように、ルーラ大統領はアメリカのパワーの過剰な行使には敏感である。彼は自国内で民主主義を実践したし、国外に広めることにも賛同した。しかし二〇〇三年の就任演説で語ったように、同じくらい重要なことは、「いかなる覇権もともなわない、国際関係の民主化」[124]である。先述のように、ブラジルはその社会経済構造ゆえに、ラテンアメリカの多くの民主主義諸国と同じくポピュリズム路線に傾いた。その影響で、単に西洋の後追いをするようなことはなくなったのである。

ラテンアメリカ以外の地域では、宗教と地政学が組み合わさった結果、新興民主主義国の外交路線が西洋の利益と一致しなくなっているところもある。トルコは、与党のＡＫＰが軍と伝統的経済エリートの政治力を弱めたので、さらに民主的な国になった。その結果何が起きたのかといえば、欧米重視の外交路線の長い伝統が途切れたのである。トルコは二〇〇三年のアメリカのイラク侵攻に反対したし、米軍がイラクへ向かう途中に自国領土を通ることも拒否した。二〇一〇年にはイスラエルとの定期的な合同軍事演習をキャンセルし、その代わりに中国と合同で陸上・航空軍事演習を行った。ＮＡＴＯ加盟国が中国軍と合同演習を行ったのは、これが初めてだった。その翌年にトルコは、二〇一〇年五月にガザの封鎖を突破しようとした小艦隊をイスラエル軍が攻撃した事件をめぐって論争が巻き起こるなか、イスラエル大使を国外退去させた。インドネシアは、何十年にもわたる抑圧的な独裁の時代を経て、いまでは民主的統治を実現している。しかしその政治ではイスラム教が一定の役割を果たすので、同国はアメリカと距離を置き続けることになるだろうし、さらには地政学的な理由から、アメリカと中国の間で慎重にバランスをとらざるを得ないだろう。

ケーガンの考えとは逆に、ある国の地理的位置や戦略的利益、社会経済構造、国際的なヒエラルキーの中で占める地位、そしてとくにイスラム世界では宗教的志向が、外交政策を形作る要因として、その国の統治形態と少なくとも同じくらい重要なのである。

グローバルなディセンサス

グローバル経済において、企業は提供する製品の質と価格次第で盛衰する。トップに立つ企業も、競合他社が優れた技術やビジネスモデルを見つければ敗北する。どの企業が勝ち抜くかは、適者生存という、いわばダーウィン的論理によって決まるのである。

しかし、地政学に関していえば、大国が提示する「ビジネスモデル」は、序列を決める要因の一つに過ぎない。たしかに、ある種の政治秩序は他より優れた成果を上げるし、その成功体験がアピールになって他国にも広がる。ダーウィン的論理がまさに当てはまるわけである。もし二〇世紀に社会主義経済が資本主義経済よりもうまくやっていたら、社会主義は、工業化時代における最大のイデオロギー競争を勝ち残っていただろう。

しかし、単に資本主義が社会主義に勝ったからといって、世界が最終的に均質化するわけではない。当分の間、おそらく中国型の権威主義的資本主義は、民主的資本主義よりうまくやっていくだろうし、あるいは少なくともしぶとく生き残るだろう。アフリカのワンマン政治家は、経済に関してほとんど目立った成果を上げていないが、それでもこの先数十年間にわたってアフリカ大陸の政治を形作ることは間違いない。同じことが、ラテンアメリカのポピュリストと中東の神政政治家についても言える。

要するに、世界中の国々がかなりバラバラの政治路線を歩んでいるということである。そうした違いが生まれたのは、政治文化、社会経済の発展経路、そして宗教などさまざまな点で大きな相違が存在するからである。自由民主主義を信奉する国々の間でさえ、利害対立と立場・地位をめぐる競争が妨げになり、国際的なコンセンサスの形成は難しくなる。新時代の世界は、ワシントン・コンセンサスにも、北京コンセンサスにも、ブラジリア・コンセンサスにも向かっていない。どのコンセンサスに向かうのでもなく、世界は、グローバルなディセンサス〔意見の不一致。コンセンサスの対義語〕に向かって進んでいるのである。

第6章　西洋の復活

西洋が勃興し、ついには国際システムを支配するに至ったのは、北アメリカとヨーロッパのチームワークの所産である。歴史の最先端を進んでいた西洋諸国は、自由民主主義、産業資本主義、世俗ナショナリズムの道を切り拓いた。二〇世紀、欧米の民主主義諸国は二度にわたって、彼らの安全と価値を脅かす挑戦を退けるために同盟を組んだ。第二次世界大戦後、アメリカが国際秩序の構築をリードしたときにも、ヨーロッパの同盟国の支えが不可欠だった。

いま、世界の重心は欧米の民主主義諸国からまさに離れつつあるが、それでも欧米諸国は、ポスト西洋秩序の中で大きな発言力をもつことはできる。しかし、西洋が多極世界への移行を先導しようとするならば、そこには二つのハードルがある。まず、西洋は、優位性を誇った時代が終わりに近づいているときに、政治・経済の活力を取り戻し、結束も維持しなければならない。第二に、西洋と、勃興する非西洋の間でコンセンサスを得られるような戦略と諸原則を採用しなければならない。本章は、第一のハードルである、西洋の復活について論じる。ポスト西洋世界への移行戦略についてのコンセンサスの問題は、次章で検討しよう。

西洋の結束

歴史の前例からすれば、冷戦終結によって西洋の同盟は解消に向かうはずだった。同盟というものは、その原因となった脅威が消え去ればたいていは終わりを迎える。しかし大西洋同盟は例外だった。NATOもEUも解散どころか、ソ連崩壊に乗じて東方に拡大し、東ヨーロッパは西洋に統合された。ユーゴスラヴィアが一九九〇年代に分裂すると、NATOが介入し、躊躇から動きが鈍かったせいで多くの命が犠牲になったとはいえ、バルカン半島の流血事態を終わらせ平和をもたらした。アメリカとヨーロッパは経済面でも協力して、着実な経済成長を一〇年間も謳歌し、新興国を襲った一九九七〜九八年の金融危機も封じ込めた。このように一九九〇年代に西洋が結束していたことからすると、便宜的な同盟がバラバラになったとはいえず、むしろ共通の政治的見解と目的意識に基づく共同体が深化したといえよう(1)。

冷戦後の最初の一〇年間、西洋はこれからも安泰だとの楽観論が広がったが、ジョージ・W・ブッシュ大統領の任期中にそれは打ち消された。ヨーロッパにとって慣れ親しんだ多国間主義の伝統から、ブッシュは撤退した。彼は、弾道弾迎撃ミサイル制限条約から脱退したうえ、気候変動に関する京都議定書、国際刑事裁判所や包括的核実験禁止条約へのアメリカの参加にもはっきりと反対した。ブッシュ就任のわずか二カ月後には、ワシントン駐在イギリス人ジャーナリストが、ブッシュ政権に対するヨーロッパの代表的な認識をこう表わしている。「ワシントンにいると、政府中枢の人々は、アメリカの国際的イメージをことごとく塗り替えようと張り切っているように見える。その新しいイメージとは、古くからの敵をいらつかせる、国際的な約束は信用しない、グローバルな脅威にアメリカ第一主義で行動する、同盟国に対して高圧的、といったものである(2)」。

9・11テロ（写真：ⒸAFP PHOTO / Seth McAllister）

二〇〇一年九月一一日に同時多発テロが起きた際、当初ヨーロッパではアメリカとの連帯感がいっきに高まり、NATO内でも、アフガニスタンでのタリバンとアルカイダに対するアメリカの掃討作戦を皆が支持した。しかし、ブッシュがその後イラクに侵攻して「対テロ戦争」の継続を決めると、欧米の民主主義諸国には深い亀裂が生じた。イギリス、スペイン、イタリア、ポーランド、その他のいくつかのヨーロッパ諸国は、サダム・フセインの排除を支持し、イラク占領を支援するための軍も派遣した。しかしフランスとドイツは戦争に反対する諸国家をリードし、国連がアメリカの侵攻を承認しないように立ち回って成功を収めた。このように戦争と平和の根本問題をめぐって意見が対立し、欧米の結束は危ぶまれたのである(3)。

当初、多くのヨーロッパ人はこの分裂を喜んだ。彼らは、アメリカのパワーの影から抜け出したいと願っていたからである。そしてブッシュ政権も、アメリカには独断で行動できるだけの物質的優位があると自負していたので、この分裂を嘆くことはなかった。アメリカは、同盟国はリーダーに従うか、少なくとも邪魔をすべきでないと考えた。しかしまもなく米欧双方で空気が変わった。ヨーロッパ人もアメリカ人もすぐに、西洋の分裂を後悔したのである。ヨーロッパは混乱していた。アメリカという守護者のいない生活は、当初予想していたよりも不安に思えてきた。アメリカも、アフガニスタンとイラクで大きな困難を抱えて、自国だけで世界を動かすのは不可能だと悟った。ブッシュ政権は急に、あらゆる分野で助けを求め始めた。そしてヨーロッパが、助けを得るには最良の相手だったのである。

ブッシュ米大統領（写真：ⓒAFP PHOTO / Saul Loeb）

ブッシュ大統領は二期目がスタートするとすぐに〔NATO本部のある〕ブリュッセルへ飛び、ヨーロッパとの関係を修復し、アメリカがNATOをしっかり支えることも改めて強調した。ブッシュ政権は、一期目よりもはるかに頻繁にヨーロッパの同盟国の意見を聞くようになった。ヨーロッパ各国はこれを歓迎し、それぞれのやり方で好意を示した。ブッシュは相変わらずヨーロッパで人気がなかったものの、米欧の連帯は修復に向かったのである。この関係改善は両者の絆の強さを証明した。イラクをめぐって亀裂が生じたり、その他の多くの問題で対立することがあっても、欧米の民主主義諸国はお互いがベストパートナーであることは変わらないと考え、パートナーシップの回復に動いたのである。

その後、バラク・オバマが大統領に選ばれたことで、米欧

オバマ米大統領（写真：Official White House Photo）

関係はさらに改善した。オバマはそのカリスマ性と多文化的なバックグラウンドのおかげで、ヨーロッパで絶大な人気を博した。外交面では、ヨーロッパが好む多国間主義の伝統を復活させた。さらに彼は選挙戦の中で、地球温暖化への取り組み、核兵器の廃絶、グアンタナモ収容所の閉鎖を公約に掲げたが、これもヨーロッパ中で歓迎された。たしかに、オバマはいくつかの公約は実現できなかったし、アメリカが中東と東アジアにかかりっきりになったせいで、ヨーロッパには失望と疎外感が広がった。しかし全体としてみれば、オバマは、アメリカが魅力的で頼れるパートナーであることをヨーロッパに再び確信させたのである。

オバマ政権による米欧関係の評価は、ブッシュ政権と同じように揺れ動いた。オバマが当初ヨーロッパに期待したのは、とくにアフガニスタンを念頭に、負担をさらに引き受けることで、アメリカとのパートナーシップへの熱意の復活を示すことだった。しかしその後、ヨーロッパはアフガニスタンでの仕事量を増やすつもりがなく、アメリカから財政刺激策を求められたのに緊縮策を選び、そしてＥＵは世界の諸問題よりも加盟国同士の内輪もめに多くの時間を費やしていたため、オバマをいらだたせた。ヨーロッパはアメリカの不満をよく理解しており、オバマが「Ｇ２」――アメリカと中国による世界の共同統治――を選んで、ヨーロッパとの関係を切り捨てるのではないかと不安になった。

しかし、そのような不安は杞憂だとすぐにわかった。アメリカにとって、中国が自国の通貨安を頑固に守り、周辺国をいらだたせる強硬外交を行い、また北朝鮮の軍事的挑発にも対処する気がない以上、新しい米中パートナーシップが生まれる可能性はなくなったのである。さらにオバマは、中国に強い態度で臨むよう求める国内の圧力にもさらされている。それは少なからず、国内の失業と経済停滞に起因する。他方でアメリカは他のパートナー候補国、とりわけロシアおよびトルコとの関係改善にも苦労している。こうしたさまざまな場所で難しい戦いを強いられたオバマは、まさにジョージ・Ｗ・ブッシュと同じように、やはりヨーロッパがアメリカの最良のパートナーだと悟った。二〇一〇年のＮＡＴＯリスボン・サミットに先立ち、オバマはニューヨーク・タイムズの論説で次のように述べた。「ヨーロッパの同盟国やパートナーとの関係は、われわれが世界に関与する際の基盤であり、またグローバルな協力を促す触媒でもある。アメリカとこれほどまでに価値観、利益、能力、目標が一致している地域は他にない」(4)。二〇一一年五月にオバマはヨーロッパにまるまる一週間滞在したが、それは何よりも、米欧関係の価値が不変であることを強調するためだった。そしてオバマはリビア介入ではヨーロッパに従った。この軍事行動は予想外の長期戦にもつれこんだものの、米欧のパートナーシップの結束と有効性を証明した。

アメリカとヨーロッパの関係の改善は良い兆候である。世界の大転換のかじ取りを担う西洋には結束が必要である。もし欧米の民主主義諸国が協力すれば、多極世界への移行を支え、それを成り行き任せではなく計画的に進めていける可能性はかなり高くなる。アメリカとヨーロッパはどちらも、世界のパワーバランスが変動している現状をしっかり把握しているし、それにともなう地政学上の問題もわかっている。二〇一〇年五月に公表されたアメリカ国家安全保障戦略によれば、アメリカは「中国、インド、ロシアなど他の大国や、ブラジル、南アフリカ、インドネシアのような影響力が増大している国々とのパートナーシップをさらに深く、実効的なものにするべく努力している。……国際的枠組みは、新興国の発言権を拡大し、さらには責任も増やすことで、二一世紀の世界をもっと正確に表現しなければならない[5]」。

ヨーロッパも同じ考えである。キャサリン・アシュトンは、EUの外交責任者に就任した直後に、同様の見解を示している。

私は世界中でパートナーシップの強化に全力を尽くすつもりである――中国、インド、南アフリカ、ブラジル、メキシコ、インドネシア。われわれはあまりにも長い間、これらの国々を主に経済の観点から見てきた。しかし、これらの国々が重要な政治・安全保障プレイヤーでもあり、その政治的影響力が強まっていることは明白である。われわれは思考パターンを修正しなければならない、早急に。私の考えでは、ヨーロッパは世界政治の重要なポジションを譲ることに関して、もっと寛容になるべきである。それも戦略を練る段階から。戦略を実施するのに資源が必要だという段階になってからでは遅い(6)。

このようにアメリカとEUは、西洋が新興国のために席を確保しておかなければならないことを認識している。だからこそ、両者は協力してG8をG20に拡大したのである。新入りを受け入れるベストな方法については、もちろんアメリカとヨーロッパでは考えの違いが出てくるだろう。優越的な立場を明け渡すというのは簡単にできるものではない。しかし西洋は正しい方向に進んでいる。すなわち、多極世界への移行がすでに始まっている現実をしっかり認識し、それにあわせて西洋全体の外交路線を調整し始めている。

西洋に統治能力はあるのか

西洋の民主主義諸国は、来る世界のパワーの移行を安定させる必要性を理解しているが、アメリカとヨーロッパが単独にせよ共同にせよ、それをやり遂げられるかどうかは全く未知数である。中国、トルコ、ブラジルのような新興国が勢いを増す一方で、先進民主主義諸国はそれと正反対の状態にある。西洋は、経済成長の鈍化と政治的分裂と自信喪失の長い時代に突入している。したがって、民主主義諸国が世界の大転換を安定させるチャンスは来るものの、そのときに十分な力が備わっているのかどうかは定かではない。

ヨーロッパでは、政治の国家回帰が進み、統治能力の危機が顕在化している。ヨーロッパ統合のプロジェクトは、まさにEUの集団的意志・能力が世界の変化を導くために必要とされているときに、ぐらつきはじめた。もしこの逆転現象が続いて、ついにはEUの加盟国が意志と力を結集できなくなれば、欧州各国は地政学的な存在感を失いかねない。アメリカでは、統治能力の危機が別の形で現れている。党派対立が非常に深刻となり、実効性のない政策が作られ、政治が麻痺することも少なくない。コンセンサスの欠如が党派的敵意と相まって、財政赤字のコントロールや移民政策改革など重要な国内政策の進展を妨げている。外交に関する超党派的連携も、同じくらい実現が難しくなった。そのせいでアメリカは、世界が不確実性に満ちている時代の中で、安定したリーダーシップを発揮しづらくなっている。

アメリカとヨーロッパが統治に深刻な問題を同時に抱えているのは、偶然ではない。同じことは日本でも起きており、ここ最近、能力も人気もない首相が次から次へと入れ替わってきた。グローバリゼーションのもたらす新しい諸問題への対処を、有権者が政府に期待しているときに、当のグローバリゼーション自体が国家の能力を弱めているのである。その結果、しっかりとした統治を求める声がありながらそれが十分に実現されないというギャップが生まれ、そのせいで有権者は離れて、政府はますます有効性を失い弱体化するばかりである。

ある種の悪循環が生まれている。グローバル化された世界では、オープンな自由民主主義国は昔のように自国の運命をコントロールできなくなっている。移民、資本・モノ・サービスの流れ、情報革命、社会運動・ネットワーク、国際テロリズム、地球温暖化などさまざまな脱国家的問題にうまく対処するために、国家は迅速かつ柔軟に行動する必要がある。しかし同時にこうした脱国家的な諸要素は、国境を侵食し、各国政府が自由に使える通常の統治手段を弱体化させることで、国家の能力に制約をかけてくる。さらにグローバリゼーションはいろいろな形で、政策調整に必要な政治的意志を西洋から奪っている。すなわち、グローバリゼーションが経済に混乱をもたらしたせいで、先進民主主義諸国はどこも民衆の不満が強まり、政府の力が弱まっているのである。グローバリゼーションは勝ち組と負け組の格差を広げ、人々の不満を強めている。アウトソーシング、移民、テロの脅威により、民主主義諸国の有権者の不安はさらに膨らんでいる。グローバルな市場と脅威が政策の適応を迫るが、同時にその市場と脅威はポピュリズム的反応も助長し、それが政府の対応能力を削いでいる。緩慢で効果の薄い対応は、人々の不満を強めるだけである。こうして、ヨーロッパでは政治の国家回帰を、アメリカでは政治の二極化を助長する悪循環が加速している。

ヨーロッパの国家回帰

第二次世界大戦後の苦難の時期に、ヨーロッパは戦争予防の取り組みを始めた(7)。政治・経済統合は、ヨーロッパの国家間対立を終わらせ、長い流血の歴史を過去のものとするために、諸国家を縫い合わせようとするものだった。統合プロジェクトが正式に始まったのは一九五一年、欧州石炭鉄鋼共同体がドイツ、フランス、イタリア、ベルギー、オランダ、ルクセンブルクの石炭・鉄鋼の生産を共同管理下に置いたときである。それからの数十年間で、ヨーロッパは共同体加盟国を六カ国から二〇カ国以上に増やし、その結束も少しずつ深めてきた。単一市場構想が実現したのは一九八七年、単一通貨ユーロの流通が始まったのは二〇〇二年である。その次にEUは、憲法制定条約の採択に向けて動き出した。この条約は、ＥＵの法的・政治的側面を強化し、外交・安全保障政策に関する中央集権的な意思決定の仕組みを作るものだった。ヨーロッパの多くのリーダーたちがこれをターニングポイントと捉え、アメリカの憲法制定会議になぞらえた。一七八七年に開かれた同会議は、一七八九年の憲法制定で誕生した連邦国家の法的・政治的基盤を作り上げたものである。

欧州憲法制定条約の採択を目指す動きは、たしかにターニングポイントだった。しかしそれは、条約を支持する人々が思い描いたのとは違う形になった。ヨーロッパの市民は、自国からブリュッセルのＥＵ機関へ権限がさらに移ってしまう可能性を知って躊躇した。条約の批准が進むなか、フランスの有権者は二〇〇五年五月の国民投票でこの条約を拒絶し、六月にはオランダの有権者もこれに続いた。それ以降ＥＵは批准をあきらめ、代わりに、リスボン条約として知られる大幅にスケールダウンした代替案を起草した。これは既存の諸条約にとって代わるものではなく、それらを改正するものにすぎず、議会の批准だけで済んだ。唯一の例外はアイルランドで、法律により国民投票が必要とされ、同国は二〇〇八年にリスボン条約を拒絶した。翌年には考えを改めたが、それも、条約が国の課税権限と軍事的中立を脅かさないことを確認してからだった。

リスボン条約が二〇〇九年一二月一日に発効すると、ＥＵには新しく大統領と外相のポスト、そして外交担当官庁が設けられた。しかし加盟国がＥＵの中央集権化に不安を感じていることはすぐにわかった。というのも、加盟国が大統領と外相に選んだヘルマン・ファンロンパイとキャサリン・アシュトンは、どちらも各国のリーダーたちの権威を脅かすことはなさそうな地味な人物だったからである。ＥＵにとって、リスボン条約の批准は長いこと待ち望んだ成果だった。しかしそれが実現したときには、加盟国がEUの共同統治を優先して自国の主権をさらに制限してよいものか、考え直している様子も明らかに見てとれたのである。

問題は、ヨーロッパの制度と政治が別々の方向に進んでいることである。制度がヨーロッパ的な性格を強めている一方、政治の国家回帰は強まっている。リスボン条約が批准され、加盟国は外交政策の権限をいままで以上にEUへ与えることになった。ユーロ危機への対応で、EUは財政・金融の統合を深めた。しかしその間ずっと、ヨーロッパの一般市民レベルでは正反対の流れが続いている。すなわち、EUを離れて国民国家へ回帰する傾向が見られるのである。そのため、たとえヨーロッパの制度的権限が強化されても実質がともなわず、民主的正統性も欠ける恐れがある。

EUに対する一般市民の反発にはいろいろなパターンがある。右翼ポピュリズムは、ヨーロッパ中で急速に勢力を拡大している。そのいちばんの原因は移民（とくにムスリム）に対する反感であって、ヨーロッパ統合への反発ではない。だがこの強硬なナショナリズムは、マイノリティだけでなく、政治統合にともなう主権制限にも矛先を向けている。極右勢力にとって二〇一〇年は躍進の年となった。ハンガリーでは、ほとんど外国人排斥を主張しているに等しい政党であるヨッビクが、二〇〇六年にはゼロだった議席数を四七まで伸ばした。スウェーデンでは、反移民政策を掲げるスウェーデン民主党が議会で二〇議席を獲得した。同党が国政に進出するのは、一九八八年の結党以来初めてである。歴史的に寛容な国であるオランダですら、極右の自由党の最近の得票率は一五パーセントを超えており、第一党との差は七議席しかない。フィンランドも二〇一一年春に同じ状況に陥った。ポピュリズムの政党「真のフィンランド人」の得票率が二〇パーセントに迫ったのである。

極右勢力がこれほど強くない国でも、政治的トレンドはEUにとって好ましいものではない。イギリスは二〇一〇年に保守党主導の連立政権が誕生したが、同党はEUに批判的なことでよく知られている。さらに、二〇一〇年後半にEUの輪番制の議長国を務めたベルギーは、選挙で新政府を作ることができなかった。オランダ語を話すフランドル人とフランス語を話すワロン人の分裂が原因で、国が事実上の麻痺状態に陥ったのである。EU発展の重要時期に統合をリードしたベルギーが、まさにEUがその根絶を目指して作られた類の民族対立にさいなまれていた。この現実は示唆に富む。

ドイツは、自分がかつてその中心にいたような国家間対立をなくしたいとの思いに突き動かされて、ヨーロッパ統合のエンジンとして働いてきた。しかし、そのドイツですらEUに対する熱意が急速に冷めてきている。二〇〇九年春に行われた世論調査によれば、ドイツ人の七四パーセントが、EUは「ドイツから権限を奪い過ぎている」と感じている。[8] 同じ年にドイツの憲法裁判所は、EUの立法に対するドイツ議会の影響力を強化する判決を下した。有力誌のデル・シュピーゲルは、この判決が「ヨーロッパ統合の今後の進展を脅かすものだ」と論評した。[9]

EUに対するドイツの態度の変化は、同国の政策を見ればはっきりしている。ドイツはもはやフランスとぴったり歩調を合わせる必要はないと考えており、ヨーロッパの仏独枢軸は弱まっている。アンゲラ・メルケル独首相とニコラ・サルコジ仏大統領〔二〇一二年五月に任期終了〕は、個人的な関係はうまくいっていないし、ユーロ圏の経済危機への対処方法など多くの問題をめぐっても意見が割れた。[10] 二〇一〇年にギリシャが財政破綻に瀕した際、はじめドイツは救済をためらって、ギリシャだけでなくフランスもいらつかせた。メルケルは数カ月も対応を先延ばしにした。それは、連帯するヨーロッパの証であるはずの、共通の繁栄の精神に反するものだった。ギリシャ危機がユーロ圏を巻き込む恐れが出てきた段階になって、ようやくメルケルは自国民の強い反対を抑えて財政支援を承認した。すぐさま有権者は北ライン・ウェストファリア州の地方選挙で彼女を罰した。すなわち、〔メルケルが党首の〕キリスト教民主同盟が戦後最大の大敗を喫したのである。その後メルケルは二〇一一年の大半にわたって、国内世論がさらなるギリシャ支援に反対しているなか、ユーロ圏を支えるために資源とリーダーシップを提供する必要性と板挟み状態にあった。

二〇一一年のリビアへの軍事介入をめぐって、ドイツがすぐにイギリス・フランスとの協力を拒否したことは、とくに驚きだった。ドイツは、国連安保理での武力行使容認決議の採択を棄権した。EUのパートナーよりもＢＲＩＣｓと足並みをそろえたのである。メルケルがそのような決断をしたのは、間違いなく国内事情を重視したからである。彼女の連立政権はここのところ有権者の支持を失っており、彼女は――後にそれは間違いだったとわかるのだが――反戦のスタンスをとれば支持率を回復できると計算したのである。メルケルが国内事情を優先させて、ドイツがヨーロッパの主流に反する立場に立ったことは、示唆に富む出来事である。

ドイツを鋭く分析しているカティンカ・バリシュは、こうした変化を次のようにまとめている。

〔金融〕危機直後、ＥＵの新しい現実が見えてきた。すなわち、過去六〇年にわたり統合プロジェクトを前進させてきたダイナミクスが、今後はもう頼りにできない。ここ数年間にすでに現れていた数多くのトレンドを今回の危機が白日の下にさらし、そして加速させた。つまり、意思決定の権限がブリュッセルからEU加盟国に移りつつあり、……そして、長い間ヨーロッパ統合の原動力となってきた仏独枢軸が弱まりつつある。こうした変化を支え、際立たせているのが、ドイツで強まるヨーロッパ懐疑主義である。……EUの中心にいるドイツがためらいがちで不機嫌、そして内向きである状況において、……EUに何らかの進展が見込めるのかどうかは不透明である(11)。

ヨーロッパの国家回帰の原因と結果

さまざまな出来事が重なり、ある種最悪の状況によって、前述のようにヨーロッパの政治では顕著な国家回帰が進んできた。グローバル競争や苦しい財政事情、そしてユーロ危機がEU経済の不安定化を助長し、政治分裂を悪化させた。EUの中で比較的大きくて豊かな加盟国は、弱い近隣国の財政を支援しなければならないことに不満を抱いている。支援を受ける側も、緊縮財政を押し付けられることに不満を抱いている。その一方で、グローバリゼーションがヨーロッパの安定した福祉国家を脅かす。加盟国は借金を抑えて競争力を高めるために、定年年齢引き上げや年金削減をしている。ヨーロッパ統合は多くの面で経済を支えているが、EUが経済問題の責任を負わされて非難されるケースも多い。たとえばフランスでは、反ヨーロッパ運動が非難の矛先を向けてきた相手は、社会福祉を削減するEUの「新自由主義」と、EUの労働市場がオープンであるためにフランス人から仕事を奪ってしまう象徴としての「ポーランド人の配管工」である。

また、イスラム系移民を社会の主流に統合することがうまくいっていないために、労働市場の流動性とオープンな国境に対する不安が強まっている。多数派市民と少数派ムスリムとの社会的緊張は極右政党を勢いづかせている。先述の通り、そうした政党は移民だけでなくEUも攻撃対象にしている。多くのEU加盟国で、近い将来に人口が減少し、年金制度も破綻する可能性のある現状からすれば、豊富な若年労働力を提供してくれる北アフリカ、トルコ、中東からの移民を締め出すという選択肢はあり得ない。にもかかわらず、社会の多様化が進む動きは、ヨーロッパ中でかなり論議を引き起こしている。その中でナショナリズムがあおられ、EUへの支持が弱まる結果になっている。

世代交代もまた、ヨーロッパ統合への熱意に水を差している。第二次世界大戦中や冷戦期に育ったヨーロッパ人はEUを神聖視していた。EUは、ヨーロッパが血にまみれた過去と決別するための手段だったのである。しかしそれよりも若いヨーロッパ人には、決別したい過去などない。最近の世論調査によると、フランス人の中でEUを平和の守護者とみなす割合は、五六歳以上だと三六歳未満の二倍になるという(12)。そしてバリシュが述べるように、ドイツは「いまや、第二次世界大戦の忌まわしい記憶をもたない指導層が動かしている。……こんにち、多くのドイツ人は、自分たちの歴史的清算は済んだと考えている(13)」。上の世代が統合プロジェクトを信念とする一方、現在のヨーロッパのリーダーたちは、冷静な費用対効果によってEUを評価する傾向がある。昔のようにヨーロッパ統合が各国の政治を活気づけることは決してないのである。

東と南への急速な拡大路線も、EUから政治的活力を奪っている。ベルリンの壁が崩壊する前には小さな連合ならではの親密さがあったが、それもいまやなくなり、EUに昔からいた西欧諸国は内向きになった。そして中央ヨーロッパの新しい加盟国は、ソ連ブロックがなくなってようやく実質的な主権をもてるようになったばかりで、それを再び手放したくはない。相手が独裁的なモスクワではなく、合意に基づいて動くブリュッセルでも、その気持ちは変わらないのである。ポーランドのレフ・カチンスキ元大統領は、二〇〇五年の就任直後にこう語っている。「ポーランド人が関心をもつのはポーランドの未来であって、EUの未来ではない」[14]。

人々がEUに冷淡なのは、グローバルな問題でヨーロッパが面倒な役目を引き受けることを望んでいないからでもある。ヨーロッパの多くの国々はイラク戦争に参加しなかったし、参加した国もほとんどが二〇〇九年までに軍を撤退させている。アフガニスタン戦争は、当初はイラク戦争より人々の支持を集めたが、その熱気も長続きしなかった。二〇一〇年春の世論調査によれば、ドイツ人の三分の二近くがドイツ軍のアフガニスタン駐留に反対していた[15]。ドイツ政府は世論に逆らったが、オランダ政府は逆らわなかった。オランダは二〇一〇年夏に兵士を引き揚げ、NATOで最初にアフガニスタンを去る国となった。こうした状況が背景にあり、二〇一一年のNATOによるリビア介入には、ほとんどのEU加盟国が参加していない。

EUの外交政策が野心的かつ広範なものになることへの反発がこれほど広がっている現状は、リスボン条約の中身と合致しない。同条約には、EUの地政学的存在感の強化をねらった部分がある。しかしその目的は、少なくとも現段階ではあまり支持されていない。遠い外国で行われる戦争が、緊縮財政による国防予算削減と相まって、地政学的な責任拡大へのヨーロッパの熱意を冷やしている。もっといえば、これまで加盟国がEUレベルの安全保障政策を強く望んだことなどないのである。それどころか、安全保障に関する自国の主権を守ろうと、躍起になっているのが現実である。

ヨーロッパの国家回帰が進むにしても、それが悲惨な結末を招く可能性はほとんどない。各国が地政学的対立とすでに決別している以上、ヨーロッパが武力紛争に後戻りすることはまずあり得ない。だが、大きな方向転換がなければ、ヨーロッパの政治はますますヨーロッパ志向よりも国家中心主義へ傾いていきそうである。その影響で、世界の大転換を支えるヨーロッパの能力は低下するだろう。EU加盟国が内輪もめに時間とエネルギーを費やせば費やすほど、遠い場所での仕事に費やす時間とエネルギーは減っていく。さらに言えば、ヨーロッパ諸国の一つ一つは、グローバルな舞台で存在感を示せるほど大きくない。EUでもっとも大きいドイツの人口は約八〇〇〇万人だが、中国は一四億人もいる。EU加盟国は富と軍事力を結集してはじめて、来る世界のパワーシフトを支えられる。EUの団結を切に必要としている世界において、ヨーロッパが分裂して内向きになってしまえば、歴史は停滞してしまう。

そうなればアメリカも、必要とするパートナーを失う。米欧関係の今後の行く末は、ヨーロッパがどれだけ落ち着きを取り戻し、団結を固め、国際的な負担を引き受けられるかにかかっている。ロバート・ゲーツ元国防長官も、二〇一〇年二月にこれと同じ主旨のことを率直に述べている。「ヨーロッパの非軍事化――この地域では、一般市民も政治エリートも大多数が軍事力とそれにともなうリスクを嫌っている――は、二〇世紀のうちは喜ばしいことだったが、二一世紀においては、真の安全保障と恒久平和の実現を妨げる障害になってしまった(16)」。リビアでNATOが軍事作戦を展開しているとき、ゲーツはさらに露骨だった。同盟の未来が「惨憺たるものではないにしても、暗いもの」になり得ると語り、さらに思い切ってこう述べたのである。「未来のアメリカの政治的指導者たちは……

アメリカのNATOへの投資に対する見返りが、コストに見合うほどの価値があるとは思わないかもしれない」[17]。

アメリカは、新興国の台頭に応じて国際システムを調整する際に、ヨーロッパに助けを求めるだろう。もしヨーロッパがこの期待に全く応えられない状況が続けば、両者の関係は大きな代償を払うことになる。ヨーロッパはアメリカの地政学的視野から消えてしまうかもしれない。アメリカは債務と軍の負担を減らそうと考えており、同盟国の価値を、その国が共同行動にどれだけ具体的貢献をしてくれるかで評価するだろう。ヨーロッパの場合、EUが政治的な活力を取り戻さない限り、提供できるものはいっそう少なくなる恐れがある。

アメリカの二極化

アメリカの超党派精神は地に落ちた[18]。党派対立が過熱するだけでなく、その対立は国内問題から外交政策にまで広がっている。冷戦中、選挙で公職に就いた人間は、国家安全保障を党派間の政争の具にしないのが普通だった。一九五〇年に共和党上院議員アーサー・ヴァンデンバーグが語った有名な言葉がある。「『超党派的外交政策』とは、この国に欠かせない二大政党制のもとで、われわれが海外に向けて公式に発する声を一つにするための相互協力のことである」[19]。そのような政治的規律は完全に失われた。外交に関する超党派協力は、一九九〇年代にいっきに衰退した。その原因は、冷戦が終結したこと、そして一九九四年中間選挙以降の共和党支配の議会とクリントン大統領が対立したことである。二〇〇一年九月一一日の同時多発テロ後にはつかの間の休戦が訪れたものの、その後、党派対立はブッシュ大統領の残りの任期中に激しくなるばかりだった。ブッシュの二期目が終わる頃には、外交政策に関する超党派の投票行動は急激に減っていた。一九三〇年代の国際主義者と孤立主義者の対立以来、類を見ないほど低いレベルにまで落ち込んだのである。[20]

バラク・オバマ上院議員が大統領候補として人気を博した理由の一つは、彼がアメリカ政治に超党派精神を取り戻すと誓ったからである。二〇〇八年一一月の勝利演説では、こう主張した。「われわれは決して、単なる個人の寄せ集めでもなければ、〔共和党の〕赤い州と〔民主党の〕青い州の寄せ集めでもない。われわれはいま、そしてこれからもずっとアメリカ合衆国である」。[21]すでに大統領就任前から、彼は共和党議員やジョージ・ウィル、デーヴィッド・ブルックスなど共和党寄りの評論家に秋波を送っていた。オバマは、敬意と妥協の精神をもち党派の垣根を超えて相手と接すれば、共和党も応えてくれると思っていたのである。

だがそうはならないと、彼はすぐに悟った。任期一年目が終わる頃、彼は次のように述べている。「私ができなかったことは……この国を一つにすることである。……それが今年の失敗である。……ワシントンのやり方を変えようとする気運はしぼんでしまった」[22]。彼は善意を示すことで党派間の溝を埋めようと努力したが、うまくいかなかった。なぜなら、問題は実質的なものであって、スタイルの問題ではなかったからである。簡単にいえば、民主党と共和党は、ほとんどの政策に関して意見がかけ離れていた。しかも党派間の溝は近年広がる一方である。二〇一〇年の中間選挙の結果を考えてみてほしい。民主党は多数の穏健派が敗北し、党の重心が大幅に左へ移った。一方の共和党は、穏健派が多少議席を獲得したものの、ティーパーティーのメンバーが多数加わったために、右傾化が進んだ。議会内の思想上の中道が急速にしぼむ流れがずっと続いてきたのである[23]。

連邦議会では、税金・予算から社会問題、そしてほぼすべての外交問題に至るまで、あらゆる争点で民主党と共和党が対決してきた。オバマが二〇〇九年一二月にアフガニスタンへの米軍増派を決定した際、民主党は全般的に反対したが、共和党は増派規模が不十分とみなしたし、また二〇一一年夏に撤退を始めるとのオバマの公約も批判した。キューバに関しては、民主党議員が制裁緩和のスピードが遅いと不満を言う一方で、共和党議員はオバマが独裁政権を甘やかしていると非難した。貿易問題に関しては、民主党が貿易自由化をめぐる新たな交渉に躊躇したのに対して、共和党は交渉の進展を望んでいる。一般市民も同じように分裂している。両党の支持者は、国防予算、テロとの戦い、国連の役割、オバマの外交手腕全般など、外交政策に関するほとんどの争点をめぐって意見がはっきり割れている[24]。アイオワ州の穏健派の共和党員で、二〇〇六年の中間選挙で下院の議席を失ったジム・リーチは、こうした現状をうまくまとめている。「[アメリカの]中道は事実上崩壊してしまった。そして、節度ある中道、アメリカ政治の重心をどうやって立て直すのかということは、まさにこんにちの最大の難問である[25]」。

アメリカの二極化の原因と結果

アメリカ政治の二極化の原因は、ヨーロッパを苦しめてきた根本問題と重なるところがある。住宅バブル崩壊と金融危機は、アメリカの中産階級の所得の長期低迷に続いて起きた。二一世紀の最初の一〇年間に、平均所得は約五パーセント下がった。製造業が中心の郡では、九パーセントの下落だった。[26] アメリカで、グローバリゼーションとアウトソーシングからとくに大打撃をこうむったのは、ドイツの製品レベルについていけない製造業である。同時に、アメリカの社会的セーフティネットはヨーロッパよりずっと脆弱なため、アメリカで失業すると非常に困難な状況が待っている。

こうした厳しい時勢が二極化とポピュリズムを助長してきた。そして人々の不満をさらに強めたのは、所得格差が過去二〇年間ずっと広がり続け、その結果アメリカが世界の先進国の中でももっとも不平等な国になってしまったという事実である。[27] 第二次世界大戦後は、好景気がアメリカの労働者に大きな恩恵をもたらしたし、社会経済問題をめぐるイデオロギー対立はやわらいで、超党派の中道も成立しやすかった。現在はそれとは対照的に、グローバリゼーションによる不安定で不公平な経済状況がイデオロギー対立を復活させ、過激な政治路線を勢いづかせている。[28]

くわえて世代交代も、政治から節度を失わせる要因になっている。第二次世界大戦を生きた世代が次々と政治の世界を引退しつつあり、そのため、過去数十年にわたり築き上げられてきた超党派の協力関係は議会から消えてしまった。そして、古い議員に代わって出てきた人々は、前任者のように軍隊経験の中で国民としての連帯感を育むことをしていない。二〇一一年一月から会期が始まった連邦議会で、軍隊経験のある議員は二〇パーセントだったが、一九七〇年代にはそれが七五パーセントを超えていたのである。[29] さらに言えば、ほとんどの議員は初当選したのが一九八九年より後である。彼らは、冷戦中にあったような政治的規律と超党派的妥協を直接経験することもない。また過密なスケジュールも問題である。議員たちは火曜日にワシントンで仕事を始めて、木曜日には自分たちの選挙区に帰るというパターンが多い。これでは、党派を超えて話し合う機会など作れるはずもない。

ヨーロッパと同じように、アメリカでも移民問題が政治に波風を立てている。アメリカは、移民を社会の主流に統合することにかけてはヨーロッパ諸国よりも断然うまくやってきたが、ヒスパニック系移民の流入が止まらないために深刻な政治対立が生じている。共和党が一般に重視してきたのは、国境管理と、法的措置による不法移民の捜索・強制送還である。民主党が好むやり方は、国境管理を改善するとともに、不法移民労働者がアメリカに滞在する権利を得られるような改革もあわせて行うというものである。その結果、政治は行き詰まり、論争は二極化した。こうした状況は、アメリカ社会のエスニック対立を悪化させる危険がある。

アメリカの二極化を助長している問題には、ヨーロッパで見られないものもいくつかある。アメリカでは地域間の深い分断が復活しており、そのせいで党派間の溝を埋めることがいっそう難しくなっている。(30) 共和党は、「ビッグL」と呼ばれる、モンタナ州から南のアリゾナ州、さらにそこから東のジョージア州へと続く一帯の諸州を支配している。「ロックフェラー・リパブリカン」と呼ばれる穏健派共和党員は、党からほとんど姿を消した。党の思想的主流は右に大きく傾いてきたのである。一方、連邦議会の民主党議員は、北東部と太平洋沿いのリベラルな州から来る人間がますます増えている。南部の保守的な民主党員は共和党に議席を奪われやすくなっているので、民主党執行部は明らかに左へ傾いている。

第二次世界大戦後の数十年間は、各州が連邦議会に送り込んだ代表者の間に健全な超党派の交流が存在した。議会で形成された地域間連携も同様である。中道と超党派の精神はこれに支えられていた。議員を目指す人々は、多様な有権者の声に耳を傾けなければならなかったし、それゆえ議員たちは党員であってもイデオロギー的にはさまざまだった。しかし、この二〇年間で議員の政治的な均質化が進んできた。たとえば、第一一一会期連邦議会（二〇〇九〜二〇一一年）を見ると、ニューイングランドの諸州から選出された下院議員には共和党員が一人もいない。イデオロギーと政党帰属意識が地域の境界線に沿って分かれるケースがますます増えており、それだけ超党派的妥協もいっそう難しくなっている。

くわえて、まるでこうした諸要因だけでは不十分であるかのごとく、選挙資金システムと選挙区の区割り変更、そして情報提供よりも扇動に熱心なマスメディアが、アメリカ政治の闘争性に拍車をかけている。議員と立候補者は絶えず資金を集める必要があるため、利益団体に借りができるし、ごく一部の有権者のことだけを考えがちにもなる。(31) 選挙資金システムの改革の試みは、裁判所によってことごとく阻止されてきた。選挙区の区割り変更は現職議員を守るメカニズムと化し、事態を悪化させた。有権者〔の政治的立場〕がみな一様の選挙区にいる政治家にとってみれば、浮動票や無党派層の票を獲得しようと中道に路線変更する理由などほとんどない。そうしてイデオロギーの穏健化が妨げられ、狭量な均質化が促されることになる。(32)

メディアもまた、党派的で攻撃的な報道を急速に増やすことで、とくに一般市民の二極化を助長しているように見える。ケーブルテレビとラジオのトーク番組は市場シェアを争っており、激しい口論や、特定の政治信条をもつ人々に向けた政治番組を好むことになる。フォックス・ニュースは右派のチャンネルになったし、ＭＳＮＢＣは左派のお気に入りになった。ＣＮＮは公平なアプローチを維持しようと懸命に努力してきたが、その結果、プライムタイムの視聴率が急落しただけである。二〇一〇年一〇月のある一日を例にとって見ると、夜八時のCNNの視聴者は三一万一〇〇〇人だったが、フォックスは三〇〇万人、MSNBCは一〇〇万人もいた(33)。

アメリカ政治をむしばむ政治的分裂は、国内外の切迫した問題に取り組むために目的意識を共有する必要があるいま、この国を苦境に追い込む恐れがある。医療保険改革および財政刺激策というオバマ大統領の代表的な国内政策は、まれに見る分断を生んだ。彼の医療保険改革法案は、下院でも上院でも共和党には一人も支持者がおらず、下院共和党は第一一二会期の連邦議会が始まった数日後に同法を廃案にするための法案を通した。財政刺激策は、下院の共和党議員は誰も賛成せず、上院でも共和党の賛成票はわずか三票だった。たしかに二〇一〇年後半には民主党と共和党が減税をめぐる交渉をまとめたが、しかしその法案は世論受けをねらったものにすぎず、連邦予算の赤字を約八六〇〇億ドル増やしただけである。同じように、二〇一一年八月に債務削減合意が成立して、デフォルトは回避できたものの、赤字体質の改善に関してはほとんど手がつけられていない。財政の健全さを取り戻すためのしっかりした——財政責任改革委員会が提案したような——プランは即座に葬り去られてしまう。移民政策改革や温室効果ガス削減など、他の切迫した諸問題に関しても、民主党と共和党の意見が合わず進展は全く見られない。国内の諸問題への対策は、二極化のせいで政策は不十分になってしまうか、あるいはそもそも作られないのである。

外交政策に関していえば、二極化の帰結としてもっとも重大なのは一貫性の欠如だろう。ウォルター・リップマンが一九四〇年代に未来を見通して警告したように、アメリカは党派分裂にさいなまれると、「しっかりとした、広く受け入れられる外交政策」が出てこなくなる恐れがある。彼はさらにこう続ける。「それはこの国にとって危険である。というのも、外交方針をめぐって分裂しているときに、自分たちの本当の利益は何かについて合意するのは不可能だからである。戦争に十分備えることも、平和を守ることも不可能である。……この偉大な国が自分自身の考えをよくわかっていない状況は、危険でもあり、不面目なことでもある」[34]。

リップマンの予想通りなのかもしれないが、こんにちの党派分裂のせいで、アメリカは「しっかりとした、広く受け入れられる外交政策」をもてずにいる。ほとんどの外交問題について民主党と共和党の意見が割れ、政権が変わると外交政策も大きく変わる。それこそ二〇〇九年にオバマがブッシュの後を継いだとき、起きたことである。ブッシュ政権はアメリカのパワーを積極的に行使すべきと主張し、多国間協力から身を退いた。逆に、オバマ外交の真髄は多国間協力を重視するところにある。ブッシュ政権の国連大使ジョン・ボルトンは国連への敵意をむき出しにしていたが、オバマは国連総会で、「アメリカは国際協力の新しい段階に踏み出す用意ができている」[35]と宣言した。ブッシュが、イランや北朝鮮のような国は「悪の枢軸」だと主張して敵対国との対話を避けた一方、オバマは相手が好戦的な国であっても必ず対話するようにした[36]。アメリカ外交は、その雰囲気も中身もオバマが大統領に就任したことで一変したのである。そして、次にまた政権が交代すれば、再び変化が起きるだろう[37]。

二極化は不安定さをもたらすだけでなく、孤立主義への回帰にもつながりかねない。戦間期のアメリカは、党派間の敵意と政治の行き詰まりのせいで、孤立によって安全を確保できるという幻想を抱くようになった[38]。アメリカは再び同じ方向に向かうのかもしれない。今回それを助長するのは、党派対立の硬直化だけでない。イラクとアフガニスタンでの戦争とアメリカ経済の苦境から来る疲労も響いてくるだろう。

二〇〇九年の終わりに行われた世論調査から明らかになったのは、一般市民の四九パーセントがアメリカは「自国のことに専念すべき」と考えていることだった。この数字は、同じ質問に関する最高記録を塗り替えた。ヴェトナム反戦運動が最高潮に達していた一九七二年に、三二パーセントの人々が同じ考えを示したが、それをはるかに上回ったのである。さらにその二〇〇九年の世論調査によれば、一般市民の七六パーセントが、アメリカは国際問題を重視するのをやめて、「国内問題と、この国の体力強化と繁栄拡大にもっと専念する」べきと考えていることもわかった[39]。ティーパーティー運動の登場は、そのような新孤立主義の流れを後押ししそうである。この運動の支持者たちは、アメリカが海外で野心を抱くと国内の自由と繁栄が犠牲になると考える、リバタリアンの伝統から生まれた人々である。ギャロップ社が三〇年以上前から、連邦議会に対する評価の世論調査を行っているが、二〇一〇年の終わりの時点で議会支持率は史上最低レベルの一三パーセントだった[40]。この数字は何の救いにもならない。ニューヨーク・タイムズとCBSニュースの世論調査によると、議会に対する市民の支持率は、債務上限引き上げをめぐって党派対立が起きた後の二〇一一年夏に、最低記録を更新した[41]。議会に対するそうした不信感は、人々が国内政治と外交政策に不満を抱く可能性を高めるだけである。

たしかに、ここ数年の間、アメリカが国際的なコミットメントを避けてきたことはほとんどない。イラクとアフガニスタンでの戦争がその証拠であり、リビア介入も同様である。しかし問題は、アメリカが何もしてこなかったということではない。むしろアメリカが手を広げ過ぎてしまったために、国内で経済的苦境と二極化が続く中で揺り戻しが起きかねないことが問題なのである。今後アメリカが急速に内向き志向になるとすれば、来る世界のパワーシフトをリードすることなど、とても期待できない。実際、ＥＵが苦しんでいる現状をあわせて考えれば、アメリカの二極化が意味するのは、西洋は世界の大転換を支える用意が少しもできていないということである。

堅実さの回復

間違いなくいま、西洋民主主義諸国は苦難の時代にある。経済は低迷し、有権者が不満を抱えて分裂しているため、実効的な統治が難しくなっている。アメリカとヨーロッパ、そしてさらに日本でも、エリートと一般市民はどちらも西洋の優位性が失われつつある現実に気づいており、そのことが将来に対する不安を強めている(42)。

しかし、世界が地殻変動のただ中にあるという事実は、西洋が衰退する原因ではなく、西洋が生まれ変わる理由となる。まさに世界の大転換が進行中だからこそ、西洋は停滞を脱け出して、その転換をうまく導かなければならない。西洋の過去の実績からすれば、希望はある。自由民主主義の最大の強みの一つは、自己修正できるところである。政治の説明責任とアイデアの自由競争のおかげで、民主主義はいつでも軌道修正が可能だった。たしかに、そのような順応性は近年、ポピュリズムと二極化によって脅かされている。しかし、こんにちの党派対立に費やされているエネルギーは、もっと生産的な目的に振り向けることができるし、そうすべきなのである。

西洋の復活を実現するうえでカギとなるコンセプトは、堅実さの回復である。すなわち、経済・政治の両面で、資源とコミットメントのバランスを回復するということである[43]。西洋は、手段と目的の大きなアンバランスに苦しんでいる。経済面では、欧米の民主主義諸国は生産よりも多くを消費してきた。それが資産バブルと財政・貿易赤字を生んだのである。政治についていえば、政府は市民からあまり支持されないため、脆弱で内気になってしまった。外交面では、ヨーロッパは影響力の拡大を望んでいるが、いまのところそれに必要な集団としての力が欠けているし、それどころか国家回帰がはびこっている。一方のアメリカは手を広げ過ぎた。面倒なほど多くのコミットメントを抱え込んでしまい、それが国民の反発を招いてきた。たとえば、二〇一〇年の終わりの時点で、アフガニスタン戦争が戦う価値のないものだと考えるアメリカ人は六〇パーセントに達している[44]。有権者が戦争や介入にうんざりしているので、オバマ大統領としても、NATOのリビア介入に関して、アメリカは一歩後ろに引き下がる判断をせざるを得なかった。過剰な拡大路線が続くと、国際主義に対する国民の熱意が少しずつ冷めてしまい、その結果、孤立主義への揺り戻しが起きる可能性が高まってしまう。

手段と目的のバランスを取り戻すためにまずするべきことは、西洋が国内と国外の両方において安定的で一貫したリーダーシップをどれだけ取り戻せるのか、冷静に見極めることである。自由民主主義を阻害し、国際政治に対する西洋の影響力も弱めているのは、一時的要因ではなく、構造的変化である。グローバリゼーションが、一方では国家の能力を低下させながら、同時に他方では国家に対する有権者の期待を高めることで、国内統治を難しくしている。アメリカの二極化は、政党政治の地域的分断と、選挙資金システムを通じて利益団体が獲得した力、および世代交代に由来する、根深い問題である。リーダーシップの質は大事だが、しかしそれによってできるのは中道とプラグマティズムを復活させることぐらいなのである。ヨーロッパも状況は同じである。国家回帰の動きが深く浸透しているため、EUが失った勢いを復活させるのは容易ではない。経済が立ち直れば、間違いなくアメリカでもヨーロッパでも政治はかなりの活力を取り戻すだろう。しかし西洋は、おそらくいずれは政治的停滞を受け入れざるを得ないという現実とも、向き合わなければならない。

同じように、世界の諸問題に対する西洋の影響力が弱まっているのは、長期的なパワー分散が起きているからであり、それゆえ不可避なものである。西洋の経済が大不況から立ち直っても、世界全体の生産量に占めるその割合は減っていくだろう。西洋は、自らの経済発展と地政学的勢力がピークを過ぎた現実を認識すべきである。どんな国・地域も、永遠にナンバーワンではいられない。希望と野心を、世界の現実にあわせて調整する必要がある。

非西洋から学ぶこと——社会の結束と戦略的な計画

誰のものでもない世界において、さまざまなタイプの政治システムはそれぞれに強みと弱みがあるだろう。中国のような資本主義独裁国は、間違いなく西洋から学ぶことが多い。中国経済は輝かしい実績をあげてきたが、低賃金の製造業と輸出に依存している面では、それなりに脆弱なところがある。これから先、企業がもっと安い賃金を求めて中国を離れ、他の途上国に移っていくケースが増えていく中で、その問題はますます際立ってくるだろう。中国は付加価値の低いタイプの製造業に頼りすぎるのではなく、経済の革新・適応能力を西洋から取り入れる必要がある。そのためには、技術・科学の発展と起業を促すような開かれた社会を作らなければならない。

同時に、西洋も、市場を国家が運営している中国のような国々から学ぶことがある。中国が共同体主義的過ぎると言うなら、おそらく西洋、とくにアメリカは個人主義が行き過ぎているし、社会はあまりにも分断されてしまったと言えるのではないか。アメリカの政治は大抵、〔政治家が〕公職に居座るために有権者のごく一部に迎合するものとなり、国家全体の利益になるような政策を追求するものにはなっていない。そのような分断は市民の間でも起きている。ロバート・パットナムが『孤独なボウリング』で実証したように、アメリカ市民の社会参加は歴史上まれに見るほど減退している(45)。一方のEUは、個々の加盟国が連合全体の利益よりも自らの個別利益ばかり求めているせいで、バラバラになりつつある。

国家への奉仕活動《ナショナルサービス》のプログラムは、社会の分断に対する有効な処方箋になるかもしれないが、西洋ではそれが不足しているし、しかも減り続けている。ドイツは最近、徴兵制を廃止した。同国は二度の世界大戦の経験から、文民統制をないがしろにし得る職業的軍隊をもたないようにしてきたが、その方針を撤回したのである。たしかにドイツはもっと強力な軍隊を必要としているが、西洋民主主義諸国は徴兵制をやめるなら、その社会的な悪影響をどう埋め合わせるかも考えなければならない。国家への奉仕活動のプログラムを新たに作るというのが、一つの選択肢になる。アメリカでは、優秀な大学生を公立学校に派遣する活動をしているティーチ・フォー・アメリカ〔NPOの名前〕が、一つの成功モデルとしてある。国内外で地域奉仕活動を行う、アメリコーやピースコーといったプログラムも同様である。学校、宗教組織、市民団体を通じた地域のプログラムや、学校での市民教育やボランティア体験の拡充も、社会参加や社会の結束を促進する手段になる[46]。社会奉仕活動をすれば学生ローンの返済が免除されるというプログラムも有望である[47]。

西洋が中国など国家主導型経済の国々から学べるものとして、戦略的な経済計画の利点もある。外交政策では、西洋民主主義諸国は戦略的思考に全力を尽くしている。アメリカは、国家安全保障会議、国務省、国防総省にそれぞれ長期計画を策定する部署がある。ところが経済となると、一般的に市場はそれ自身の仕組みに委ねられている。たしかに、自由競争はイノベーションと起業家精神をもたらすし、そのどちらも国家主導型経済には全く足りないものである。しかし、中国が長期計画の実現に向けてインフラを整備している間、アメリカでは下水道、橋、道路、大量輸送システムが放置され劣化している。アメリカ政府の中には、長期の経済計画策定を担うハイレベルの職員・機関が存在しない。さらには、アメリカで過去二〇年間に生み出された新しい雇用の大部分は、政府機関や医療など国際貿易とは関係がないセクターのものだった。だとすれば、国内経済を刷新するためのしっかりした計画がない現状において、雇用と賃金の先行きは不安である[48]。ヨーロッパも同じような問題に直面している。ＥＵが、雇用と成長を支えようと、戦略的な計画を策定するべく目覚ましい努力を続けてきたものの、その目的に向けて加盟国をまとめることはほとんどできていない[49]。

アメリカは行政府と立法府の双方に、長期の経済計画を策定する部署を立ち上げるべきである。行政府と立法府の話し合いがまとまれば、インフラ、教育・訓練、ビジネスなどの分野において、投資目標の年間計画を作れるかもしれない。そうなれば、いまは政争の具と化してしまい計画性もなく、多くの議会内委員会や行政機関の間でちぐはぐになっている予算形成プロセスも一貫したものになるだろう。「国家インフラ銀行」ができれば初期資金を確保できるし、民間投資も呼び込めるかもしれない。[50] EU加盟国の中には、国有部門が大きいおかげで、すでにインフラに関してはアメリカよりうまくやっているところもあるが、それでもやはりヨーロッパも実効的な長期計画を策定することで得るものは大きいだろう。

とくに重要なのが、「経済の基盤をなす知識・技術」を支える高等教育と人的資本に投資することである。また、アメリカ政府は研究・技術開発に的を絞った支援を行うべきだし、同じような投資を民間セクターから呼び込めるようなインセンティブも作るべきである。[51] こうした政策が連邦議会で論争を巻き起こすことは間違いないが、競争力強化をねらったこのような提案には、案外しっかりとした政治的支持が見込めるのではないか。たとえば二〇一一年三月には、企業、教育、科学、工学を代表する裾野の広い某団体が、オバマ大統領と議会幹部に、経済成長の戦略的計画を策定するよう強く求めた。その団体はこう断言した。「経済成長と雇用創出のために連邦政府に求められるのは、私たちの子供に世界レベルの教育を与えるために投資すること、および民間セクターが雇用を生み出し、グローバル経済を勝ち抜けるように、科学技術の研究・イノベーションのインフラを支える投資をすることである」。[52]

さらには、海外でビジネスを展開するアメリカ企業の競争力を高める取り組みも必要である。アメリカは外交面で、そうした企業に資金や融資保証を与える既存の政府プログラムをもっと拡充できるはずである。在外大使館にいる外交官はすでに、ビジネスの世界に有用なコネクションがあるし、現地事情にも精通している。外交交渉ではもっと普段から、政治ばかりでなく経済に関する交渉にも多くの時間を割くべきである。たとえば、外国を訪問してハイレベルの政府高官に接触することは、利益の見込めるビジネスの成立に結びつけられるだろう。(53) ＥＵの外交官も、ヨーロッパの企業のためにそうした役割を果たせる。

戦略的計画が必要なことは、国際市場の規制についても言える。国際金融システムの監督を強化しなければ、グローバル経済は、二〇〇八年に起きた類の危機に対してこの先もずっと脆弱なままだろう。相互依存的で、かつ多様な経済体制が並存する世界の中で、とくに西洋が影響力を失っているいま、過剰な投機と貿易・金融の不均衡は避けられない。西洋が貿易・投資の管理にいまより積極的に取り組んだとしても、そのことがルールに基づく貿易・金融システムと矛盾するわけでは決してない。それどころか、そのルールは、システムの不安定さを抑え、世界の経済大国がますます多様になっている現実を反映するために、更新される必要がある。不安定さを抑えるための改革として考えられるのは、たとえば、金融機関の自己資本比率引き上げ、世界共通の会計基準、複雑な金融商品の透明性の向上、また、そうしたもろもろの基準の遵守状況をチェックして違反に制裁を科す監督機関の設立などがある。

西洋の経済政策の方向性を明確にするこのような取り組みは、まさにアメリカとヨーロッパの戦略性と競争力を強化する妥当なステップである。マイケル・スペンスとサンダイル・フラチュワヨが主張するように、「国家間の穏やかなタイプの競争」を意味する経済戦略は、保護主義的な戦略よりはるかに望ましい。(54) そして西洋は、独裁型の資本主義国と対峙するときには、応戦する以外の選択肢がほとんどない。スティーヴン・パールスタインが論じるように、「中国では国家が経済を統制しており、戦略的な国家経済目標を達成するために、自国企業に協力を強制できる。そしてこのことは、［アメリカのような］国と貿易条件を交渉する際に大きなアドバンテージになる。……私たちも同じようにして立ち向かうほかない。それが単に、アメリカの企業と労働者に公平なビジネス環境を勝ち取る交渉に必要だから、というだけでも」(55)。長期的な経済計画の策定といっても、西洋の原則を放棄するわけではない。むしろそれは、戦略的な国家主導を、市場競争のダイナミズムと組み合わせることで、自由主義的な経済秩序の利点をさらに強化するものである。

危険を冒しても——進歩的ポピュリズム

先進民主主義諸国の有権者が怒ったり、不満を感じたりするのも無理はない。アメリカでは所得格差が拡大し、多くの人の実質賃金が下がった。ドイツ人は、ヨーロッパの中で経済が弱い他国を支える資金の負担にうんざりしているが、その一方でEUの中小国の有権者はドイツの傲慢さに腹を立てている。日本の有権者は、一〇年をゆうに越えて停滞し続け、復活する見込みもほとんどなさそうな経済を我慢してきた。さらに二〇一一年三月の地震・津波とそれに続く原発事故で、事態はいっそう深刻になった。経済状況がいっきに好転すれば、アメリカ、ヨーロッパ、日本の雰囲気は確実に良くなるだろう。しかし、自由民主主義の実践に関する問題は、はるかに根が深い。堅実な成長率が戻って来るとしても、グローバリゼーションがこれからも西洋民主主義諸国の経済・社会に混乱をもたらし続けるだろう。アメリカとヨーロッパでは、移民問題が有権者を分裂させるだろう。日本はこれまで移民に門戸を開くことを拒んできたが、人口高齢化が進むにつれ、そうした排他的姿勢のコストは上がる一方だろう。

また、西洋の民主主義の制度が人々からあまり信頼されていないのも事実である。多くの場合、そこにはもっともな理由がある。二〇〇六年以降、日本の首相はスキャンダルか能力のなさ、あるいはその両方のせいで次から次へと任期途中で辞めていった。ヨーロッパの主な中道左派と中道右派政党は、数十年にわたり政治の主流を占めていたが、左右両方の急進的政党にますます押されている。その結果、政権は不安定になり、国レベルでもEUレベルでも制度が弱体化した。

おそらく問題がいちばん深刻なのはアメリカで、経済的苦境と格差に直面した有権者が、政治が選挙資金を通して影響力を増大させる利益団体に乗っ取られている現実を正しく見抜いている。ポール・ピアソンが次のように述べている。「国の長期的課題に取り組む政策を作ろうとも、ごく一部の有力な利益団体による実質的な拒否権行使によって、驚くほどあっさり葬り去られるようになってしまった」(56)。議会が重要法案を通すのに成功したときでも、そこから生まれる政策の実効性は、つねに企業のロビー活動によって制限されてしまう。最近の経済危機の際に、アメリカ政府はウォール街を助けて金融のメルトダウンを回避するという、見事な仕事をやってのけた。だが、その崩壊の危機から救われた企業は、危機を繰り返さないための改革を邪魔するという、同じくらい見事な仕事ぶりを見せた。二〇一〇年に可決された医療保険改革法案は、歴史的な偉業である。それにより、無保険だった人々も保険でカバーされるようになった。しかし、コストを抑える努力はほとんど何もなされなかった。それは、保険会社や製薬会社、医療団体を説得するための代償であった。このように利益団体がアメリカの政治を乗っ取っている状況は、選挙資金システムに由来する。そのシステムは、政治的・法的な理由から揺るぎないように見える。

この問題の根本原因を取り除けないのなら、それを乗り越えるすべを考えなければならない。いちばんの方法は、人々の不満を利用してそれを生産的な目標に振り向ける、進歩的ポピュリズムである。これまでのところ、一般大衆の怒りに大きく助けられてきたのは、アメリカのティーパーティー運動、ハンガリーのヨッビク、イタリアの北部同盟である。これらは、ナショナリズム色の強い、反政府・反移民的な言説に偏った運動である。レスリー・ゲルブが指摘するように、とくにアメリカでは「たいていの場合、穏健派は政治の現場において不利な立場にある。彼らの特徴と細かなニュアンスが、口論の中でかき消されてしまうからである」(57)。

中道派は、過激な主張に押されっぱなしの状況に甘んずるのをやめて、プラグマティックで進歩的な政策を支持するようなポピュリズムを促進しなければならない。アメリカの有権者の大多数は穏健中道派であり、彼らが求めているのは、狭隘なイデオロギー的綱領に忠実な政党でもなければ、それに賛同する利益団体でもなく、結果なのである(58)。中道の行動主義を掲げて二〇一〇年後半に発足したノーラベル運動は、ささやかではあるが正しい方向に向かうステップとして歓迎すべきである。アメリカの有権者は、選挙で選ばれた議員よりも穏健でプラグマティックな人々なのだから、市民の政治参加と圧力が増大すれば、より良い政策への道が少なくとも一つは開けることになる。一般有権者が声をあげれば、活発な利益団体の目標ばかりが優先されている現状に歯止めをかけ、彼らの目標を優位な位置に押し上げることができる。

進歩的ポピュリズムはシンプルに正当化できる。相互依存の進んだ世界においては、多国間協力と国家主導の経済成長、そして移民のどれもが経済的成功には欠かせないということである。多国間協力は、それだけで十分ではないにせよ、核拡散やテロ、サイバー攻撃などの脅威と戦ううえでもっとも有効な手段になる。競争力を維持する適切な方法は保護主義ではなく、学校教育の改善と労働者の再訓練、そしてインフラ・イノベーション・雇用創出への政府主導による投資である。経済成長に不可欠な人口増加の維持には、国境を閉ざすのではなく、移民とその帰化を管理することがベストな方法である。たとえこうした提案が党指導部の中で意見の一致を見なくても、彼らはイデオロギーよりも結果を求める中道の有権者に訴えるべきである。指導者にとって課題となるのは、プラグマティックな中道派を動員して、そこに過激なイデオロギーを寄せ付けないような、進歩的なタイプのポピュリズムを展開することである。同じことはヨーロッパについても言える。現状のままでは右翼ポピュリストがEUを少しずつ切り崩すばかりであり、いずれはヨーロッパがバラバラで、内向きになり、そして地政学的な存在感を失う羽目にもなりかねない。そうならないためにも、進歩的なポピュリストが、EUの力と結束を強化するという目的のもとに一般市民を結集するべきなのである。

アメリカでは、選挙制度改革によって穏健中道派の政治的影響力は拡大するだろう。有権者登録を簡単にすれば――投票日に登録できるようにする、あるいは自動車免許の申請時に自動登録されるようにすれば――、政治にそれほど積極的ではない人々の投票率は上がるだろう。そうした人々の多くは中道派である。選挙区の区割り変更を、州の議会ではなく超党派の委員会に任せれば、ゲリマンダー〔特定の候補者や政党に有利な形で選挙区の区割りをすること〕の分断効果は抑えられるだろう。(59)

議会のスケジュールを変えてもいいかもしれない。議会は登院日数を週三日から五日に変えて、議員はひと月のうち一週間は選挙区に帰るという形にしてもよいのではないか。そういうスケジュールにすれば、審議と立法にも、党派を超えた専門的・社会的な交流にも多くの時間がとれるだろう。

インターネットや地域での活動も、民主主義の再生に資する可能性が十分ある。普通インターネットは、政府、組織、メディアから出された情報を消費者に広める有効な媒体として理解されている。しかし、まさに中東でインターネットが大衆政治運動の組織化に使われたように、おそらくそれは、いまある民主的政府の応答性と責任性を向上させるために用いられよう。主要政党が「インターネット国民投票」を実施すれば、企業からの圧力に対抗するのに必要な民意を得られるかもしれない。そうなると有権者は、数年に一回投票するよりも、政策の審議と結果に対して継続的にインプットできると実感するのではないか。直接民主主義の要素も使って代議制を強化するこうした試みは、市民の政治参加の拡大と、西洋の制度に対する信頼の向上に寄与するかもしれない(60)。くわえて、地方政府と地域団体は、政治を有権者に身近なものにすることをねらったタウンホール・ミーティングや小さな集会をもっと普段から開催してもよい(61)。

民主的統治の改善に向けた取り組みとしては、プラグマティックな結果重視の提案を行う、専門家と政治家の技術的な委員会を立ち上げることも考えられる。その委員会が取り組む問題は多岐にわたる。たとえば、債務削減、医療、給付金制度改革、インフラ投資、移民、貿易、外交政策である。アラン・シンプソンとアースキン・ボウルズが率いる財政責任改革委員会が、その好例である。同委員会は、アメリカの赤字を減らし、経済成長を長く維持するための現実的な提案を行った。委員会は、赤字を減らすためには、歳出カットと歳入アップのどちらかではなく二つの組み合わせが肝要だということ――明白な事実だが、多くの政治家が認めたがらない――を率直に認めている。委員会のまっとうな提案は、連邦議会の党派対立に巻き込まれたせいで頓挫したが、それも驚くような話ではない。このような現状であるから、市民の積極的な活動やインターネット国民投票は、超党派の専門委員会の提案に従って行動すべきだという圧力を、議会にかけるうえで有用になるのである。

党派を超えた個別的な票取引も、行き詰まりを回避してプラグマティックな政策を進める手段になる。(62) 右派の福音主義者と左派の社会主義的進歩派は、気候変動、人権、途上国の開発に関して協力できる。低賃金労働に頼る企業は、左派の移民推進派の有権者と手を組めるかもしれない。多国間主義を信条にもとづいて支持する民主党員は、コスト削減の手段として国際協力を支持する共和党員と連携できる。このようなもろもろの政治的取引は単なる一時しのぎだが、それでも筋の通った妥当な政策につながるかもしれないし、ひいては、結果を出すことでやがて党派の溝も埋まるかもしれない。良い政治が良い政策の前提だと考えられがちだが、良い政策が良い政治の復活を後押しすることもできる。(63)

外交政策――手段と目的のバランスを取り戻す

外交政策に関しても、手段と目的のバランスを取り戻さなければならない。この点に関して、アメリカとヨーロッパはそれぞれ逆の課題に直面している。ヨーロッパは、グローバルな舞台の有力アクターになるという目的に現実味をもたせたいのなら、手段を増強する必要がある。一方アメリカは、利用可能な資源と国民の支持に見合う堅実な大戦略を実行するつもりなら、目的を控えめにしなければならない。

現在のヨーロッパの外交・安全保障政策へのアプローチには一貫性がない。一方では、リスボン条約によって、国際的なリーダーシップと責任をこれまで以上に引き受けられる制度を得た。EUの新しい外交組織である対外行動庁が二〇一一年一月一日に誕生し、仕事の幅を広げている。他方で、ヨーロッパに広がる国家回帰が、外交面での結束と能力強化を目指すEUの熱意に水を差している。ここでの問題は、加盟国が相変わらず安全保障に関しては主権の共有に躊躇しているという話にとどまらない。加盟国が新しい負担を引き受ける気運は、アフガニスタンでの軍事作戦が不評なせいでかなり弱まった。一方、リビアにおけるNATOの軍事作戦はカダフィ政権の転覆には成功したものの、まれに見る分断を生んだ。ほとんどのEU加盟国が航空機を戦闘行動に提供することを拒否したばかりでなく、ドイツに至っては国連安保理において作戦支持の気持ちすら固められず、棄権を選んだのである。フランスとイギリスがリビアにおける空爆作戦をリードしたことは評価できるが、この作戦が露わにしたのは、まさにヨーロッパが安全保障をめぐってどれほど分裂しているかということだった。

くわえて、ヨーロッパが地政学上の存在感を増すために使える資源は減り続けている。ほとんどのEU加盟国の国防費は少なく、さらに減る流れにある。イギリスでさえ、世界中でパワーを行使してきた長い伝統にもかかわらず国防費を削減している。二〇一〇年には、イギリスは国防費の約八パーセント削減を発表し、フランスに接近して空母の共有と共同部隊の創設、そして核兵器の性能をテストする研究施設に関する協力に向けて動き出した。さらには、コストを抑える方法として、両国の核兵器を共同で備蓄するという案も出ている。

ヨーロッパにおける国防費の大幅削減に希望を見出すとすれば、それは、削減によってEU加盟国が安全保障協力を進めるかもしれないことである。イギリスとフランスが最近実践した資産共有と政策連携は、EUの結束を深めたいとの欲求に由来するというより、コスト削減に迫られた結果ではあるものの、国際的責任をさらに引き受ける手段を増やすための唯一の頼みの綱である。もし国家回帰の潮流が広がる一方なら、EUの個々の加盟国は少しずつ地政学上の存在感を失っていくだろう。一つ一つの加盟国をとってみれば、グローバルな舞台で活躍できるほどの潜在力はもっていない。たとえば、EUの中でいちばん人口が多く、もっとも豊かなドイツは二〇一〇年の国防費が四〇〇億ドルで、軍隊の規模を二四万人から一八万五〇〇〇人に縮小することを決めた。これに対してアメリカは、二〇一〇年の国防費が約七〇〇〇億ドルで、軍人の数は約一六〇万人をキープしている。(64)

ヨーロッパは軍事力を結集するだけでなく、安全保障の資源をうまく配分する必要もある。EU加盟国の国防費は全体で約四〇〇〇億ドル、軍人は約三〇〇万人いる。(65) しかし、軍隊の多くは戦闘即応態勢が整っていないし、ヨーロッパ諸国には軍隊をタイムリーに展開できる輸送力がない。それゆえEUは、加盟国間で賢明な役割分担を確立し、また統一の指揮系統のもとで動ける強力な軍隊を設立することで、国防費の無駄を省く必要がある。資源はある。足りないのは、安全保障の計画と政策にEU全体で取り組もうとする政治的意志である。

つまり、ヨーロッパの最大の課題は、国家回帰の潮流を押し戻すこと、そして統合の深化を目指す熱意を取り戻すことである。経済の安定・成長を回復できれば、間違いなく大きな助けになる。しかしもっとも大切なのはリーダーシップである。EUが切実に必要としているのは、統合プロジェクトにコミットし、政治的資本を統合の進展――なかでも外交面での統合――に投入する意志をもつ新しい指導者である。とくに第二次世界大戦を経験した世代が表舞台から姿を消していく現状において、ヨーロッパの声を世界に響かせるという目的を立てれば、統合プロジェクトを改めて正当化できるようになる。リスボン条約により、EUは外交と地政学の面で自己主張するのに必要な制度を得た。いま、その制度に命を吹き込むために必要な政治的意志を生み出せるかどうかは、指導者たちにかかっている。彼らに求められるのは世論に追随することではなく、世論をヨーロッパ統合の理念のもとに結集することである。まさにヨーロッパ創設の父たちが、第二次世界大戦後の数年間にそうしたように。

ヨーロッパのポピュリズムを、EUの弱体化ではなく強化につなげなければならない。各国がヨーロッパの一部になれれば、どれだけ強くなれるのか。そしてヨーロッパが単一のアクターとして結束を深めれば、世界の中でどれだけ強くなれるのか。指導者たちがこうした点を強調すれば、ポピュリズムをEU強化に結びつけられる。EUというものは、全体が部分の合計を大きく超えるだろう。

ヨーロッパが手段を目的に合わせるために資源を結集する必要がある一方、アメリカは、経済的・政治的手段が減っていくのに応じて目的を控えめにする必要がある。二〇〇一年九月一一日の同時多発テロの後、アメリカは、軍事支出についても政治的意志についても比較的に制約の少ない外交路線をまい進した。国防総省の年間予算だけを見ても、二〇〇一年には約三〇〇〇億ドルだったのが、二〇一〇年には五五〇〇億ドルまで増えた。二〇〇六年以降、イラクとアフガニスタンにおける戦争のための毎年の追加支出は、一〇〇〇～一九〇〇億ドルに上った。ブッシュ政権末期には、二つの戦争を同時に遂行しながら増税もせず、他の政府支出も減らさなかったため、国の債務はすでに一兆ドル以上増えていた(66)。

しかし、そのような出費を続ける政治的な大盤振る舞いも底を突いた。イラクとアフガニスタンにおける終わりの見えない戦争は、景気低迷および債務増大と相まって、節約型のアメリカ国際主義を生んでいる。実際、二〇一一年のNATOのリビア介入において、オバマ政権がヨーロッパに軍事作戦の指揮を任せた事実は多くを物語る。アメリカは国防費削減の必要があるし、また自国の問題にもっと時間とお金を費やすべきだとする考えも強まっており、賢明な縮小策を求める声が出てきたのである。

アメリカ外交に政治的堅実さを取り戻すには、以下に挙げる諸原則に基づいて戦略を絞り込む必要がある(67)。アメリカは、国内の十分な支持なしに世界中で手広くコミットメントを維持するのをやめ、パートナーに地政学上の責任をもっと委ねるべきである。これは、EUに対して、安全保障関連の負担をさらに引き受けるようプレッシャーをかけつづけることを意味する。同時に、日本にも多くの責任を割り当てるべく、日米同盟をアップデートすることも必要となる。その過程で、日本国憲法の「日本国民は国権の発動たる戦争を永久に放棄する」という条項の修正が必要になってくるかもしれない。韓国は最近、最新鋭の戦闘機を購入し、陸軍と海軍も増強しており、追加負担を引き受ける態勢はできている。インド、インドネシア、トルコ、サウジアラビアや他の国々と協力すれば、戦略的に重要な地域における負担を軽くできるチャンスが生まれる。

アメリカが縮小策を進める方法としては、個々の同盟国に任せる仕事を増やす以外にも、ASEANやGCC、AUのような地域機構を強化して、自らが減らした地政学的プレゼンスの空白を埋めてもらうことも考えられる。国防総省が、七五〇ある在外基地の一部を閉鎖して資源を節約することもできる。このような整理をしたからといって、必ずしもアメリカが世界中でパワーを行使する能力が低下するわけではない。国内基地や特定の前進基地に駐留する米軍が、必要なときには危機対処に展開できる。

アメリカが北東アジアおよび中東という戦略的に重要な地域から手を引くことは、決してないだろう。しかし駐留部隊の規模を縮小したり、中東を中心に部隊を少しずつ沖合に移動させたりはするかもしれない。イラクとアフガニスタンでの戦争から明らかになったのは、他国の体制転換と国家建設を目指せば、底なし沼にはまってしまうということである。長い間、部族政治、宗派政治、民族政治に左右されてきたような国に自由民主主義が現れるとすれば、それは内部からしか生まれない。西洋自身の経験からもわかるように、政治面での多元主義は、根底にある社会経済構造に根ざしたものでなければならない。外国がそれを設計したり、強制したりするのは不可能なのである。

将来に目を向ければ、テロとの戦いの軍事面は、テロリストの下部組織とネットワークの破壊に焦点を絞るべきである。結局、この戦いの最大の成果である二〇一一年五月のオサマ・ビン・ラディン殺害は、全面戦争ではなく、地道な情報収集活動と局所的な軍事作戦の結果だった。一方で、文民組織は主に経済的手段を使って、中東情勢を不安定にしている長期的要因の除去に取り組むべきである。

二〇一〇年に始まった民衆蜂起は明るい時代の幕開けだが、しかしそれは幕開けに過ぎない。豊かでリベラルな社会が中東に現れるまでには、あと何世代もの時間がかかるだろう。アメリカは、この地域では改革がゆっくりにしか進まないことを理解して、経済開発、人権尊重、宗教上の寛容を根気よく支える政策を推進すべきである。中東政治を持続的かつ穏健に発展させるためには、民衆から急激に変革を起こすよりも、トップダウンで少しずつ自由化を進めるほうがいちばんの近道である。

さらにアメリカの指導者たちは、国際的なパートナーシップをもっとプラグマティックに考えるべきである。ウッドロー・ウィルソンが国際連盟をめぐる論争で敗北したことから明らかなように、党派分裂が深刻な時代において、国際的な協定・制度に議会承認を得ることは難しい。こんにち、民主主義諸国の大同盟やグローバル・ガバナンスの新しい仕組みを作ろうという提案は、国内で支持を得られないだろう。もしアメリカが世界政治の中でチームプレーを続けて、制度化された多国間主義をいまも支持する多くの国々との仲たがいを避けるつもりなら、大統領はこれまで以上に、プラグマティックなパートナーシップ、柔軟な協調体制、目的を限定した国際協力に頼るしかない。バルカン問題に対処するための「コンタクト・グループ」、中東問題の「カルテット」、イランと交渉するＥＵ三カ国とアメリカの国家グループ、北朝鮮と交渉する六カ国協議――。このようなインフォーマルなグループは、こんにち、外交上の結果を出すにはもっとも有効な手段として急速に台頭しつつある。

以上のような、アメリカの戦略を適度に縮小する案は、外交政策をその政治的意志に見合うところまで引き戻すのに役立つだろう。アメリカは二極化しており、負担を減らしたいと考えている。その中で選択的関与は超党派の支持を集める可能性がある。国内にコンセンサスがないのは、海外で手を広げ過ぎたことが原因の一つである。それゆえ、戦略面での縮小策を実行すれば、この国の刷新を進めるのに必要な資金と政治的資本の両方を確保できるだろう。さらに、縮小策は、ティーパーティー運動のメンバーの少なくとも一部が主張するような、急進的孤立主義をうまく回避できるだろう。野心的すぎる外交によって国内の二極化を悪化させ、さらには変動のただ中にある世界を計画的・安定的に支えず放っておくよりは、国内で支持される穏健な外交を進めるほうが、アメリカにとってはるかに望ましい。そしてまた戦略的自制も、西洋のパワーの影から抜け出そうとする非西洋の新興勢力を受け入れるためには、不可欠なものである。次章はこの点を考えてみたい。

第7章　誰のものでもない世界をどうまとめるのか

戦後処理は、新しい秩序構築のチャンスである。それは歴史的なターニングポイントであり、そのときに外交官は単に和平条件をまとめるだけでなく、戦争の原因を取り除くための新しいルールや仕組みを確立することにも取り組む。三十年戦争はウェストファリア条約で終わったが、それは宗教戦争の根絶を目指し、また、後の西洋世界の柱となる主権と外交の概念も成文化した。ナポレオン戦争はウィーン会議で終わり、この会議からヨーロッパ協調が生まれ、そこで作られた協調的な秩序はそれから何十年も大国間の平和をもたらすことになる。ベルサイユ条約により、第一次世界大戦が終わっただけでなく、国際連盟も発足した。それは、勢力均衡ではなく集団安全保障によって戦争を予防しようとする野心的な試みだった。そして第二次世界大戦が終わったときも、同じように新しい構想や制度が現れた。ダンバートン・オークスやブレトン・ウッズなどで開かれた一連の重大な会議で、外交官たちは国連や新しい国際金融制度の計画を練り上げたのである。

このように、過去には戦争終結時に転機が訪れたのとは対照的に、冷戦の終結後に見られたのは変化よりも継続だった。東西対立の時代は静かに、血が流れることもなく終わった。それゆえ西洋は、冷戦に勝利したときのやり方をそのまま続ければ、冷戦後の世界でもうまくやっていけるだろうと考えた。ワシントンでは、新しい秩序は「現状＋α《アルファ》」にすぎないと言われていた。たしかに、二〇〇一年九月一一日にテロ攻撃があってから、そうした自己満足も消え去り、代わって危険にさらされている切迫感が強まりはした。しかしアメリカはそれ以降、テロの脅威とアフガニスタンおよびイラクでの戦争にかかりっきりになった。これらの問題があまりに切迫していたために、他の外交問題にはほとんど関心を失うほどだった。このような背景があったために、アメリカが新しい次の世界の構想についてしっかり議論してこなかったのも不思議ではない。

来る世界の大転換を見据えた思考を妨げる障害は、もう一つある。それは、世界のトップへ急速に駆け上がっている国々の間で考え方がバラバラなことである。もし新興国がポスト西洋世界の本質についてコンセンサスを固めているのなら話は早いが、しかし新しい秩序のルールについて共通認識をもつには程遠いのが現状である。新興国は自分たちが望まないものはわかっている。西洋が引き続き世界の覇権を握ることである。だが、何が西洋秩序に代わるのかについては、明確なビジョンをもっていない。実際、中国だけは例外的に資金の豊富な官庁とシンクタンクが国家戦略策定の役割を担っているが、それ以外の新興国はといえば、ようやくこれからゲームに参加しようという段階である。インドの外交官はわずか六〇〇人強しかいない。これに対してアメリカは約一万二〇〇〇人の外交官を擁する(1)。ブラジルは急ピッチで海外の外交団を拡充していて、最近はアフリカだけで一六前後の大使館を開設した。トルコの強気の外交と中東への関与の拡大は、始まったばかりである。この方向転換が完結するにはまだしばらくかかるだろう。新興国が大国になったことを証明するような目標と制度をもつには、まだまだ時間と資源が必要なのである。

このように、新興国の利害と戦略ビジョンが多様であることが、新しい次の世界が誰のものでもなくなる理由である。世界の大転換によって、西洋支配の時代は終わりを迎える。しかしその次に訪れるのは中国の世紀でもなければ、アジアの世紀でも、他の誰の世紀でもない。それどころか、誰のものでもない世界はきわめて多様な世界となる。国内・国際秩序のあり方についてのさまざまな考えがグローバルな舞台で競争し、共存するだろう。

もちろん、異なる大国が異なる秩序概念にもとづいて行動するというのは、歴史上初めてではない。しかし、グローバルな相互依存のもとで、そのような多種多様な秩序がお互いに密接かつ継続的に影響を及ぼし合うという点では、新しい次の世界は初めてのケースである。一七世紀には、神聖ローマ帝国、オスマン帝国、ムガル帝国、清王朝が、それぞれ独自のルール・文化に沿って国を治めていた。しかしこれらの帝国は大部分が自己完結して相互作用はまれであり、それゆえ秩序維持の共通規範について合意形成をする必要もほとんどなかったのである。

しかしいまは違う。市場も安全保障もグローバル化した世界において、ワシントン・コンセンサス（それがまだあればの話だが）、ブリュッセル・コンセンサス、北京コンセンサス、ニューデリー・コンセンサス、ブラジリア・コンセンサス、そしてその他の形成途上の秩序概念が、つねに互いに影響を及ぼし合うだろう。もちろんグローバリゼーションは二一世紀特有の現象ではない。しかし、グローバル化された世界が西洋の覇権に従わなくなる事態は、過去に例がない。

世界はこれから多極構造へ移行し、その中でグローバルなコンセンサスも失われていく。それにともなう困難の大きさを見くびらないためにも、歴史を十分知ることが大切になる。過去を振り返ればよくわかるように、パワーバランスが変化するときは歴史において危険な時期であり、ほとんどの場合、大量の血が流れている。たしかに、二〇世紀のはじめに、イギリスが西半球の覇権をアメリカへ平和裏に譲ったことは事実である。しかし、その覇権交代は西洋の仲間内で起きた話である。覇権の担い手はたしかに変わったが、バトンの受け渡しを行った二つの国は、アングロサクソンの文化・政治の伝統と慣習が体に染みついた国であり、さらには共通の敵が現れていたことにも背中を押された。また冷戦期の二極世界が、大きな戦争もなくアメリカ一極時代へ移行したのも事実である。しかしソ連は崩壊しており、抗う力は残っていなかった。こうした例外を除けば、過去に国際的な序列が変動した際には、覇権戦争の深い傷跡が残されてきたのである。

これから世界に訪れるパワーバランスの変化は、核兵器が存在しているために、過去の覇権交代よりも平和的に進むかもしれない。核大国は、冷戦期のアメリカとソ連がそうだったようにお互いに慎重になり、自制し合うだろう。しかし、戦略状況は東西対立の時代よりもはるかに複雑で流動的である。二極時代には、核武装した二つのブロックが互いに注意深くバランスを取り合った。新しい次の世界では、少なくとも九つの核保有国が、はるかに不透明な戦略環境の中で行動することになる。トルコやブラジルのような核をもたない新興国は、核保有の必要性を感じるかもしれない。さらに、たとえ核兵器が自制を促すとしても、他方でそれは、自制がなくなった場合のコストも大幅に増大させてしまう。多極世界の幕開けにより地政学的対立が生じるのは避けられないが、それを抑えるために核抑止に頼るのは、あまりに危険すぎる。

一部の論者によれば、民主主義の普及と経済の相互依存もまた、来る世界秩序の変化を平和的なものにする可能性があるという(2)。しかし、そのような主張は論拠が弱い。新しい次の世界には民主主義国だけでなく、さまざまな体制の国家が数多く存在する。さらに、民主主義の新興国であっても、手を組む相手はおそらく西洋ではなく、同じ新興国仲間だろう。そして、たとえ世界中の国々がすべて民主主義国になったとしても、国家間関係が協調的になるとは限らない。民主主義の大国は、非民主的な国家との競争にエネルギーを発散できなくなれば、互いを相手に地政学的な対立を始めるかもしれない。大国間の対立というのは、往々にして威信と地位をめぐる競争から始まるものであり、民主主義国といえども、威信と地位を欲する気持ちからは逃れられないのである(3)。

経済の相互依存が平和をもたらすというのも、同じように幻想である。ヨーロッパの大国間の経済的相互依存は、一九一四年に始まった覇権戦争を防げなかった。地政学的対立は、経済的な結びつきをあっさり断ち切ってしまった(4)。永続的な平和が訪れた場合、経済関係の深まりは政治的和解の原因ではなく、結果なのである。相互依存が脆弱性の原因になることで、対立を助長するのもまた事実である。たとえば日本は、一九三〇年代にアメリカからの石油・鉄鋼の輸入に依存している状況について、経済面での脅威をはらんでいると考えていた。日本はこのように経済の脆弱性を認識していたので、最終的に東南アジアの石油と鉱物を求めて南進に踏み切った。この動きがアメリカの制裁を招き、そして日本による真珠湾攻撃へとつながったのである。

中国とアメリカも同じような状況にある。中国がアメリカの国債を大量に保有しているため、当面の間は、おそらく両国は安定した経済関係に資する政治環境の維持に利益を見出すだろう。しかし、予期せぬ出来事が両国の地政学的対立を煽るようなことになれば、いまは友好的な相互依存のように見える経済関係も、すぐに正反対のもの、すなわち中国にとっては影響力の源泉、アメリカにとっては深刻な弱みに変わるだろう。戦略的対立が生じれば、経済的相互依存はプラスよりもマイナスの作用が大きくなり得る。二〇一〇年、日中の係争地域である尖閣諸島／釣魚島の周辺海域で中国漁船が日本の海上保安庁の巡視船に衝突し、日本はその船長を拘束した。このとき、船長の身柄をめぐる論争が続く最中に中国がレアアースの輸出を停止したことは、心にとどめておくべきである。中国は、経済の相互依存を地政学的目的のために利用する態勢をしっかり整えている。ロシアも同じである。ロシアはこれまで何度か、自分の政治的影響力を高めるねらいで、近隣国への天然ガスの供給量を減らしてきた。

簡単にいえば、来る世界の大転換は、地政学上の危機をもたらす可能性が高い。だからこそ、この転換をどうやって平和的に進めていくのかという問題に、西洋と、勃興する非西洋はただちに取り組まなければならないのである。

新しい次の世界の原則

西洋の覇権は落日を迎えているとはいえ、それでも依然かなりの部分で世界の安定を支えている。アメリカとEUのチームワークが世界でもっとも重要なパートナーシップであることは、いまも変わらない。EUの富の合計はアメリカのそれに匹敵するし、アメリカ経済はこの先の一〇年間も世界のトップにとどまるだろう。アメリカの卓越した軍事的意志は一〇年をゆうに超えて持続するだろうし、外交上の影響力もしばらくは他の追随を許さないだろう。

しかし、西洋の支配にもとづく安定は、西洋の物質的・思想的優位性と一緒に消えていくだろう。それゆえ、西洋は新しい次の世界を規律するルールを作れるいまの好機を逸しないために、新興国と協力しなければならない。そうしなければ、思想面でのコンセンサスが不在の多極構造では、勢力均衡をめぐる競争と、パワー・地位・威信をめぐる制限のない争いが不可避となってしまう。成り行きに任せて新たな無秩序に突入するより、ルールに基づく新しい秩序を計画的に作るほうがずっと望ましい。

目標とすべきは、新しい次の世界の基本原則について、主要国の間で考えをまとめることである。西洋は妥協を迫られるだろう。公正かつ受け入れ可能な秩序とはどのようなものかについて、考えがバラバラの国々でも賛同できるルールを作らなければならない。新しい次の世界の特徴が政治の多様性だとすれば、高望みをして結局何も得られず終わるよりも、望みを低くして、ルールに基づく持続的な秩序を作るほうが賢明である。以下、新しい秩序のルールの大まかなイメージを示したい。これらの諸原則があれば、西洋と、勃興する非西洋はおそらく共通の基盤を見出せるのではないか。

正統性を定義する

アメリカのリーダーシップのもとで、西洋は、政治的正統性を自由民主主義と結びつけて考える秩序概念を広めてきた。もし、これからルールに基づく新秩序を作り出そうとするなら、西洋は、自由民主主義こそが唯一正統な統治形態だという主張をやめて、政治の多様性を受け入れなければならない。たしかに、非民主主義国はここのところ、国連、世界銀行、G20のようなグローバルな組織の中で発言権をもっている。しかし、西洋はそうした場所で非民主主義国と一緒に仕事をしている最中に、自分の言動によってその国々の正統性をおとしめている。

それをどこよりも率先して行っているのが、アメリカである。ジョージ・W・ブッシュは二期目の大統領就任演説の中で、次のように述べている。「アメリカの死活的な利益とわれわれのもっとも深い信念は、いまや一体である。……だから、あらゆる国と文化において民主主義の運動と制度が発展することを目指し、後押しすることがアメリカの政策になるのだ」(5)。彼と政治的立場が異なるバラク・オバマも、二〇一〇年の国連総会でこう語っている。「経験からわかるのは、歴史は自由を支持しているということである。すなわち、人類の進歩にとっていちばん確かな土台は、開かれた経済、開かれた社会、開かれた政府だということである。簡単に言えば、民主主義は他のどんな統治形態よりも、国民の期待に応えるのだ」(6)。オバマはさらに、アラブの春へのアメリカの対応を概説する際に、民主主義の促進に対するコミットメントを明確にした。

アメリカは普遍的な権利を支持する。その権利に含まれるのは、言論の自由、平和的な集会の自由、宗教の自由、法のもとでの男女平等、自分の指導者を選ぶ権利である。……こうした諸原則に対する私たちの支持は、二次的な関心事ではない。……それは最優先事項であり、具体的な行動に移していかなければならないし、利用可能な外交的・経済的・戦略的手段を総動員して取り組まなければならない(7)。

ヨーロッパもこの考えを基本的に共有している。ＥＵの外交責任者であるキャサリン・アシュトンは、二〇一〇年にこう宣言した。「民主主義、人権、安全保障、ガバナンス、持続可能な開発は本質的に結びついている。民主主義の諸原則は、普遍的な規範・価値に根ざしている(8)」。こうした発言は、ロバート・ケーガンの次のような見方を裏づけるものである。西洋のエリートは、「自由民主主義が唯一正統な統治形態であり、それ以外の統治形態は正統性がないばかりか、一時的なものに過ぎないというイデオロギー的信念に基づいて行動してきた(9)」。

こうしたスタンスは道徳的に説得力があるし、欧米の民主主義国に深く根付いている価値観とも一致する。しかし正統性を民主主義と同一視することは、新興国に対する西洋の影響力を弱めてしまう。安定的な民主主義国であるブラジルとインドのような国ですら、民主主義の普及にこだわる西洋の姿勢を、余計なおせっかいにすぎないとみなしがちである。当然ながら、中国やロシアのような独裁国でもそうした反発はずっと強い。両国はいつもアメリカとＥＵに対して、他国の国内問題に手を出さないよう警告している。プーチンはこう語っている。「われわれは国内政治の実情を完璧に把握している。何かを誰かに説明する必要性があるとは思わない。われわれは、国内政治の問題が〔国家間の〕実利的な関係……の発展を妨げてはならないと考えており、他国の内政に干渉しようとは思わない。国内政治は国内政治である(10)」。

西洋にとってみれば、政治的抑圧と法の支配へのあからさまな侵害に反対の声をあげるのは、当然であるばかりか義務でもある。しかし、新興国と建設的な関係を結ぶのかどうかを決める際に、相手が西洋的な正統性の観念を受け入れるか否かを判断基準にするのは、全く別問題である。「われわれが持続的な平和を築く際に柱となり得るもの、柱とすべきものは世界の民主主義諸国であろう」(11)と主張するジョン・マケイン上院議員は、間違っている。そうではなくて、相手が民主主義であろうとなかろうと、西洋の働きかけに応じるつもりがあるすべての国家と協力しなければ、持続的な平和は実現できない。テロ、核拡散、気候変動、エネルギー安全保障、水・食糧安全保障、金融危機といった諸問題は、グローバルな問題であり、幅広い国々と協力しなければ十分に対処できない。

西洋にとって、新しい安定的な秩序を作るために協力してもらう必要がある国家を、中傷したり排除したりすることは、ほとんど意味がない。それでは失うものがあまりに大きい。西洋諸国は、自由民主主義ではない政府のことを正統性がないと決めつけたところで、自分たちの利益を損ねるだけである。新しい次の世界において政治の多様化は不可避だと認識すること、それゆえさまざまな体制の新興国との協力関係を強化することは、西洋的な正統性の観念の普遍性を主張することや、それによってパートナーになり得る相手を遠ざけることよりも、はるかに賢明である。西洋と、勃興する非西洋は、もし新しい次の世界の思想的基盤について合意するつもりがあるなら、新しい包括的な正統性の観念を作り上げなければならない。

まずは出発点として、どの国家に正統性があり優良なのか、またそれゆえ次の秩序形成に参加できるのかを決める際には、自由民主主義かどうかよりも、責任ある統治が行われているか否かを判断基準にするべきである。簡単にいえば、ある国家が国民の生活改善にしっかり取り組んでいて、その国民がやりたいことをおおよそ好きなように追求できる環境を作っていれば、国際的に優良国として認められるのである。この基準を満たさない国家は、国民から資源を絞りとることを最優先にしているか、悪意があって国民を窮乏や病気に追いやっているか、あるいはマイノリティに対する組織的な迫害・虐待を実施もしくは容認しているかのどれかだろう。しかし、このようなかなり限定的な禁止条項をクリアしていれば、それぞれの社会がどのような統治制度をもつのか、また国民のニーズにどのように応えるのかについては、広い裁量が認められるべきである。国民の繁栄の拡大と尊厳の維持に取り組んでいる限り、その国家は優良国として認められるべきである。

たしかに、優良性と責任ある統治をイコールで考えるなら、西洋的な権利と自由の観念をもたない国家にも正統性を認めることになる。しかし、世界的に政治の多様化が不可避である以上、そのように基準を緩める必要がある。異なるタイプの国家は、異なるやり方で国民の物質面・精神面のニーズを充足するものなのである。自由主義の国家の場合、国民は自分の求めるものに向かって個人的、私的に行動する。その他のタイプの国家、たとえば中国、ロシア、アラブ首長国連邦、シンガポールのようなところだと、それほど個人の自由は重視せず、もっと集団的なアプローチによって国民の福利を増進しようとする。共同体主義的な政治文化をもつ人々や、長い困窮の歴史がある人々なら、政治的抗争や貧困をもたらしかねない自由放任型の統治よりも、国家主導型の統治を望むかもしれない。ムスリム社会は宗教と国家の分離になじみがないだろうし、宗教と世俗の融合を許容するどころか、必須だと考えるだろう。家産制の文化の中では、部族、氏族、家族への忠誠が個人の権利より優先される。異なるタイプの国家が異なるタイプの責任ある統治を行う現実を認めることは、多様性を尊重することである。逆に、特定の統治形態を他の社会に強いることは、ある種の不自由を押し付けることである。

多くの国を受け入れる世界秩序を形成するには、責任ある統治が一つのタイプに限られないことを認める必要がある。国家が国民の福利を増進できるようにする政治的な制度・慣習は、西洋だけのものではない。他の国々が責任ある統治に関してそれなりの基準を満たしている限り、西洋はそうした国々の政治的選択を、一国の裁量の範囲内にあるものとして、また政治の本質的な多様性を反映するものとして尊重すべきである。

同様の基準を外交にも適用すべきである。優良国は、自国民だけでなく他国の国民の福利も守らなければならない。他の優良国の主権と政治的選好も尊重しなければならず、他の国家、国民の安全と福利を損ねるような行動は慎まなければならない。侵略国家や、テロリズムへの組織的な支援、大量破壊兵器の輸出といったような禁止行為をする国家は、優良とみなされるべきではないし、責任ある国家に認められる権利も否定されるべきである。

こうした受け入れ基準を、レトリックのうえでも政策の中でも一貫して適用していけば、国際社会の正統な構成員の数は増えるだろう。また、そうすれば、先述の権利に値しない国家との線引きもはっきりし、それゆえ世界でもっとも危険なアクターの非正統化と孤立も進むだろう。スーダン、北朝鮮、ジンバブエのような、自国民を食い物にする国家に西洋が毅然と立ち向かうとき、民主主義諸国も非民主主義諸国もそれを支えてくれるだろう。さらに、いつも国際規範を破り、他国に侵略するような国家・非国家アクターに対しては、広範な連合が結成されるだろう。国際社会のメンバーシップの基準が緩く設定されれば、自国民にも他国にも牙をむくような国家への対処方法についてコンセンサスが生まれるだろうし、それによって人道的な予防介入も正統性と幅広い支持を得られるのではないか。

こんにちのもっとも切迫した課題の一つは、核開発を進めるならず者国家に立ち向かい、その動きを封じ込めることである。これに関してとくに重要なのは、体制の違いや地域を超えて連合を形成することである。イランや北朝鮮のような国家は、それ自体が脅威である。そうした国々が大量破壊兵器をテロ組織に渡す可能性もある。従来、その行動を止めようとする際にはいつも大きな足かせがあった。西洋が強い政治的圧力を加えたり、経済制裁を行ったりする場合に、中国、インド、トルコ、ブラジルのような新興国が協力をしぶってきたのである。西洋が正統性の観念を緩やかなものにすれば、すなわち民主主義ではなく責任ある統治を基準とする正統性の観念をもてば、自国民を食い物にし、かつ国際社会にとっても脅威であるような国家に対抗する、国際的な連携を確実に広げられるだろう。

また、このように正統性の観念を作り直せば、アメリカも、過熱気味な民主主義の普及活動に少しブレーキをかけるだろう。ボスニア、イラク、アフガニスタンのような場所で慌てて選挙をしてみたものの、結果はプラスよりマイナスが大きかった。立憲主義的統治の経験がない社会において、民主主義への移行を急ぐと、往々にして内戦を引き起こしてしまう。民主主義が未成熟の国家では、選挙に勝った人間が何もかも得ることになってしまい、その結果、多数派による搾取と少数派に対する迫害が始まってしまう。西洋自身も民主主義への移行には長い時間がかかり、多くの血が流れたという

イラク戦争後に初めて行われた2005年の選挙（写真：ⒸAFP PHOTO / Odd Andersen）

事実は、つねに心にとどめておくべきである。性急な民主化を求めるよりも、責任と応答性のある統治を促進するほうが、良い結果を期待できる。

当然、これには次のような異論が出るだろう。そうしたプラグマティックなアプローチでは、自由民主主義国の道徳的権威が損なわれてしまうのではないか、と。しかし、道徳面での妥協にともなうコストは、国際安全保障の領域で期待できるプラス効果によって十二分に相殺される。さらにいえば、西洋は正統性の定義を広げるにしても、別に民主主義の普及活動をやめる必要はない。それどころか逆に、抑圧に反対する声を上げ続けるべきだし、民主化を促す政治的・経済的なインセンティブも利用するべきである。民主主義社会の市民が、自由民主主義は道徳的観点からも、物質的観点からも他より優れていると信じるのはもっともである。だが、それでもやはり民主主義の普及は、最優先の目標とするよりも、長期的なビジョンの中に一要素として組み込むべきものである。もし西洋が考えるように自由民主主義には強みがあるのならば、自由民主主義はその魅力と有用性により自然と広まっていくだろう。民主主義の価値を証明するには、まず国際社会を安定させる必要があり、そのために当面は責任ある統治を促進し、かつ非西洋型の責任ある統治も尊重することが最善策なのである。

以上のような正統性の再定義は、西洋の価値を侵害するものではなく、それどころか西洋自身の経験に大きく依拠するものである。妥協、寛容、多元主義はすべて西洋の勃興に不可欠な要素だった。勃興の過程では、異なるタイプの体制が隣り合って共存していたし、多くの場合、お互いの政治的・宗教的・思想的選択を尊重していたのである。西洋はその内部で長いこと多元主義を称賛し、その恩恵も受けてきた。非西洋との関係においても、同じようにすべきである。スティーヴン・ウェーバーとブルース・ジェントルソンが言うように、政治の多様性を認めることは、「人類の経験がいかに多様性に富んでいるものなのかを理解して、その多様性を弱みではなく強みに変えること、あるいはそれを恐怖や憎しみの原因にするのではなく、アイデアを組み合わせて新しいものを生み出すきっかけにすることである[13]」。

また、民主主義の普及よりも暴政の排除を重視することが、西洋の経験にぴったり合致することも事実である。ジョン・ギャディスはこう指摘する。「暴政を終わらせるという目標は……アメリカの歴史に考え得る限り深く根付いている。……民主主義を広めるということは、人類がどのように生きるべきかという問いの答えを知っているということになる。しかし暴政を終わらせるということは、人々に各自の答えを自由に見つけさせることを意味するのだ[14]」。要するに、西洋自身の自由主義の伝統が、人間の尊厳と福利を促進するにはさまざまな方法があり得ることを認めているのである。

アメリカは世界の主導的な大国として、このような正統性への多元的アプローチの確立をリードするべきである。アメリカにとって、主として西洋の同胞だけが支持する時代遅れのビジョンにしがみつくよりも、時代を先取りして世界の大部分から支持される新しい秩序づくりを支えたほうが、得策だろう。アメリカは、民主的な統治をしていない国家に説教するよりも、責任ある統治を行っている国家と協力したほうが、最終的には道徳的権威を高められるし、海外での信頼も増すだろう。新興国と協力して世界の大転換を進めていくときに、その権威と信頼が大きな強みになる。

主権を定義する

グローバリゼーションが進み、非国家アクターの影響力が増大し、破綻国家（とその予備軍）に対する懸念は強まっている。そうした時勢に触発されて国際社会では、とりわけ西洋民主主義諸国の間で、国家主権というものを明確に縮減する必要性について活発な論争が続いている。(15) 一九九七〜二〇〇六年に国連事務総長を務めたコフィ・アナンは、集団的な「保護する責任」という概念を強く支持した。それは、責任ある国家が、広範な人間の苦しみをやわらげるために介入する権利と義務の両方をもつとする、新しい規範である。二〇一一年に国連の支持を受けて行われたリビア介入は、多くの点でこの規範を実践したものである。国家主権の取り消しが正当化されるような数多くの状況を定める、さまざまな提案がなされている。たとえば、国際社会は、大量破壊兵器を製造する国家を武装解除するためなら、あるいは自国民を目に余るほど虐待、搾取する体制を倒すためなら、軍事介入をしてよいかもしれない。一方で、グローバリゼーションの拡大と非国家アクターの増加が、国民国家の衰退をもたらしているという見方もある。すなわち、国境が穴だらけになったために、国家はもはやこれまでのようには主権を行使していないというのである[16]。この見方によれば、世界のルールはそうした状況にあわせて更新する必要がある。

責任ある統治という基準をすべての国家に当てはめれば、その基準を満たさない国家は孤立し、制裁を受けるだろう。その意味で、責任ある統治が行われていれば優良国だとみなすことは、「保護する責任」を果たさせることと完全に一致する。しかし、主権をさらに縮減することは非現実的だし、逆効果にもなるだろう。多くの新興国は、主権にまつわる伝統的な慣習が公式に廃止あるいは縮小されたら、危険な前例ができてしまうと主張している。新興国の目には、そのような企てが、西洋民主主義諸国に行動の自由をひそかに与えようとするものに見えるのである。二〇〇七年にサンパウロで、ブラジルのルーラ大統領がアメリカのジョージ・W・ブッシュ大統領に警告したように、ブラジルがこれからアメリカとどう付き合っていくのかは、アメリカが「各国の主権的な政治決定」を尊重するつもりがあるのか否かにかかっている[17]。とくにロシアと中国は、西洋が他国の主権の侵害を正当化するような新しいルールを作ろうとしているのではないかと、疑いの目で見ている。そのような不信があるために、両国は、二〇〇八年に西洋諸国がコソボをセルビアから独立させることを決定した際にはそれに反対したし、NATOが一般市民の保護を名目にリビアに介入して、カダフィ政権を転覆させたときにもそれに反対していた。

国民国家が衰退しているという主張についていえば、事実はその逆である。たしかに、グローバリゼーション、移民、NGOの増加、情報革命といった時代潮流が国境を穴だらけにして、国家の能力を低下させていることは事実である。しかし国家は手をこまねいて主権を放棄しているわけでは全くなく、抵抗し、巻き返しに出ている。アメリカはテロと不法移民の脅威に触発されて、南北の国境管理、出入国できる港・空港すべての警備、国内の監視を強化した。グローバリゼーションが経済に混乱をもたらしたせいで自由貿易への支持は弱まったが、大不況を受けて、政府による金融市場の監督は新しい段階に進んだ。

同じことはヨーロッパにも起きていて、国境の存在感が復活しつつある。たとえばフランスは二〇一一年の春に、情勢不安の北アフリカから逃れてくる人々の流れを止めるために、イタリアとの国境のパトロールを再開した。デンマークも国境管理の一部を再開することを決めている。先に述べたように、そのような国家回帰の流れがじわじわ広がっていることで、ヨーロッパの統合プロジェクトの未来に関してやっかいな問題が持ち上がっている。主権にともなう伝統的な特権を取り戻そうとするこうした動きは、西洋では日常茶飯事である。非西洋の大部分では、そのような主張が出てこない。なぜならその必要がないからである。ほとんどの途上国では、国家が主権をしっかり保持し続けてきた。国民国家は衰退するどころか、力を増し続けているのである。

西洋と、勃興する非西洋は、責任ある統治の最低基準を満たさない国家がいた場合に「保護する責任」を実践する必要性について、合意形成を目指すべきである。しかしそれ以外の点に関していえば、新しい次の秩序の条件についてコンセンサスを目指すのなら、主権を縮減するという野心的な提案は引っ込める必要がある。(18) 勃興する非西洋のほとんどの国家は、自分の主権も他国の主権も縮減することには関心がない。主権国家は盤石なのだ。

代表性と有効性のバランスをとる

もしグローバル・ガバナンスを担う主要な多国間組織が正統性を維持しようとするなら、意思決定の仕組みを、新興国の影響力拡大を反映して変えなければならない。いいスタートを切った組織はある。世界銀行とＩＭＦは二〇一〇年にアジア、アフリカ、南米の途上国の投票権の比率を増やすことに同意した。この変更により、西洋先進諸国の影響力は低下している。中国の投票権比率は二・七八パーセントから四・四二パーセントに上昇して、アメリカと日本に次ぐ第三位になった。いまや中国はこれらの金融機関の中で、イギリス、フランス、ドイツよりも力がある。(19) Ｇ８は二〇〇九年のピッツバーグ・サミットで、これからは、もっと多くの国家が参加するＧ20が、経済政策を調整するための主要なグローバル・フォーラムになるべきだという結論に至った。Ｇ８が基本的には西洋のクラブである一方、Ｇ20には南アフリカ、メキシコ、アルゼンチン、ブラジル、中国、韓国、インド、インドネシア、サウジアラビア、トルコ、オーストラリアも参加している。同じ二〇〇九年には、ＢＲＩＣs諸国がロシアで初めてサミットを開催し、その後も二〇一〇年にブラジルで第二回、二〇一一年に中国で第三回のサミットを開催している。中国サミットのときに、南アフリカがグループに加わった。

国連安保理の拡大は、その必要性が広く認められているにもかかわらず、きわめて実現が難しいことがわかっている。これまで妥当な提案がなされてきたものの、すぐにでも総会を通過できるような案も地域内の対立関係に巻き込まれて潰されてしまう。それでも現在の論争を見ていると、西洋も新興国も、国連の正統性のためにはいずれ安保理を拡大する必要があることは理解しているようである。

検討されている中でもっとも現実的なプランは、ブラジル、ドイツ、インド、日本、そしてイスラム世界とアフリカの国々（インドネシア、エジプト、ナイジェリア、南アフリカなど）に新たに席を与えるという内容のものである。

グループに参加できるプレイヤーの数を増やそうとする現在の取り組みは、不可欠なものだが、しかし問題もある。テーブルを囲む席が増えれば、それだけ実効的な決定に至るのが難しくなってしまう。G20は代表性が高いかもしれないが、その大きさと多様性が有効性の妨げになっている。パワーが従来の主導国から新興国へ移り続ける中で、考え方や利害の違いがさらに悪い結果を生むこととなり、そうした障害は大きくなる一方かもしれない。

正統性と有効性のジレンマをやわらげるためには、グローバルな会議を拡大する際に、小さくてインフォーマルなグループもあわせて作る必要があるのかもしれない。そのグループとは、たとえば大国間の会議や協調、目的別の連合などである。したがって、グローバル・ガバナンスの制度と方法をアップデートするには、単に仲間の輪を広げるだけでなく、それと同時に閉鎖的なグループ作りも必要になってくるのだろう。グローバルな連合や地域の連合に関して、いちばん賢明で異論も少ない方法は、アドホックにやるというものである。その時々の問題に応じて、能力がいちばん高く利害関心もいちばん強い国々がそこに参加するのである。さらに検討する価値があるのは、危機への対処の必要に応じてG20の会議の合間に集まるといったような、もう少し組織立った大国間協調を確立することである。おそらくそこに入るのは、アメリカ、EU、日本、ブラジル、中国、インド、ロシアだけだろう。

地域に任せる

国際機関の有効性を上げるためには、地域アクターに責任と能力をさらに移していくことも必要になる[20]。グローバル・レベルで話し合うことは、包括的な政策を作ったり、危機への対処を調整したりするためには必要である。しかしグローバル・ガバナンスにも限界がある。国連とG20の例から明らかなように、コンセンサスの形成や効果的な行動はそう簡単に実現できるものではない。

世界の中でパワーが拡散すれば、究極的には国際的な責任も拡散する――欧米の民主主義諸国の共同体から、世界のあらゆる地域にいる数々の優良国へ。新しいパワーの配分には新しい責任の配分が必要であり、また、今日的課題もその多くが、解決するには地域や体制の垣根を越えた広範な協力関係が必要とされる。グローバル版NATOや民主主義諸国同盟といったような形で、西洋の組織を世界大に広げようという提案もあるが、それでは全く不十分である[21]。重要な新興国はそこに入れないだろうし、西洋民主主義国にしても、そのように責任を拡大する意欲がほとんどない。

むしろ西洋の組織は、非西洋の地域ガバナンスを担うのではなく、そのモデルとなるべきである。NATOとEUが欧米諸国に安全と繁栄をもたらしたように、他の地域でも同じような組織が同じことをできる。地域への権限移譲は、多くの点から理にかなっている。何かの危機が起きたとき、それにいちばん近いところにいる国家というのは、単に近いからという理由だけでも有効な行動をとれる可能性がいちばん高い。くわえて、西洋もこれからしばらくは自分たちの問題に専念しそうな状況のなか、他の国々のポテンシャルを開発すれば、それだけタイムリーな外交・軍事行動が期待できる。そして最後に、西洋が欧米の外に介入すると必ず抵抗と怒りを招く。対照的に、地域の国家が行動すれば、当該地域の中で支持と正統性を得やすい。

地域機関への権限移譲は、地域レベルでガバナンスと関与の能力が向上していることに助けられて、すでに進んでいる。東南アジア諸国連合（ＡＳＥＡＮ）、湾岸協力会議（ＧＣＣ）、アフリカ連合（ＡＵ）、西アフリカ経済共同体（ＥＣＯＷＡＳ）、南米諸国連合（ＵＮＡＳＵＲ）など、多くの地域機関が発達しており、それらは各地域のために大きな責任を担う潜在力を十分もっている。

グローバリゼーションを制御する

市場の自由化、グローバル経済の確立、繁栄の拡大は、西洋優位の時代の最大の遺産である[22]。西洋秩序の基本原理は、世界銀行や世界貿易機関のような制度に支えられて、しっかり定着している。しかし秩序の維持は大きな試練を迎えている。西洋民主主義諸国は自分たちの政治・経済の問題が原因で、もはや秩序の管理を続けられないだろう。すでにアメリカは、グローバルに貿易自由化を推進しようとするかつての熱意を失ったように見える。くわえて、新興国は自国経済や世界貿易の運営方法について欧米とは考え方が違うので、自分たちの利益と価値に有利なルール変更を求めてくるかもしれない。このような新しい状況でおそらく必要になるのは、国際経済の自由化に関する目標を控えめにすること、国家による市場への介入を増やすこと、そしてグローバリゼーションをもっと公平なものにすることだろう。

西洋と非西洋は市場の自由化を進めようとする際に、少なくとも保護主義の回避には十分な注意を払うべきである。通貨市場が世界的に低迷し、不安定であるがゆえに、国家は国際市場の浸透を防ぐ壁を作りたくなる。二〇〇八年にG20のメンバーは保護主義に反対すると誓ったにもかかわらず、その翌年の世界銀行の報告書によれば、G20のうち一七カ国がすでにこの約束を破っており、貿易を制限して他国に損害を与えていた(23)。グローバルシステムを管理する能力と意志をもつ圧倒的な経済大国がいない世界では、地域ブロックや新たな貿易障壁が現れる可能性もある。グローバルな自由化は減速する恐れがあるばかりか、逆戻りするかもしれない。そのような保護主義への逆戻りを防ぐためには、国家レベルでも多国間の協定においても相互の自制が必要となる。

金融市場も規制の強化が必要である。それは、アメリカとヨーロッパを苦しめてきた金融・債務危機を見れば明らかである。グローバリゼーションは自由放任型経済にもっとも有利に働くものと期待されたが、監視が緩いことにはプラス面だけでなく大きなマイナス面もあることがわかった。経済ナショナリズムを煽る危険をはらんだ自己責任アプローチでいくよりも、新しくグローバルなルールを作るほうが賢明である。同じように、グローバル経済の構造的不均衡を是正すれば、金融の不安定さの根本原因をいくつか取り除けるかもしれない。アメリカは消費を減らして貯金を増やし、輸出を増加させる必要がある。これに対して中国やドイツのような世界トップクラスの輸出国は、国内需要を増やし、そして他の国々からもっとたくさん輸入する必要がある。必要な調整を行う時期と方法について話し合う場としては、G20がちょうどよい。

最後に、新しい次の秩序は、繁栄がもっと公平に行き渡るような形のグローバリゼーションを促進すべきである。グローバル経済は、一国の中でも、国と国の間でも貧富の差を広げてきた。グローバルな不均衡を是正すれば状況はましになるだろう。しかし、グローバリゼーションの恩恵をさらに公平に配分するためには、それ以上の取り組みが必要になる。西洋において農業補助金と繊維製品の関税を減額すれば、経済的に苦しい途上国にとって大きな助けになるだろう。西洋の内部では、労働者の再訓練、戦略的な投資、雇用創出プログラムが格差の是正に役立つだろう。

保護主義の阻止、新しい金融ルールの確立、格差の是正といった目標を達成するには、明らかに、西洋が作り上げたリベラルな経済秩序を大幅に修正する必要があるだろう。しかしそうした修正によってこそ、その秩序の基本原則が保持され、さらに、西洋と、勃興する非西洋が、グローバルな成長促進のためのルールに基づく新しいシステムへと導かれていく可能性もいちばん高くなる。

中国の台頭に対処する

非西洋の勃興とそれにともなう秩序再編への適応に必要となるのは、正統性の新しい基準と行動規範についての国際的なコンセンサスだけでなく、その序列変動によって引き起こされる立場・地位・影響力をめぐる地政学的競争のコントロールである。歴史上、パワーバランスの変動が戦争に至ったケースは、覇権国家とそれに挑戦する新興国が衝突したものである。このように世界の大転換は、ナンバーワンの国家と、優位性をめぐって争う新しい競争相手、すなわちアメリカと中国との間に危険な対立を引き起こす可能性がかなり高い。

米中の覇権争いが起きる可能性は差し迫ったものではない。それがあるとしてもこの先一〇年の話ではなく、その次の一〇年間で始まるだろう。この先一〇年では、中国の軍事力、とりわけ海軍力が、東アジアにおけるアメリカの圧倒的なプレゼンスに挑戦できるほど強くなることはない。しかしその次の一〇年になれば、おそらく中国はアメリカに対して、いまよりも直接的に戦略上重大な挑戦ができる力をつけているだろう。両国の競争の主要な争点は西太平洋であり、グローバルな戦域ではない。台湾をめぐって紛争が起きる可能性はたしかにあるが、かなり低い。おそらく中国はこの先も変わらず巧妙かつ機敏な外交を続けて、台湾をめぐって明白な対立が勃発するのを避けそうである。さらに、中国と台湾の関係は、両者間の航空路線の拡大が物語るように順調である。二〇〇八年に中台直行便が始まり、その後両政府は二〇一〇年に便数を週二七〇便から三七〇便に増やした。(24) おそらく、平和的な統一は台湾に広範な自治権を与える形で実現するものと思われるが、ますますその現実味は強まってきた。

たとえ台湾問題が実質的に封じ込められるか解決されても、中国で進行中の海上艦隊・潜水艦隊の近代化や、弾道ミサイルなど対艦兵器の開発により、ゆくゆくはアメリカ艦隊が第一列島線内の海域を管理することは難しくなっていく。(25) 中国はこうした戦略上の転換点に到達しつつあるので、自分の能力にあわせて、政策の対外的な表明の仕方を調整するだろう。かつてアメリカがモンロー・ドクトリンを掲げて、西半球における自分の覇権に対するヨーロッパの挑戦を防いだのとまさに同じように、中国もいま、北東アジアにおける勢力圏と、地域の重要なシーレーンの管理者の地位を主張する準備ができている。実際、中国政府はすでに南シナ海のことを、「核心的利益」の領域と呼んでいる。

中国の海軍力が強まっていけば、アメリカは、およそ一世紀前にイギリスが西大西洋で直面したのと同じような戦略上のジレンマに、西太平洋で直面することになる。イギリスは一八九〇年代にアメリカ海軍の急速な増強を見て、モンロー・ドクトリンを事実上容認し、西半球におけるアメリカの覇権の幕開けを受け入れたし、また大西洋の制海権もアメリカ海軍に譲った。その後、覇権の交代は平和的に進んだ。それがスムーズにいったのは、同じ価値と伝統を有するという共通認識があり、またイギリスにとっては、西大西洋から身を引いて、他のもっと切迫した脅威に艦隊を振り向けることのほうが重要だったからである。[26]

米中関係はこれより難しそうである。両国は政治的な価値も共有していなければ共通の文化もないうえ、アメリカは韓国、日本、台湾に対して防衛上の義務を負っているので、中国の地域的野心を受け入れることは賢明ではないし、ありそうにない。よって、アメリカも中国も、この先一〇年間の二国間関係を抑制的なものにするべく、外交に注力するインセンティブをもつということになる。もしそれができれば、そして次の一〇年が始まるときには西太平洋の海軍力のバランスについてゼロサム的な思考を脱却していれば、パワーの移行は平和的に進むだろう。しかし、もしそれができなければ、そして中国が断固としてこの海域に居座る気のアメリカ海軍を追い出す構えになれば、歴史的な対決の瞬間が近づいてくるかもしれない。

中国との和解を目指すといっても、何もかも受け入れるような政策を進めるわけではない。それどころか、アメリカは関与と封じ込めの微妙なバランスを模索しなければならない。あまりに多くの譲歩をしてしまえば、中国の過剰な野心を招いてしまう。中国には限度をわからせる必要がある。他方で、中国は強制的に行動を修正されなければ、間違いなくパワーの増大にあわせて侵略的な拡張政策に突き進むと決めつけるのは、危険なほど短絡的すぎる。包囲網を作ろうと考えながら中国と向き合えば、敵対心が増幅する悪循環を助長しかねない。第一次世界大戦の重い教訓は、覇権国（イギリス）とそれに挑戦する新興国（ドイツ）の海軍競争は、どちらも意図していなかった壊滅的な戦争を引き起こしかねないということである。

この地域の戦略環境の形成に、日本は重要な役割を担う。仏独和解がヨーロッパの平和的な発展を支えたように、中国と日本の和解も、東アジアに安定的平和を確立するうえできわめて重要となる。日中関係が敵対的なままだと、日本は安全保障のためにアメリカに依存し続けるだろうし、この地域から地政学的対立とバランス・オブ・パワーのダイナミクスがなくなることもない。逆に、日本と中国がやっかいな歴史問題と決別できれば、地域全体の協調的安全保障の土台を作れるはずである。仏独和解によってヨーロッパの平和が可能となり、最終的にはヨーロッパがアメリカのパワーに依存する度合いも減った。日中和解も、東アジアがアメリカのパワーに依存する度合いを減らし、さらには地域の海上覇権をめぐって米中が競争する可能性も低下させることで、この地域に同じ貢献ができる。

米中関係を改善するには、良い政策だけでなく良い政治も必要となる。中国の指導者たちは、アメリカには強気で立ち向かえという国内世論の圧力にいつもさらされているし、アメリカの指導者たちも対中政策に関しては同じ状況にある。国内でナショナリズムが盛り上がっているせいで、中国の指導者たちはアメリカからの圧力に屈して言いなりになっていると見られるわけにはいかない。同様にアメリカ政府のほうも、中国が人民元の価値を高く評価したがらない現状や、対中貿易赤字、また中国の人権状況や外交的野心の高まりがあるせいで、行動の幅が狭まっている。米中和解をめぐる国内政治をうまく取り運ぶためには、外交をうまく取り運ぶときと同じくらいの手腕が必要になる。

アメリカのリーダーシップを復活させる

アメリカは他のどの国よりも、世界の大転換に関してやるべきことがたくさんある。この先一〇年間、さらにその先の一〇年間にわたって多極構造の世界が少しずつ姿を現してくるとはいえ、アメリカが世界でいちばんパワーも影響力も大きい国である状況は変わらない。アメリカは、世界秩序に訪れる変化をヨーロッパの同盟国と協力して支えようとするのなら、自分の足元を固め直さなければならない。アメリカが経済・政治面で堅実さを取り戻すためには、国内問題への関心を強めつつ、利用可能な資源にあわせて、グローバルなコミットメントを減らしていく方向で国家戦略の中身を絞り込む必要がある。

偶然にも、アメリカが堅実さと国内のコンセンサスを取り戻すためにやるべきこと、つまり縮小策は、新興国に活躍のスペースを与えるためにやるべきことでもある。世界のほとんどの地域で覇権を維持しようとすれば、アメリカ外交に対する国内の支持はさらに弱まるだろうし、そうなれば二極化と一貫性のなさもいっそう深刻になるだろう。世界の大転換をうまく取り運ぶには新興国の助力が不可欠だが、覇権志向の戦略ではそうした国々を遠ざけてしまいかねない。対照的に、賢明で的を絞った縮小策は、安定的・持続的なアメリカのリーダーシップを支える超党派的土台を再建することになるだろう。またそれは、能力の向上に見合う影響力を行使したいと考えている新興国に、権利と責任を移譲することにもなろう。

さらにアメリカは、世界の大転換をうまく進めるために、大国間政治を優先事項リストのトップに戻す必要もある。二〇〇一年九月一一日の同時多発テロ以降、アメリカはテロの脅威とその後のイラク、アフガニスタンでの戦争にかかりっきりになった。その結果、テロとの戦いはあまりに軍事的な方向に偏りすぎてしまい、資源と政治的資本を浪費した。しかしこれからは、テロとの戦いにおいて局所的に武力を使うべきではあるにせよ、破綻国家の占領と再建には手を出さないほうがいい。イラクとアフガニスタンで思い知らされたように、国家建設は往々にしてきりがないものである。

アメリカは中東情勢にかかりっきりになっていただけでなく、大国間対立はもうないだろうと安心しきっていた部分もあった。冷戦後、たしかに大国間対立は姿を消した。しかしその静けさはいまだけである。優位性と威信をめぐる大国間対立は、アメリカのパワーが広範囲に及び、西洋主導の秩序が支配的であったために、一時的に抑えられていたのである。だがそれも、西洋の優位性が失われていくにつれて、いっきに復活するだろう。

アメリカはすでに、もはや中東にかかりっきりではいられないし、大国間対立についても呑気に構えていられない現実に気づいている。厳しい現実に直面したアメリカは、国家としての優先事項を考え直さざるを得なくなっている。その意味で、アメリカの戦略に対する財政的・政治的制約は、実は好都合かもしれない。左派と右派の両方から聞こえてくる主張は、イラクとアフガニスタンに費やされた何十億ドルものお金は、国内の雇用を増やすために使ったほうがよかったということである。それは正しい。より一般的には、失業、債務増大、政治の悪しき膠着状態、共和党内に現れたティーパーティー運動の新孤立主義的主張といったものはすべて、国内問題に専念することを求める政治的圧力につながっている。一方、中国、ロシア、インド、ブラジル、トルコなどが活発に動いているのを見ると、新興国が覚醒しはじめていることは確実である。

政策もレトリックも、こうした政治面・戦略面の新しい現実に追いつかなければならない。アメリカは依然として、自分の資源と政治的意志では実現不可能なレベルの世界支配を強く望んでいる。アメリカのエリートたちはそのような政策に合致するような、「不可欠な国家」、「アメリカの世紀」、「アメリカの時代」といった物語にしがみついている。このようなキャッチフレーズは、いまだにアメリカの戦略をめぐる政治論争の中で使われている。そのせいで、この先に待ち構えている多様性に満ちた世界秩序について、ていねいな議論ができなくなっている。

アメリカのエリートたちは、世界の中でアメリカが果たす役割について控えめな構想を描くために、まずは国内での準備作業に取りかかるのが賢明だろう。彼らにとっては意外なことだろうが、一般市民は、負担を軽減すること、および新しい次の世界の準備を進める責任を新興国と公平に分担することについて、しっかり心構えができている。二〇一〇年秋の世論調査によれば、アメリカ人のおよそ三分の二が他国の勃興を好意的に受け止めていた。なぜなら、他国がアメリカのパワーに依存する度合いは減るだろうし、グローバルな諸問題への対処に関しても、他国がもっと多くの役割を担ってくれるはずだからである。(27) 少なくとも現段階では、アメリカの指導者たちよりも一般市民のほうがよくわかっている。

＊

新しい次の世界へ平和的に進むことの難しさを、軽く見てはならない。パワーの移行は、国際政治の中できわめて危険な瞬間である。西洋も、勃興する非西洋も世界の大転換が始まった事実を認識し、どうすればそれをうまく進めていけるのかについて話を始めていることは、良い兆候である。いま、西洋に求められているのは、体力と自信を取り戻して、来るパワーの移行を主導する政治的影響力を獲得することである。世界は今後すぐに、近代の多様なタイプが並存する状況になる。西洋近代モデルが普及して世界が均質化することはないのである。西洋はこの趨勢を正しく見極めなければならない。したがって、西洋はこの先に待ち構えている政治の多様化と多元化に備えなければならないし、いずれはそれを進んで受け入れなければならない。勃興する非西洋は、新しい次の世界についてイメージを固めなければならないし、それを平和的に実現するべく西洋と協力しながら建設的に行動しなければならない。

西洋の勃興は多くの点で、ヨーロッパが変化を容認し、経済・政治・思想の現状を覆す宗教・政治の多様性を進んで受け入れたことの結果である。宗教改革、中産階級の勃興、さらにそうした動きが君主・貴族・教会に突きつけた挑戦が大きな原動力となり、西洋は進歩と繁栄の輝かしい時代を迎えたのである。

いま、そのような根本的な変化が再び起きている。しかし今回違うのは、それがグローバルな規模で起きている点である。新しいプレイヤーとさまざまな思想が、西洋秩序と、その基盤をなす伝統的な権力制度に挑戦している。もし西洋が数世紀前に自分で実現したもの、すなわち政治・宗教上の寛容と経済発展のセットを非西洋に与えることができれば、来る世界の大転換が、イデオロギー対立と地政学的対立に彩られた暗黒時代に陥ることはない。代わりに、多様性と多元性をベースにグローバルな協調が広がる、そういった時代が訪れるだろう。

監訳者あとがき

本書は、*No One's World: The West, the Rising Rest, and the Coming Global Turn* (New York: Oxford University Press, 2012) の全訳であり、原著はエコノミスト誌やフォーリン・アフェアーズ誌など世界の著名誌でこぞってとりあげられ、また各国語に翻訳がなされている。「誰のものでもない世界」(No One's World)、すなわち、この世界が西洋によって席巻されて以来、初めて、誰も「取り仕切るもの」がいない国際政治が生まれている、というのが本書の核心的なメッセージである。

いま、世界秩序が重大な変革期に入っていることは誰もが認めるところだろう。それはここ数年来、書店に「世界の行く末」を論じる多くの本が並んでいることからもうかがえる。しかし、もし本書がそのような「未来を占う」議論の一つに過ぎないのであれば、多大な労力を使ってこれを翻訳する意義はなかった。わざわざ日本の読者に紹介すべきだと考えるのはなぜか。

それは、本書が、これからの世界秩序の本質を圧倒的な説得力で提示し、国際関係を見る私たちの眼を否《いや》が応《おう》でも研ぎ澄ませてくれるからである。そこでは、「こうなるかもしれない」世界、あるいは「こうなってほしい」世界ではなく、冷徹なまでの現実分析と学問的アプローチによって、次の世界＝誰のものでもない世界が描き出されている。

それをアメリカの衰退、多極化、フラット化あるいはGゼロなどと表現すれば、もちろん、本文中にあるように「西洋の優位性の喪失を論じるのは本書が初めてではない」(7頁)。しかしそこには重大な違いがある。それは、「長期的視点をもって次の世界を詳細に見通す議論は前例がない」(同)。つまり、本書の一つの特徴は、現在を見るだけではなく、数世紀にわたる歴史的な展開を踏まえて未来を見通すことにある。そして、現在の世界が、一六〜一八世紀に起こった西洋の勃興以来の大転換期であることを、豊富な事例によって読者に気づかせてくれる。

本書の前半部分は、世界史的な記述が主軸となっているので、万が一、そこを読みづらいと感じる読者は後半から読んでもいいだろう。しかし、ここでは、なぜ「弱かったヨーロッパ」が世界を圧倒したのか、宗教改革、立憲君主制、産業革命、世界支配へと至る西洋の勃興が生き生きと描かれている。また、イスラム教で宗教改革はなぜ起こらなかったのか、なぜ、オスマン、中国、インド、日本などの非西洋が「遅れた」のか、世界史の大問題についての本質を端的に論じているので、現代に至る歴史的展開を整理し、「次の世界」を考えるうえで大切な知的土台となるだろう。

さらに、本書の大きな特色は、世界を席巻した「西洋モデル」を徹底的に相対化しているところにある。西洋の勃興はその「弱さ」ゆえの偶然的なものであり、いわゆる新興国(非西洋)が必然的に西洋化するとはまったく言えず、したがって、世界は均質化ではなく、「多様な近代」の並立へと向かう。後半部分では、これを具体的に論証した後に、「西洋モデル」の普遍化をあきらめ、「責任ある統治」を基盤とした新しいコンセンサス形成をリードすることこそが、西洋の最後の責務であるというのである。

これは一見、穏当な立論のように見えて、過激なまでに現代国際政治の本質を浮き彫りにする議論である。詳細は本文に譲るが、ぜひ一読して、その意味するところを深く思索していただきたい。この転換期を生きる私たちに、最高の知的刺激と世界の見取り図を与えてくれるはずである。

著者チャールズ・カプチャンは、アメリカのもっとも著名な国際政治学者の一人で、ハーヴァード大学を卒業後、オックスフォード大学で博士号を取得、現在はワシントンDCの名門ジョージタウン大学教授である。また、クリントン政権でホワイトハウスの国家安全保障会議（NSC）入りし、現在もオバマ政権で大統領特別補佐官およびNSCの欧州問題上級部長として国際政治、外交の最前線にも身を置いている。

『アメリカ時代の終わり』（NHK出版、二〇〇三年）に翻訳者として関わって以来、個人的に親交を深めるなかで、彼の慧眼と博識はもちろん、国際政治への鋭い現実認識と強い責任感による政策提言のバランス感覚には畏敬の念をつねに抱いてきた。同書は刊行されて十数年たつが、いまもその内容には驚くほど誤謬がない。センセーショナルなアイデアによって一時期もてはやされる議論ではなく、強靱な知性と学問的バックグラウンドによって導き出された立論を平易に、説得的に論じられるのがカプチャン教授の最大の強みであり、まさに本書でもその才能がいかんなく発揮されている。

もちろん、翻訳によって原著のよさが失われることはままある。しかし本書は、原著以上の価値を読者に提供することを心がけた。日本語訳を気鋭の国際政治学者、小松氏が担当し、これを、編集の上原氏と坪内の三人で、文字通り頭を突き合わせながら、一文にいたるまで日本の読者への妥当性を議論しつつ、時にはカプチャン教授の助言を得ながら、翻訳を行った。三人の合議時間だけでも相当な日数をかけ、まさに訳者、編集者、監訳者の共同作業によって本書は完成した。(また聖心女子大学の国際政治ゼミでも原著を使った演習を行い、その過程でいくつかの有益な示唆を得た。過酷な演習を楽しんでいた優秀なゼミ生たちに感謝したい。)翻訳はつねに正確さと読みやすさのせめぎあいであるが、本書はどちらかというと前者に重きを置いている。また、邦題を『ポスト西洋世界はどこに向かうのか——「多様な近代」への大転換』としたのも、われわれ、翻訳者たちからの読者へのメッセージである。この題名が妥当かどうか、ぜひ読後に確かめてほしい。

筆者はこれまで多くの翻訳プロジェクトに関わってきたが、ここまで贅沢に手をかけられた翻訳書は稀有だと自負している。しかし、最終的な判断とその責任は監訳者である坪内にある。読者のご批判を仰ぎたい。

本書は、非常に大きな視野で現在の世界の大転換を整理し、そして、そこから自らの思考を鍛えることのできる卓越した文献であると信じている。「次の世界」を考える、日本の多くの読者の目にとまり、その糧となることを祈る。

坪内　淳

ポスト西洋世界はどこに向かうのか　「多様な近代」への大転換

2016年5月20日　第1版第1刷発行

著　者　チャールズ・カプチャン
監訳者　坪《つぼ》内《うち》　淳《じゅん》
訳　者　小《こ》松《まつ》志《し》朗《ろう》
発行者　井村寿人

発行所　株式会社　勁《けい》草《そう》書房

112-0005 東京都文京区水道2-1-1　振替 00150-2-175253
（編集）電話 03-3815-5277／FAX 03-3814-6968
（営業）電話 03-3814-6861／FAX 03-3814-6854
堀内印刷所・松岳社

ISBN978-4-326-35167-1　Printed in Japan

http://www.keisoshobo.co.jp

●著者紹介
チャールズ・カプチャン（Charles A. Kupchan）
ジョージタウン大学教授、専門は国際関係論。オバマ政権では大統領特別補佐官および国家安全保障会議の欧州問題上級部長の任につく。
1958年、ウィスコンシン州生まれ。ハーヴァード大学卒業後、オックスフォード大学で博士号を取得。プリンストン大学助教授を経て、クリントン政権下でもアメリカ国家安全保障会議に務めた。その後、現職。
おもな著書は『アメリカ時代の終わり（上・下）』（NHK出版、2003年）、『敵はどのようにして友になるのか――安定的平和の源泉（仮）』（NHK出版、刊行予定）など。

●監訳者紹介
坪内 淳（つぼうち じゅん）
聖心女子大学教授。専門は国際関係論、安全保障。
1969年生まれ。早稲田大学卒業後、同大大学院政治学研究科博士課程単位取得満期退学。ハーヴァード大学客員研究員、北京大学客員研究員、パリ政治学院客員研究員、山梨大学准教授などを経て、現職。
おもな著書は『国際安全保障と地域メカニズム』（共著、2011年、アジア経済研究所）、『平和政策』（共著、有斐閣、2006年）など。

●訳者紹介
小松 志朗（こまつ しろう）
山梨大学准教授。専門は国際関係論。
1978年生まれ。早稲田大学卒業後、同大大学院政治学研究科で博士（政治学）を取得。早稲田大学助教を経て、現職。
おもな主著は『人道的介入――秩序と正義、武力と外交』（早稲田大学出版部、2014年）、『国際政治のモラル・アポリア――戦争／平和と揺らぐ倫理』（共著、ナカニシヤ出版、2014年）など。

参考文献

Agnew, John. "Sovereignty Regimes: Territoriality and State Authority in Contemporary World Politics." *Annals of the Association of American Geographers* 95, no. 2 (June 2005): 437-461.

Ambrose, Stephen E., and Douglas G. Brinkley. *Rise to Globalism: American Foreign Policy Since 1938*. 8th ed. New York: Penguin Books, 1997.

Anderson, Benedict. *Imagined Communities: Reflections on the Origin and Spread of Nationalism*. New York: Verso, 1991.

Arnson, Cynthia J., and José Raül Perales, eds. *The "New Left" and Democratic Governance in Latin America*. Washington, DC: Woodrow Wilson International Center for Scholars, 2007.

Ashton, Robert. *The English Civil War: Conservatism and Revolution, 1603-1649*. New York: W.W. Norton, 1979.

Aslund, Anders, and Andrew Kuchins. *The Russia Balance Sheet*. Washington, DC: Peterson Institute for International Economics/ Center for International and Strategic Studies, 2009.

Barkey, Karen. *Empire of Difference: The Ottomans in Comparative Perspective*. Cambridge: Cambridge University Press, 2008.

Bates, Robert. *When Things Fell Apart: State Failure in Late-Century Africa*. Cambridge: Cambridge University Press, 2008.

Bayly, C.A. *The Birth of the Modern World: 1780-1914*. Oxford: Blackwell, 2004.

———. *Imperial Meridian: The British Empire and the World 1780-1830*. Harlow: Longman, 1989.

Bayrsch, Katinka. "A New Reality for the European Union." International Institutions and Global Governance Working Paper, Council on Foreign Relations, New York, NY, September 2010.

Berlin, Donald. "India in the Indian Ocean." *Naval War College Review* 59, no. 2 (Spring 2006): 58-89.

Bin Wong, R. *China Transformed: Historical Change and the Limits of European Experience*. Ithaca: Cornell University Press, 2000.

Bozeman, Adda. *Politics and Culture in International History*. Princeton: Princeton University Press, 1960.

Bratton, Michael, and Nicholas van de Walle. *Democratic Experiments in Africa: Regime Transitions in Comparative Perspective*. Cambridge: Cambridge University Press, 1997.

Braudel, Fernand. *The Wheels of Commerce: Civilization and Capitalism: 15th-18th Century*. New York: Harper & Row, 1982.

Britnell, Richard. "Town Life." In *A Social History of England 1200-1500*, edited by Rosemary Horrox and W. Mark Ormrod, 134-178. Cambridge: Cambridge University Press, 2006.

Brown, L. Carl. *Religion and the State: The Muslim Approach to Politics*. New York: Columbia University Press, 2000.

Brownlie, Ian. "The Expansion of International Society: The Consequences for the Law of Nations." In *The Expansion of International Society*, edited by Hedley Bull and Adam Watson, 357-369. Oxford: Clarendon Press, 1984.

Bull, Hedley. "The Revolt Against the West." In *The Expansion of International Society*, edited by Hedley Bull and Adam Watson, 217-228. Oxford: Clarendon Press, 1984.

Bull, Hedley, and Adam Watson, eds. *The Expansion of International Society*. Oxford: Clarendon Press, 1984.

Cameron, Euan. *The European Reformation*. New York: Oxford University Press, 1991.

Carlson, Eric. *Religion and the English People, 1500-1640: New Voices New Perspectives*. Kirksville: Thomas Jefferson University Press, 1998.

Castaneda, Jorge. "Latin America's Left Turn." *Foreign Affairs* 85, no. 3 (May/ June 2006): 28-43.

Chang, Gordon. *The Coming Collapse of China*. New York: Random House, 2001.

Chaunu, Pierre. *The Reformation*. New York: St. Martin's Press, 1990.

Chicago Council on Global Affairs. *Global Views 2010: Constrained Internationalism, Adapting to New Realities*. Chicago: Chicago Council on Global Affairs, 2010.

Chollet, Derek, and James M. Goldgeier. *America Between the Wars: From 11/ 9 to 9/ 11*. New York: Public Affairs, 2008.

Church, Frederic C. *The Italian Reformers, 1534-1564*. New York: Columbia University Press, 1932.

Collinson, Patrick. *The Reformation: A History*. New York: Modern Library, 2004.

Council on Competitiveness. "Business, Science, Engineering and University Leaders Urge Tough Choices on the National Deficit." Washington, DC: Council on Competitiveness, 2011.

Daalder, Ivo. "The End of Atlanticism." *Survival* 45, no. 2 (Summer 2003): 147-166.

Daalder, Ivo, and James Lindsay. "Democracies of the World, Unite." *American Interest* 2, no. 3 (January/ February 2007): 5-19.

Dale, Stephen. "India Under Mughal Rule." In *The New Cambridge History of Islam, Vol. 3: The Eastern Islamic World Eleventh to Eighteenth Centuries*, edited by David O. Morgan and Anthony Reid, 226-314. Cambridge: Cambridge

University Press, 2010.
Davidson, Christopher M. "After Shaikh Zayed: The Politics of Succession in Abu Dhabi and the UAE." *Middle East Policy* 13, no. 1 (Spring 2006): 42-59.
———. *The United Arab Emirates: A Study in Survival.* Boulder, CO: Lynne Rienner, 2006.
de Krey, Gary. *Restoration and Revolution in Britain: Political Culture in the Era of Charles II and the Glorious Revolution.* New York: Palgrave Macmillian, 2007.
de Roover, Raymond. "The Account Books of Collard de Marke." *Bulletin of the Business Historical Society* 12, no. 3 (June 1938): 4-47.
Decalo, Samuel. "The Process, Prospects and Constraints of Democratization in Africa." *African Affairs* 91, no. 362 (January 1992): 7-35.
Desai, Meghnad. "India and China: An Essay in Comparative Political Economy." In *India's and China's Recent Experience with Reform and Growth*, edited by Wanda Tseng and David Cowen, 1-22. Basingstoke: Palgrave Macmillan, 2005.
Deudney, Daniel and G. John Ikenberry. "The Logic of the West." *World Policy Journal* 10, no. 4 (Winter 1993/ 94): 17-25.
Dewey, John. *Liberalism and Social Action.* New York: Prometheus Books, 1999.
Diamond, Larry. "The Rule of Law versus the Big Man." In *Democratization in Africa: Progress and Retreat*, edited by Larry Diamond and Marc F. Plattner, 47-58. Baltimore: The Johns Hopkins University Press, 1999.
Diamond, Larry, and Marc F. Plattner, eds. *Democritization in Africa: Progress and Retreat.* 2nd ed. Baltimore: Johns Hopkins University Press, 2010.
Dickson, Bruce. *Red Capitalists in China: The Party, Private Entrepreneurs, and the Prospects for Political Change.* Cambridge: Cambridge University Press, 2003.
Dix, Robert H. "Military Coups and Military Rule in Latin America." *Armed Forces and Society* 20, no. 3 (Spring 1994): 439-456.
Easterly, William, and Ross Levine. "Africa's Growth Tragedy: Policies and Ethnic Divisions." *Quarterly Journal of Economics* 112, no. 4 (November 1997): 1203-1250.
Economy, Elizabeth. *The River Runs Black: The Environmental Challenge to China's Future.* Ithaca: Cornell University Press, 2004.
Eisenstadt, Shmuel, ed. *Multiple Modernities.* Piscataway: Transaction Publishers, 2002.
Epstein, S. R., ed. *Town and Country in Europe 1300-1800.* Cambridge: Cambridge University Press, 2001.
Faroqhi, Suraiya. *The Ottoman Empire and the World Around It.* New York: I. B. Tauris, 2007.
Fiorina, Morris, Samuel Abrams, and Jeremy Pope. *Culture War: The Myth of a*

Polarized America. White Plains: Longman, 2004.

Firpo, Massimo, and John Tedeschi. "The Italian Reformation and Juan de Valdes." *The Sixteenth Century Journal* 27, no. 2 (Summer 1996): 356-364.

Fitch, J. Samuel. *The Armed Forces and Democracy in Latin America*. Baltimore: Johns Hopkins University Press, 1998.

Friedman, Steven. "An Accidental Advance? South Africa's 2009 Elections." In *Democratization in Africa: Progress and Retreat*, edited by Larry Diamond and Marc F. Plattner, 265-279. Baltimore: The Johns Hopkins University Press, 1999.

Fukuyama, Francis. *The End of History and the Last Man*. New York: Free Press, 1992.

Gaddis, John Lewis. "Ending Tyranny: The Past and Future of an Idea." *American Interest* 4, no. 1 (September/ October 2008): 6-15.

Gamberoni, Elisa, and Richard Newfarmer. "World Bank Trade Note #37: Trade Protection: Incipient but Worrisome Trends." Washington, DC: The World Bank (March 2, 2009).

Gat, Azar. *Victorious and Vulnerable: Why Democracy Won in the 20th Century and How It Is Still Imperiled*. Lanham: Rowman & Littlefield, 2010.

Gates, Robert M. "A Balanced Strategy: Reprogramming the Pentagon for a New Age." *Foreign Affairs* 88, no. 1 (January/ February 2009): 11-17.

Gelb, Leslie. *Power Rules: How Common Sense Can Rescue American Foreign Policy*. New York: HarperCollins, 2009.

Giliomee, Hermann, James Myburgh, and Lawrence Schlemmer. "Dominant Party Rule, Opposition Parties and Minorities in South Africa." *Democratization* 8, no. 1 (Spring 2001): 161-182.

Gilley, Bruce. *China's Democratic Future: How It Will Happen and Where It Will Lead*. New York: Columbia University Press, 2004.

Goffman, Daniel. *The Ottoman Empire and Early Modern Europe*. Cambridge: Cambridge University Press, 2002.

Goldgeier, James M., and Ivo Daalder. "Global NATO." *Foreign Affairs* 85, no. 5 (September/ October 2006): 105-113.

Goldstone, Jack. *Why Europe? The Rise of the West in World History, 1500-1850*. New York: McGraw-Hill, 2008.

Gong, Gerrit W. "China's Entry into International Society." In *The Expansion of International Society*, edited by Hedley Bull and Adam Watson, 171-183. Oxford: Clarendon Press, 1984.

Greengrass, Mark. *The French Reformation*. New York: Basil Blackwell, 1987.

Hacker, Jacob S., and Paul Pierson. *Off Center: The Republican Revolution and the Erosion of American Democracy*. New Haven: Yale University Press, 2005.

Hale, J. R. *Renaissance Europe, 1480-1520.* London: Wiley-Blackwell, 1992.

Halper, Stefan. *The Beijing Consensus: How China's Authoritarian Model Will Dominate the Twenty-First Century.* New York: Basic Books, 2010.

Hayek, Friedrich A. *The Road to Serfdom.* Chicago: University of Chicago Press, 2007.

Hedrick, Daniel R. *The Tools of Empire: Technology and European Imperialism in the Nineteenth Century.* New York: Oxford University Press, 1981.

Heindel, Richard. "Review of *The Private Papers of Senator Vandenberg.*" *American Historical Review* 58, no. 2 (January 1953): 401-402.

Herbst, Jeffrey I. *States and Power in Africa: Comparative Lesson in Authority and Control.* Princeton: Princeton University Press, 2000.

Hiroshi, Kashiwagi. "On Rationalization and the National Lifestyle." In *Being Modern in Japan: Culture and Society from the 1910s to the 1930s,* edited by Elise Tipton and John Clark, 61-74. Honolulu: University of Hawaii Press, 2000.

Hoffman, Barak, and Lindsay Robinson. "Tanzania's Missing Opposition." In *Democratization in Africa: Progress and Retreat,* edited by Larry Diamond and Marc F. Plattner, 219-232. Baltimore: The Johns Hopkins University Press, 1999.

Holmes, James R., and Toshi Yoshihara. "When Comparing Navies, Measure Strength, Not Size." *Global Asia* 5, no. 4 (December 2010): 26-31.

Holt, Mack. *New Approaches to European History No. 8: The French Wars of Religion, 1562-1629.* Cambridge: Cambridge University Press, 1995.

Huntington, Samuel P. "How Countries Democratize." *Political Science Quarterly* 106, no. 4 (Winter 1991): 579-616.

Hurrell, Andrew. *On Global Order: Power, Values, and the Constitution of International Society.* Oxford: Oxford University Press, 2007.

Ikenberry, G. John. *After Victory: Institutions, Strategic Restraint, and the Rebuilding of Order after Major Wars.* Princeton: Princeton University Press, 2000.

———. "Liberal Internationalism 3.0: America and the Dilemmas of Liberal World Order." *Perspectives on Politics* 7, no. 1 (March 2009): 71-87.

———. *Liberal Leviathan: The Origins, Crisis, and Transformation of the American World Order.* Princeton: Princeton University Press, 2011.

———. "The Rise of China and the Future of the West." *Foreign Affairs* 87, no. 1 (January/ February 2008): 23-37.

Ikenberry, G. John, and Anne-Marie Slaughter. "Forging a World of Liberty Under Law: U.S. National Security in the 21st Century." Princeton: The Princeton Project on National Security, 2006.

Inalcik, Halil. *The Ottoman Empire: The Classical Age 1300-1600.* New York:

Praeger, 1976.
International Institute for Strategic Studies. *The Military Balance 2010*. London: Routledge, 2010.
Istrate, Emilia, and Robert Puentes. "Metropolitan Infrastructure Initiative, no. 7: Investing for Success: Examining a Federal Capital Budget and a National Infrastructure Bank." Washington, DC: The Brookings Institution, 2009.
Jacques, Martin. *When China Rules the World: The End of the Western World and the Birth of a New Global Order*. New York: Penguin, 2009.
Judt, Tony. *Postwar: A History of Europe Since 1945*. New York: Penguin Books, 2005.
Kaczmarczyk, Andrzej. "E-Democracy Development and Impact on Business (4)." Toronto: Key Research Center, 2010.
Kagan, Robert. "End of Dreams, Return of History." *Policy Review*, no. 144 (August/ September 2007): 17-44.
———. *The Return of History and the End of Dreams*. New York: Knopf, 2008.
Kaufman, Robert. "Conceptual and Historical Perspectives." In *The "New Left" and Democratic Governance in Latin America*, edited by Cynthia J. Arnson and José Raúl Perales, 24-30. Washington, DC: Woodrow Wilson International Center for Scholars, 2007.
Keene, Edward. *Beyond the Anarchical Society: Grotius, Colonialism, and Order in World Politics*. Cambridge: Cambridge University Press, 2002.
Kennedy, Paul. *The Rise and Fall of British Naval Mastery*. London: Macmillan, 1983.
Khalifa, Ali Mohammed. *The United Arab Emirates: Unity in Fragmentation*. Boulder: Westview Press, 1979.
Khana, Parag. *Second World: How Emerging Powers Are Redefining Global Competition in the Twenty-first Century*. New York: Random House, 2008.
Kishlansky, Mark. *A Monarchy Transformed: Britain 1603-1714*. New York: Penguin, 1997.
Kissinger, Henry. "An End of Hubris." *The Economist*. November 19, 2008.
Kupchan, Charles, A. *The End of the American Era: U.S. Foreign Policy and the Geopolitics of the Twenty-first Century*. New York: Knopf, 2002.
———. "The End of the West." *The Atlantic Monthly* 290, no. 4 (November 2002): 42-44.
———. "Enemies into Friends: How the United States Can Court Its Adversaries." *Foreign Affairs* 89, no. 2 (March/ April 2010): 120-134.
———. *How Enemies Become Friends: The Sources of Stable Peace*. Princeton: Princeton University Press, 2010.
———. "Minor League, Major Problems: The Case against a League of

Democracies." *Foreign Affairs* 80, no. 6 (November/ December 2008): 96-109.
———. "NATO's Final Frontier: Why Russia Should Join the Atlantic Alliance." *Foreign Affairs* 89, no. 3 (May/ June 2010): 100-112.
Kupchan, Charles A., and Adam Mount. "The Autonomy Rule," *Democracy*, no. 12 (Spring 2009): 8-21.
Kupchan, Charles A., and Peter Trubowitz. "Dead Center: The Decline of Liberal Internationalism in the United States." *International Security* 32, no. 2 (Fall 2007): 7-44.
———. "Grand Strategy for a Divided America." *Foreign Affairs* 86, no. 4 (July/ August 2007): 71-83.
———. "The Illusion of Liberal Internationalism's Revival." *International Security* 35, no. 1 (Summer 2010): 95-109.
Kuran, Timur. *The Long Divergence: How Islamic Law Held Back the Middle East.* Princeton: Princeton University Press, 2011.
Lebow, Richard Ned. *Why Nations Fight: Past and Future Motives for War.* Cambridge: Cambridge University Press, 2011.
Leighninger, Matt. *The Next Form of Democracy: How Expert Rule Is Giving Way to Shared Governance—and Why Politics Will Never Be the Same.* Nashville: Vanderbilt University Press, 2006.
Levin, Richard. "Top of the Class: The Rise of Asia's Universities." *Foreign Affairs* 89, no. 3 (May/ June 2010): 63-75.
Lewis, Bernard. *Islam in History: Ideas, People, and Events in the Middle East.* Chicago: Open Court, 1993.
———. *Islam and the West.* New York: Oxford University Press, 1993.
Li, Nan, and Christopher Weuve. "China's Aircraft Carrier Ambitions: An Update." *Naval War College Review* 63, no. 1 (Winter 2010): 13-31.
Library of Congress, Federal Research Division. "Country Profile: Saudi Arabia." September 2006.
Lippmann, Walter. *U.S. Foreign Policy: Shield of the Republic.* Boston: Little, Brown and Company, 1943.
Lo, Ming-Cheng and Christopher Bettinger. "The Historical Emergence of a 'Familial Society' in Japan." *Theory and Society* 30, no. 2 (2001): 237-279.
Lockard, Craig A. *Societies, Networks, and Transitions: A Global History.* Vol. 2. 2nd ed. Boston: Wadsworth, 2011.
Luce, Edward. *In Spite of the Gods: The Strange Rise of Modern India.* New York: Random House, 2007.
Lynn, Martin. *Commerce and Economic Change in West Africa: The Palm Oil Trade in the Nineteenth Century.* Cambridge: Cambridge University Press, 1997.

MacCulloch, Diarmaid. *The Later Reformation in England, 1547-1603*. New York: Palgrave, 2001.

———. *The Reformation: A History*. New York: Penguin, 2003.

MacDonald, Scott, and Albert Gastmann. *A History of Credit and Power in the Western World*. New Brunswick: Transaction Publishers, 2004.

Mahbubani, Kishore. *The New Asian Hemisphere: The Irresistible Shift of Global Power to the East*. New York: Public Affairs, 2008.

Makeham, Karl. "Introduction." In *New Confucianism: A Critical Examination*, edited by John Makeham, 1-23. London: Palgrave, 2003.

Mandelbaum, Michael. *The Ideas That Conquered the World: Peace, Democracy, and Free Markets in the Twenty-First Century*. New York: Public Affairs, 2002.

Mann, Michael. *The Sources of Social Power: The Rise of Classes and Nation-States, 1760-1914*. Cambridge: Cambridge University Press, 1993.

Mbow, Penda. "Senegal: The Return of Personalism." In *Democratization in Africa: Progress and Retreat*, edited by Larry Diamond and Marc F. Plattner, 152-165. Baltimore: The Johns Hopkins University Press, 1999.

McCarty, Nolan, Keith T. Poole, and Howard Rosenthal. *Polarized America: The Dance of Ideology and Unequal Riches*. Cambridge: MIT Press, 2006.

McNeill, John R., and William H. McNeill. *The Human Web: A Bird's-Eye View of World History*. New York: Norton, 2003.

McNeill, William H. *History of Western Civilization: A Handbook*. Chicago: University of Chicago Press, 1969.

———. *The Rise of the West: A History of the Human Community*. Chicago: University of Chicago Press, 1963.

Menchi, Silvana Seidel. "Italy." In *The Reformation in National Context*, edited by Robert W. Scribner, Roy Porter, and Mikuláš Teich, 181-201. Cambridge: Cambridge University Press, 1994.

Meredith, Martin. *The Fate of Africa: From the Hopes of Freedom to the Heart of Despair*. New York: Public Affairs, 2005.

Milward, Alan. *The Reconstruction of Western Europe, 1945-51*. Berkeley: University of California Press, 1984.

Montgomery, John. *Forced to Be Free: The Artificial Revolution in Germany and Japan*. Chicago: University of Chicago Press, 1957.

Morris, Ian. *Why the West Rules—For Now: The Patterns of History, and What They Reveal about the Future*. New York: Farrar, Straus and Giroux, 2010.

Mwenda, Andrew. "Personalizing Power in Uganda." In *Democratization in Africa: Progress and Retreat*, edited by Larry Diamond and Marc F. Plattner, 233-247. Baltimore: The Johns Hopkins University Press, 1999.

Naff, Thomas. "The Ottoman Empire and the European States System." In *The*

Expansion of International Society, edited by Hedley Bull and Adam Watson, 143-169. Oxford: Clarendon Press, 1984.

Nasr, Vali. *The Shia Revival: How Conflicts within Islam Will Shape the Future*. New York: W.W. Norton, 2006.

National Intelligence Council and Eurasia Group. "Conference Report: Nonstate Actors: Impact on International Relations and Implications for the United States." Washington, DC: National Intelligence Council and Eurasia Group, 2007.

Newman, Gerald, ed. *Britain in the Hanoverian Age, 1714-1837: An Encyclopedia*. London: Routledge, 1997.

Nexon, Daniel. *The Struggle for Power in Early Modern Europe: Religious Conflict, Dynastic Empires, and International Change*. Princeton: Princeton University Press, 2009.

Nye, Joseph. "The Future of American Power." *Foreign Affairs* 89, no. 6 (November/ December 2010): 2-12.

Office of Naval Intelligence. "The People's Liberation Army Navy: A Modern Navy with Chinese Characteristics." Washington, DC: Office of Naval Intelligence, 2009.

O'Neill, Jim, and Anna Stupnystka. "Global Economics Paper No: 192: The Long-Term Outlook for the BRICs and N-11 Post Crisis." New York: Goldman Sachs Global Economics, Commodities and Strategic Research, 2009.

O'Rourke, Ronald. "China Naval Modernization: Implications for U.S. Navy Capabilities—Background and Issues for Congress." Washington, DC: Congressional Research Service (April 9, 2010).

Osterhammel, Jürgen, and Niels Petersson. *Globalization: A Short History*. Translated by Dona Geyer. Princeton: Princeton University Press, 2005.

Owen, John. *The Clash of Ideas in World Politics: Transnational Networks, States, and Regime Change, 1510-2010*. Princeton: Princeton University Press, 2010.

Polayni, Karl. *The Great Transformation*. Boston: Beacon Press, 2001.

Patrick, Stewart. *The Best Laid Plans: The Origins of American Multilateralism and the Dawn of the Cold War*. Lanham: Rowman & Littlefield, 2009.

Pei, Minxin. *China's Trapped Transition: The Limits of Developmental Autocracy*. Cambridge: Harvard University Press, 2006.

Perry, Marvin, Myrna Chase, Margaret C. Jacob, James R. Jacob, and Theordore H. Van Laue. *Western Civilization: Ideas, Politics, and Society*, 9th ed. Boston: Houghton Mifflin Harcourt, 2009.

Peterson, Willard J. "Introduction: New Order for the Old Order." In *The Cambridge History of China. Vol. 9, Part One: The Ch'ing Empire to 1800*, edited by Willard J. Peterson, 1-8. Cambridge: Cambridge University Press, 2002.

Pew Research Center for the People and the Press. "America's Place in the World 2009: An Investigation of Public and Leadership Opinion about International Affairs." Washington: DC: The Pew Research Center, 2009.

Pew Research Center's Global Attitudes Project. "Most Embrace a Role for Islam in Politics: Muslim Publics Divided on Hamas and Hezbollah." Washington, DC: The Pew Research Center (December 2, 2010).

———. "Muslim Disappointment: Obama More Popular Abroad Than at Home, Global Image of U.S. Continues to Benefit." Washington, DC: The Pew Research Center, 2010.

Philpott, Daniel. *Revolutions in Sovereignty: How Ideas Shaped Modern International Relations*. Princeton: Princeton University Press, 2001.

Pierson, Paul. "Inequality and Its Casualties." *Democracy*, no. 20 (Spring 2011): 27-32.

Pincus, Steven. *1688: The First Modern Revolution*. New Haven: Yale University Press, 2009.

Pion-Berlin, David. "Military Autonomy and Emerging Democracies in South America." *Comparative Politics* 25, no. 1 (October 1992): 83-102.

Pomeranz, Kenneth. *The Great Divergence: China, Europe, and the Making of the Modern World Economy*. Princeton: Princeton University Press, 2000.

Porter, Bernard. *The Lion's Share: A Short History of British Imperialism, 1850-2004*. 4th ed. Harlow: Longman, 2004.

Posner, Daniel, and Daniel Young. "The Institutionalization of Political Power in Africa." In *Democratization in Africa: Progress and Retreat*, edited by Larry Diamond and Marc F. Plattner, 59-72. Baltimore: The Johns Hopkins University Press, 1999.

Pounds, Norman. *The Medieval City*. Westport: Greenwood Press, 2005.

Prempeh, H. Kwasi. "Presidents Untamed." In *Democratization in Africa: Progress and Retreat*, edited by Larry Diamond and Marc F. Plattner, 18-32. Baltimore: The Johns Hopkins University Press, 1999.

Prestwich, Menna. "Calvinism in France, 1559-1629." In *International Calvinism, 1541-1715*, edited by Menna Prestwich, 71-107. Oxford: Clarendon Press, 1985.

Price, Roger. *A Concise History of France*. 2nd ed. Cambridge: Cambridge University Press, 2005.

Putnam, Robert. *Bowling Alone: The Collapse and Revival of American Community*. New York: Simon & Schuster, 2000.

Quataert, Donald. *The Ottoman Empire, 1700-1922*. New York: Cambridge University Press, 2005.

Ramadan, Tariq. *Islam, the West and the Challenges of Modernity*. Leicester: The Islamic Foundation, 2009.

Ramazani, R. K. *The Gulf Cooperation Council: Record and Analysis*. Charlottesville:

University of Virginia Press, 1988.
Ramusack, Barbara N. *The Indian Princes and Their States.* Cambridge: Cambridge University Press, 2004.
Reamer, Andrew. "Putting America to Work: The Essential Role of Federal Labor Market Statistics." Washington, DC: The Brookings Institution, 2010.
Reid, Michael. *Forgotten Continent: The Battle for Latin America's Soul.* New Haven: Yale University Press, 2007.
Richards, John F. *The Mughal Empire.* Cambridge: Cambridge University Press, 1996.
Roberts, Kenneth, Leslie Bethness, and René Antonio Mayorga. "Conceptual and Historical Perspectives." In *The "New Left" and Democratic Governance in Latin America,* edited by Cynthia J. Arnson and José Raúl Perales, 10-23. Washington, DC: Woodrow Wilson International Center for Scholars, 2007.
Rohde, David W. *Parties and Leaders in the Postreform House.* Chicago: University of Chicago Press, 1991.
Rossabi, Morris. "The 'Decline' of the Central Asian Caravan Trade." In *The Rise of Merchant Empires: Long Distance Trade in the Early Modern World, 1350-1750,* edited by James D. Tracy, 351-370. New York: Cambridge University Press, 1993.
Roy, Olivier. *Globalized Islam: The Search for a New Ummah.* New York: Columbia University Press, 2006.
———. *Secularism Confronts Islam.* Translated by George Holoch. New York: Columbia University Press, 2007.
Rubio, Luis, and Jeffrey Davidow. "Mexico's Disputed Election." *Foreign Affairs* 85, no. 5 (September 2006): 75-85.
Salmon, J.H.M. *Society in Crisis: France in the Sixteenth Century,* New York: St. Martin's Press, 1975.
Saniel, Josefa M. "The Mobilization of Traditional Values in the Modernization of Japan." In *Religion and Progress in Modern Asia,* edited by Robert Bellah, 124-129. New York: The Free Press, 1965.
Scott, David. *China and the International System, 1840-1949: Power, Presence, and Perceptions in a Century of Humiliation.* Albany: State University of New York, 2008.
———. "India's Drive for a 'Blue Water' Navy." *Journal of Military and Strategic Studies* 10, no. 2 (Winter 2007-2008): 1-42.
Sen, Amartya. *Development as Freedom.* New York: Anchor Books, 2000.
Shambaugh, David. *China's Communist Party: Atrophy and Adaptation.* Washington, DC: Woodrow Wilson Center Press, 2008.
Shirk, Susan. *China: Fragile Superpower.* Oxford: Oxford University Press, 2007.

Southern, Neil. "Political Opposition and the Challenges of a Dominant Party System: The Democratic Alliance in South Africa." *Journal of Contemporary African Studies* 29, no. 3 (July 2011): 281-298.

Spear, Percival. *The Oxford History of Modern India, 1740-1975*. 2nd ed. New Delhi: Oxford University Press, 1978.

Spence, Michael, and Sandile Hlatshwayo. "The Evolving Structure of the American Economy and the Employment Challenge." Maurice R. Greenberg Center for Geoeconomic Studies Working Paper, Council on Foreign Relations, New York, NY, March 2011.

Spruyt, Hendrik. *The Sovereign State and Its Competitors*. Princeton: Princeton University Press, 1994.

Steinfeld, Edward S. *Playing Our Game: Why China's Economic Rise Doesn't Threaten the West*. Oxford: Oxford University Press, 2010.

Suberu, Rotimi. "Nigeria's Muddled Elections." In *Democratization in Africa: Progress and Retreat*, edited by Larry Diamond and Marc F. Plattner, 121-136. Baltimore: The Johns Hopkins University Press, 1999.

Sweig, Julia. *Friendly Fire: Losing Friends and Making Enemies in the Anti-American Century*. New York: Public Affairs, 2006.

Terrill, Ross. *The New Chinese Empire*. New South Wales: University of New South Wales Press, 2003.

Tilly, Charles. "War-Making and State-Making as Organized Crime." In *Bringing the State Back In*, edited by Peter Evans, Dietrich Rueschemeyer, and Theda Skocpol, 169-191. Cambridge: Cambridge University Press, 1985.

Totman, Conrad. *Early Modern Japan*. Los Angeles: University of California Press, 1995.

Tsai, Kellee S. *Capitalism without Democracy: The Private Sector in Contemporary China*. Ithaca: Cornell University Press, 2007.

U.S. Congress, Office of Technology Assessment. *Proliferation of Weapons of Mass Destruction: Assessing the Risks*. OTA-ISC-599. Washington, DC: U.S. Government Printing Office, 1993.

U.S. Department of Defense, Office of the Undersecretary (Comptroller). *Fiscal Year 2011 Budget Request: Overview*. Washington, DC: U.S. Department of Defense, 2010.

van de Walle, Nicolas. "Presidentialism and Clientalism in Africa's Emerging Party Systems." *The Journal of Modern African Studies* 41, no. 2 (June 2003): 297-321.

Walter, Carl, and Fraser Howie. *Red Capitalism: The Fragile Financial Foundation of China's Extraordinary Rise*. Singapore: John Wiley & Sons, 2011.

Watson, Adam. "European International Society and Its Expansion." In *The Expansion of International Society*, edited by Hedley Bull and Adam Watson,

13-32. Oxford: Clarendon Press, 1984.
———. *The Evolution of International Society: A Comparative Historical Analysis.* London: Routledge, 1992.
Weber, Steven, and Bruce Jentleson. *The End of Arrogance: America in the Global Competition of Ideas.* Cambridge: Harvard University Press, 2010.
The White House. *National Security Strategy of the United States.* Washington, DC: The White House, 2010.
Wilson, Dominic, and Anna Stupnytska. "Global Economics Paper No. 153: The N-11: More Than an Acronym." New York: Goldman Sachs Economic Research, 2007.
Wilson, Peter. *The Thirty Years War: Europe's Tragedy.* Cambridge: Harvard University Press, 2009.
Wittfogel, Karl. *Oriental Despotism: A Comparative Study of Total Power.* New Haven: Yale University Press, 1957.
Wolpert, Stanley A. *India.* 3rd ed. Berkeley: University of California Press, 2005.
———. *A New History of India.* 8th ed. New York: Oxford University Press, 2009.
Zakaria, Fareed. *The Post-American World.* New York: Norton, 2008.

原　注

日本語版の序文

（1） W. Buiter and E. Rahbari, "Trade Transformed: The Emerging New Corridors of Trade Power," Citi GPS: Global Perspectives and Solutions, October 18, 2011.

第1章

（1） Francis Fukuyama, *The End of History and the Last Man* (New York: Free Press, 1992).

（2） "Obama the Party Crasher," *Washington Times*, December 23, 2009.

（3） 近代に複数のタイプがあるという考え方については、以下を参照。Shmuel Eisenstadt, ed., *Multiple Modernities* (Piscataway: Transaction Publishers, 2002).

（4） G. John Ikenberry, "The Rise of China and the Future of the West," *Foreign Afairs*, Vol. 87, no.1 (January/ February 2008), pp. 25, 37.

（5） Fareed Zakaria, *The Post-American World* (New York: Norton, 2008), p. 218.

（6） たとえば、以下を参照。Charles Kupchan, *The End of the American Era: U.S. Foreign Policy and the Geopolitics of the Twenty-first Century* (New York: Knopf, 2002); Parag Khana, *Second World: How Emerging Powers Are Redefining Global Competition in the Twenty-first Century* (New York: Random House, 2008); Kishore Mahbubani, *The New Asian Hemisphere: The Irresistible Shift of Global Power to the East* (New York: Public Affairs, 2008); Zakaria, *The Post-American World*; Martin Jacques, *When China Rules the World: The End of the Western World and the Birth of a New Global Order* (New York: Penguin, 2009); Stefan Halper, *The Beijing Consensus: How China's Authoritarian Model Will Dominate the Twenty-First Century* (New York: Basic Books, 2010); and Ian Morris, *Why the West Rules—for Now: The Patterns of History, and What They Reveal about the Future* (New York: Farrar, Straus and Giroux, 2010).

（7） このテーマに関する最新の研究としては、以下のものがある。 Andrew Hurrell, *On Global Order: Power, Values, and the Constitution of International Society* (Oxford: Oxford University Press, 2007); Steven Weber and Bruce Jentleson, *The End of Arrgance: America in the Global Competition of Ideas* (Cambridge: Harvard University Press, 2010); and G. John Ikenberry, *Liberal Leviathan: The Origins, Crisis, and Transformation of the American World Order* (Princeton: Princeton University Press, 2011).

（8） 以下を参照。Daniel Deudney and G. John Ikenberry, "The Logic of the

West," *World Policy Journal*, Vol. 10, no. 4 (Winter 1993/ 94).

(9) ヨーロッパの勃興の原因をめぐる議論の概要は、以下を参照。Jack Goldstone, *Why Europe? The Rise of the West in World History 1500-1850* (New York: McGraw-Hill, 2008).

(10) フリーダム・ハウスの2010年のランキングによれば、47カ国が「自由ではない」、58カ国が「部分的に自由」である。

(11) Azar Gat, *Victorious and Vulnerable: Why Democracy Won in the loth Century and How It Is Still Imperiled* (Lanham: Rowman & Littlefield, 2010), p. 79.

(12) Henry Kissinger, "An End of Hubris," *The Economist*, November 19, 2008.

第2章

(1) Diarmaid MacCulloch, *The Reformation: A History* (New York: Penguin, 2003), p. 485.

(2) Charles Tilly, "War-Making as State-Making," in Peter Evans, Dietrich Rueschemeyer, and Theda Skocpol, eds., *Bringing the State Back In* (Cambridge: Cambridge University Press, 1985).

(3) 以下を参照。Daniel Nexon, *The Struggle for Power in Early Modern Europe: Religious Conflict, Dynastic Empires, and International Change* (Princeton: Princeton University Press, 2009), p. 6.

(4) 以下を参照。Hendrik Spruyt, *The Sovereign State and Its Competitors* (Princeton: Princeton University Press, 1994), pp. 37-40.

(5) L. Carl Brown, *Religion and the State: The Muslim Approach to Politics* (New York: Columbia University Press, 2000), p. 65.

(6) William H. McNeill, *History of Western Civilization: A Handbook* (Chicago: University of Chicago Press, 1969), pp. 284-85. 以下も参照。Marvin Perry, Myrna Chase, Margaret Jacob, James Jacob, and Theordore Van Laue, *Western Civilization: Ideas, Politics, and Society*, 9th ed. (Boston: Houghton Mifflin Harcourt, 2008), p. 394; and John R. McNeill and William H. McNeill, *The Human Web: A Bird's-Eye View of World History* (New York: Norton, 2003), p. 142.

(7) 以下を参照。MacCulloch, *The Reformation*, pp. 35-40.

(8) Perry, et al., *Western Civilization*, p. 336; and McNeill, *History of Western Civilization*, p. 337.

(9) Craig A. Lockard, *Societies, Networks, and Transitions: A Global History*, Vol. 2 (Boston: Wadsworth, 2011), p. 434. 以下も参照。Morris Rossabi, "The 'Decline' of the Central Asian Caravan Trade," in James D. Tracy, ed., *The Rise of Merchant Empires: Long Distance Trade in the Early Modern World, 1350-1750* (New York: Cambridge University Press, 1993); and William H. McNeill, *The Rise of the West: A History of Human Community* (Chicago: University of Chicago Press, 1963), p. 565.

(10) McNeill, *History of Western Civilization*, pp. 268-69.
(11) J. R. Hale, *Renaissance Europe,1480-1520* (London: Wiley-Blackwell, 1992), p. 206; and Spruyt, *The Sovereign State*, pp. 65-66.
(12) Spruyt, *The Sovereign State*, p. 26.
(13) 以下を参照。S. R. Epstein, ed., *Town and Country in Europe 1300-1800* (Cambridge: Cambridge University Press, 2001); and Norman Pounds, *The Medieval City* (Westport: Greenwood Press, 2005).
(14) 以下を参照。Eric Carlson, *Religion and the English People, 1500-1640: New Voices New Perspectives* (Kirksville: Thomas Jefferson University Press, 1998), pp. 77-79.
(15) Spruyt, *The Sovereign State*, pp. 136-37.
(16) McNeill, *History of Western Civilization*, p. 271.
(17) McNeill, *History of Western Civilization*, pp. 273-74.
(18) Hale, *Renaissance Europe*, p. 175. 以下も参照。Richard Britnell, "Town Life," in Rosemary Horrox and W. Mark Ormrod, eds., *A Social History of England 1200-1500* (Cambridge: Cambridge University Press, 2006).
(19) McNeill, *History of Western Civilization*, pp. 273-74.
(20) Raymond de Roover, "The Account Books of Collard de Marke," *Bulletin of the Business Historical Society*, Vol. 12, no. 3 (June 1938), pp. 44-47.
(21) Hale, *Renaissance Europe*, p. 48.
(22) Hale, *Renaissance Europe*, pp. 11-12; and Spruyt, *The Sovereign State*, pp. 74-75.
(23) MacCulloch, *The Reformation*, pp. 76-79.
(24) Hale, *Renaissance Europe*, p. 189.
(25) Hale, *Renaissance Europe*, pp. 283-84.
(26) Hale, *Renaissance Europe*, p. 149.
(27) Spruyt, *The Sovereign State*, pp. 116-25.
(28) ドイツ、イングランド、フランス、イタリアそれぞれの異なる経緯を比較して論じたものとして、以下を参照。Spruyt, *The Sovereign State*.
(29) Mark Kishlansky, *A Monarchy Transformed: Britain 1603-1714* (New York: Penguin, 1997), pp. 8-20.
(30) Spruyt, *The Sovereign State*, pp. 6, 64-66, 77, 89, 100-105.
(31) Spruyt, *The Sovereign State*, pp. 66, 76, 132-85.
(32) Nexon, *The Struggle for Power*, pp. 3-4.
(33) 宗教上の寛容が必要に迫られて進んだ点に関しては、以下を参照。John Owen, *The Clash of Ideas in World Politics: Transnational Networks, States, and Regime Change, 1510-2010* (Princeton: Princeton University Press, 2010), pp. 79-121.
(34) Diarmaid MacCulloch, *The Later Reformation in England, 1547-1603* (New

York: Palgrave, 2001), pp. 2-7.

(35) 以下を参照。MacCulloch, *The Reformation*, pp. 11-12; and Patrick Collinson, *The Reformation: A History* (New York: Modern Library, 2004), pp. 128-29.

(36) MacCulloch, *The Reformation*, p. 130.

(37) MacCulloch, *The Reformation*, pp. 118-30; Perry, et al., *Western Civilization*, pp. 320-22; and Euan Cameron, *The European Reformation* (New York: Oxford University Press, 1991), pp. 172-74.

(38) Cameron, *The European Reformation*, pp. 210-13; and Perry, et al., *Western Civilization*, p. 323.

(39) MacCulloch, *The Reformation*, p. 171.

(40) MacCulloch, *The Reformation*, p. 669; Collinson, *The Reformation*, p. 21.

(41) MacCulloch, *The Reformation*, pp. 684-87.

(42) Cameron, *The European Reformation*, pp. 210-13.

(43) MacCulloch, *The Reformation*, p. 400.

(44) MacCulloch, *The Reformation*, p. 191; and Cameron, *The European Reformation*, pp. 329-31.

(45) MacCulloch, pp. 136, 202-203; and Collinson, *The Reformation*, p. 155.

(46) Cameron, *The European Reformation*, pp. 301-302; and Perry, et al., *Western Civilization*, pp. 332-34.

(47) MacCulloch, *The Reformation*, pp. 162-64; and Nexon, *The Struggle for Power*, pp. 132, 161.

(48) Collinson, *The Reformation*, p. 10; Nexon, *The Struggle for Power*, pp. 196-201.

(49) Massimo Firpo and John Tedeschi, "The Italian Reformation and Juan de Valdes," *The Sixteenth Century Journal*, Vol. 27, no. 2 (Summer 1996), p. 355. 以下も参照。Frederic C. Church, *The Italian Reformers, 1534-1564* (New York: Columbia University Press, 1932); and Silvana Seidel Menchi, "Italy," in Robert Scribner, Roy Porter, and Mikuláš Teich, eds., *The Reformation in National Context* (Cambridge: Cambridge University Press, 1994).

(50) Pierre Chaunu, *The Reformation* (New York: St. Martin's Press, 1990), pp. 158-59; Perry, et al., *Western Civilization*, p. 332; and Menchi, "Italy," pp. 181-201.

(51) Perry, et al., *Western Civilization*, p. 332.

(52) McNeill, *The Rise of the West*, p. 579. 以下も参照。Spruyt, *The Sovereign State*, p. 136; and Nexon, *The Struggle for Power*, pp. 88-89.

(53) ドイツに2万5000人以上の人口を有する都市はほんの一握りしかなかったが、イタリアにはそのクラスの都市が30もあった。以下を参照。Spruyt, *The Sovereign State*, pp. 112-13.

(54) Spruyt, *The Sovereign State*, p. 97.

(55) Mark Greengrass, *The French Reformation* (New York: Basil Blackwell,

1987), pp. 1-3.

(56) Cameron, *The European Reformation*, pp. 286-89. 以下も参照。Mack Holt, *The French Wars of Religion, 1562-1629* (Cambridge: Cambridge University Press, 1995), p. 14.

(57) Spruyt, *The Sovereign State*, pp. 100-101.

(58) Greengrass, *The French Reformation*, p. 57.

(59) J. H. M. Salmon, *Society in Crisis: France in the Sixteenth Century* (New York: St. Martin's Press, 1975), pp. 102-104; and Roger Price, *A Concise History of France*, 2nd ed. (Cambridge: Cambridge University Press, 2005), pp. 63-65.

(60) Spruyt, *The Sovereign State*, p. 6. 以下も参照。Fernand Braudel, *The Wheels of Commerce: Civilization and Capitalism, 15th-18th Century* (New York: Harper & Row, 1982), pp. 474, 477, 479, 487.

(61) MacCulloch, *The Reformation*, pp. 58-61; and Collinson, *The Reformation*, p. 107.

(62) Chaunu, *The Reformation*, pp. 160-63.

(63) MacCulloch, *The Reformation*, pp. 394-96; and Collinson, *The Reformation*, pp. 138-39.

(64) Collinson, *The Reformation*, pp. 155-58; and Nexon, *The Struggle for Power*, p. 170.

(65) Nexon, *The Struggle for Power*, p. 100. 以下も参照。Owen, *Clash of Ideas*, pp. 79-121.

(66) 以下を参照。Cameron, *The European Reformation*, pp. 294-97, 358-60; and Gat, *Victorious and Vulnerable*, pp. 26-27, 32.

(67) MacCulloch, *The Reformation*, pp. 158-59.

(68) Collinson, *The Reformation*, pp. 155-56; and Nexon, *The Struggle for Power*, pp. 164-65, 168-69.

(69) McNeill, *History of Western Civilization*, p. 386; and Collinson, *The Reformation*, pp. 156-58.

(70) Nexon, *The Struggle for Power*, p. 178.

(71) その例外的な紛争の一つは、ケルンで起きている。アウクスブルクの和議において、諸侯が自分の領土の宗派を決められるという条項から、聖職者の所領は除外されていた。ケルン選帝侯〔ケルン大司教〕がプロテスタントに改宗したのを機に、ケルン戦争が始まった。彼は、アウクスブルクの和議の規定に従ってケルンの支配者の地位を退くことはせずに、権力を保持して、ケルンをカトリックの世界から脱退させようとした。さらに事態を複雑にしたのは、彼がルター派ではなくカルヴァン派に改宗したことである。戦争はすぐに勃発した。プロテスタント側にはオランダ、スコットランド、イングランドの傭兵が参戦し、カトリック側にはバイエルン軍と教皇軍が参戦している。こうした例外的な紛争については、以下を参照。Owen, *Clash of Ideas*, pp. 110-11.

(72)　フランスはカトリックだったにもかかわらず、プロテスタント側について戦った。ハプスブルク帝国との対立に関する地政学上の計算が、同じ宗派を支援することよりも優先されたのである。

(73)　三十年戦争については、以下を参照。Peter Wilson, *The Thirty Years War: Europe's Tragedy* (Cambridge: Harvard University Press, 2009).

(74)　マクニールが次のように述べている。数々の戦争の結果、「ヨーロッパのほぼすべての国家において行政機構が少しずつ発達した。……ヨーロッパの軍隊が洗練されて高価なものになっていくにつれ、君主が自国内で組織的な暴力を独占することがさらに容易になり、結果、対内主権が強化された」。McNeill, *The Rise of the West*, p. 582. 以下も参照。McNeill, *History of Western Civilization*, p. 402.

(75)　Charles A. Kupchan, *How Enemies Become Friends: The Sources of Stable Peace* (Princeton: Princeton University Press, 2010), pp. 295-303.

(76)　MacCulloch, *The Reformation*, p. 307. 以下も参照。Greengrass, *The French Reformation*, pp. 42-43.

(77)　Menna Prestwich, "Calvinism in France, 1559-1629," in Menna Prestwich, ed., *International Calvinism, 1541-1715* (Oxford: Clarendon Press, 1985), pp. 71-108. 以下も参照。 Holt, *The French Wars of Religion*, p. 38; and Collinson, *The Reformation*, p. 98.

(78)　Greengrass, *The French Reformation*, p. 48.

(79)　Greengrass, *The French Reformation*, pp. 53-54.

(80)　Greengrass, *The French Reformation*, pp. 68-69.

(81)　Nexon, *The Struggle for Power*, pp. 188-225.

(82)　「アングリカン」という言葉は、「イングランド教会」を意味するラテン語のエクレシア・アングリカーナ（ecclesia anglicana）に由来する。この言葉は19世紀まで一般に用いられることはなかったが、1500年代にはイングランド教会を指すものとして使われはじめていた。本書では、アングリカン・チャーチとイングランド教会を同じ意味の言葉として使う〔本訳書ではいずれも「国教会」の訳語で統一した〕。

(83)　McNeill, *History of Western Civilization*, pp. 403-404; and Robert Ashton, *The English Civil War: Conservatism and Revolution, 1603-1649* (New York: W.W. Norton, 1979), p. 9.

(84)　MacCulloch, *The Reformation*, pp. 198-201; and Kishlansky, *A Monarchy Transformed*, p. 63.

(85)　Kishlansky, *A Monarchy Transformed*, pp. 76-77.

(86)　Kishlansky, *A Monarchy Transformed*, pp. 111-12; and Ashton, *The English Civil War*, pp. 15, 18.

(87)　Collinson, *The Reformation*, p. 149.

(88)　Kishlansky, *A Monarchy Transformed*, pp. 127-29.

(89)　Kishlansky, *A Monarchy Transformed*, pp. 145-49; and Ashton, *The English*

Civil War, pp. 143-48.
(90) Kishlansky, *A Monarchy Transformed*, pp. 152-57.
(91) 国教会は主教の監督下で画一化された形の国教会が望ましいと考えたが、長老派は主教のいない国教会を望み、そしてピューリタンおよびその他の「独立系」宗派は各会衆が自治を行うべきだと主張した。以下を参照。Kishlansky, *A Monarchy Transformed*, pp. 168-69; and McNeill, *History of Western Civilization*, p. 407.
(92) Kishlansky, *A Monarchy Transformed*, p. 159.
(93) Gary de Krey, *Restoration and Revolution in Britain: Political Culture in the Era of Charles II and the Glorious Revolution* (New York: Palgrave Macmillan, 2007), pp. 21-24.
(94) Kishlansky, *A Monarchy Transformed*, p. 225; and de Krey, *Restoration and Revolution in Britain*, pp. 29-31.
(95) Kishlansky, *A Monarchy Transformed*, p. 226.
(96) Kishlansky, *A Monarchy Transformed*, pp. 229-34; and de Krey, *Restoration and Revolution in Britain*, pp. 34-35.
(97) Kishlansky, *A Monarchy Transformed*, pp. 263-89; and Steven Pincus, *1688: The First Modern Revolution* (New Haven: Yale University Press, 2009), pp. 432-33.
(98) Pincus, *1688: The First Modern Revolution*, pp. 349-50.
(99) Kishlansky, *A Monarchy Transformed*, p. 23.
(100) Kishlansky, *A Monarchy Transformed*, p. 16.
(101) Gerald Newman, ed., *Britain in the Hanoverian Age, 1714-1837: An Encyclopedia* (London: Routledge, 1997), p. 453.
(102) Goldstone, *Why Europe?*, pp. 93-94.
(103) Morris, *Why the West Rules*, p. 491.
(104) Paul Kennedy, *The Rise and Fall of British Naval Mastery* (London: Macmillan, 1983), p. 70.
(105) MacCulloch, *The Reformation*, pp. 676, 703.
(106) Michael Mann, *The Sources of Social Power: The Rise of Classes and NationStates, 1760-1914* (Cambridge: Cambridge University Press, 1993).

第3章

(1) Karen Barkey, *Empire of Difference: The Ottomans in Comparative Perspective* (Cambridge: Cambridge University Press, 2008), pp. 9, 17-18.
(2) Barkey, *Empire of Difference*, pp. 77-79, 86-87, 93-94.
(3) Barkey, *Empire of Difference*, pp. 93-95.
(4) Barkey, *Empire of Difference*, pp. 85-88.
(5) Barkey, *Empire of Difference*, p. 131.
(6) Daniel Goffman, *The Ottoman Empire and Early Modern Europe* (Cambridge:

Cambridge University Press, 2002), p. 73.

(7) Spruyt, *The Sovereign State*, p. 16; and Suraiya Faroqhi, *The Ottoman Empire and the World Around It* (New York: I.B. Tauris, 2007), pp. 16-17, 94, 156.

(8) オスマン帝国の商業・金融に関する包括的な研究として、以下を参照。Timur Kuran, *The Long Divergence: How Islamic Law Held Back the Middle East* (Princeton: Princeton University Press, 2011). この本の中心的な主張は、「中東が西洋に後れをとったのは、近代経済の重要な諸制度を取り入れるのがもっとも遅かったからだ」というものである。p. 5 からの引用。

(9) 中東の都市はアッバース朝の時代（750 ～ 1258 年）に規模と数が大幅に増大した。都市が成長していくなかで、商人は富を増やして地位も向上し、初期のムスリム・ブルジョアジーとなった。オスマン帝国の時代、この商人階級の自律性と影響力はかなり限られていた。以下を参照。Bernard Lewis, *Islam in History: Ideas, People, and Events in the Middle East* (Chicago: Open Court, 1993), pp. 307-308.

(10) Brown, *Religion and State*, p. 65.

(11) Halil Inalcik, *The Ottoman Empire: The Classical Age 1300-1600* (New York: Praeger, 1976), pp. 165-78.

(12) Donald Quataert, *The Ottoman Empire, 1700-1922* (New York: Cambridge University Press, 2005), pp. 169-70.

(13) Bernard Lewis, *Islam and the West* (New York: Oxford University Press, 1993), pp. 156-65; and Vali Nasr, *The Shia Revival: How Conflicts within Islam Will Shape the Future* (New York: W. W. Norton, 2006), pp. 38-39, 49-52, 57.

(14) Nasr, *The Shia Revival*, p. 34, 35-52.

(15) Lewis, *Islam in History*, pp. 279-80, 303-308; and McNeill, *The Rise of the West*, pp. 632-33.

(16) Lewis, *Islam in History*, p. 293. 以下も参照。Lewis, *Islam and the West*, pp. 4, 35-136, 181.

(17) 以下を参照。Brown, *Religion and State*, pp. 1-80.

(18) Barkey, *Empire of Difference*, p. 55.

(19) Barkey, *Empire of Difference*, p. 81.

(20) McNeill, *The Rise of the West*, p. 626.

(21) Barkey, *Empire of Difference*, p. 201.

(22) Barkey, *Empire of Difference*, pp. 251-56.

(23) Barkey, *Empire of Difference*, pp. 257-62.

(24) Barkey, *Empire of Difference*, p. 295.

(25) Kenneth Pomeranz, *The Great Divergence: China, Europe, and the Making of the Modern World Economy* (Princeton: Princeton University Press, 2000), pp. 31-106; and R. Bin Wong, *China Transformed: Historical Change and the Limits of European Experience* (Ithaca: Cornell University Press, 2000), pp. 13-38.

(26) Braudel, *The Wheels of Commerce*, pp. 586-88, 595.

(27) Ross Terrill, *The New Chinese Empire* (New South Wales: University of New South Wales Press, 2003), pp. 58-59.

(28) Wong, *China Transformed*, pp. 43-44, 96-112.

(29) McNeill, *The Rise of the West*, p. 644. 以下も参照。Willard J. Peterson, *The Ch'ing Empire to 1800*, Vol. 1 (Cambridge: Cambridge University Press, 2002), p. 8.

(30) David Scott, *China and the International System, 1840-1949: Power, Presence, and Perceptions in a Century of Humiliation* (Albany: State University of New York, 2008), pp. 11, 13.

(31) インダス川沿いに現れた都市は、紀元前 3 世紀まで、当時もっとも先進的な都市の部類に入っていた。紀元前 1750 年頃からインダス文明の長い衰退期が始まった。相次ぐ侵略と外国支配がその主な原因である。侵略者が築いた帝国はたいていが中央集権的・垂直的な統治制度に依拠していて、そのせいでインドにかつて存在した経済のダイナミズムが抑え込まれてしまった。紀元前 150 年頃にマウリヤ朝が崩壊した後、インドでは脆弱な統治の時代が長く続く。そしてそれが経済の復活を促したのである。

(32) Stanley Wolpert, *A New History of India* (New York: Oxford University Press, 2009), p. 70.

(33) Wolpert, *A New History of India*, pp. 113-15.

(34) John F. Richards, *The Mughal Empire* (Cambridge: Cambridge University Press, 1996), pp. 165-85. 以下も参照。Barbara N. Ramusack, *The Indian Princes and Their States* (Cambridge: Cambridge University Press, 2004); and Stephen Dale, "India Under Mughal Rule," in David Morgan and Anthony Reid, eds., *The Eastern Islamic World Eleventh to Eighteenth Centuries*, Vol. 3 (Cambridge: Cambridge University Press, 2010), pp. 266-314.

(35) Conrad Totman, *Early Modern Japan* (Los Angeles: University of California Press, 1995), pp. 12-13.

(36) Braudel, *The Wheels of Commerce*, pp. 589, 591.

(37) Totman, *Early Modern Japan*, p. 19.

(38) Scott MacDonald and Albert Gastmann, *A History of Credit and Power in the Western World* (New Brunswick: Transaction Publishers, 2001), p. 259.

(39) McNeill, *The Rise of the West*, p. 646.

(40) 近代化と日本の伝統的な価値観・社会構造との相互作用については、以下を参照。Josefa M. Saniel, "The Mobilization of Traditional Values in the Modernization of Japan," in Robert Bellah, ed., *Religion and Progress in Modern Asia* (New York: The Free Press, 1965), pp. 124-49; Ming-Cheng Lo and Christopher Bettinger, "The Historical Emergence of a 'Familial Society' in Japan," *Theory and Society*, Vol. 30, no. 2 (April 2001), pp. 237-79; and Kashiwagi Hiroshi, "On Rationalization and the National Lifestyle," in Elise Tipton and John Clark, eds., *Being Modern in*

Japan: Culture and Society from the 1910s to the 1930s (Honolulu: University of Hawaii Press, 2000).

(41) Hedley Bull and Adam Watson, eds., *The Expansion of International Society* (Oxford: Clarendon Press, 1984), pp. 3, 6. 以下も参照。Adam Watson, *The Evolution of International Society: A Comparative Historical Analysis* (London: Routledge, 1992).

(42) Daniel Philpott, *Revolutions in Sovereignty: How Ideas Shaped Modern International Relations* (Princeton: Princeton University Press, 2001), p. 33; and Bernard Porter, *The Lion's Share: A Short History of British Imperialism 850-2004*, 4th ed. (Harlow: Longman, 2004), p. 21.

(43) C. A. Bayly, *The Birth of the Modern World: 1780-1914* (Oxford: Blackwell, 2004), p. 476. 以下も参照。Ian Brownlie, "The Expansion of International Society: The Consequences for the Law of Nations," in Bull and Watson, eds., *The Expansion of International Society*, p. 358.

(44) これらの諸原則の詳細は、以下を参照。Adam Watson, "European International Society and Its Expansion," in Bull and Watson, eds., *The Expansion of International Society*, pp. 23-24; and Adda Bozeman, *Politics and Culture in International History* (Princeton: Princeton University Press, 1960), pp. 438-522.

(45) Watson, "European International Society and Its Expansion," p. 18.

(46) Martin Lynn, *Commerce and Economic Change in West Africa: The Palm Oil Trade in the Nineteenth Century* (Cambridge: Cambridge University Press, 1997), p. 60.

(47) Watson, "European International Society and Its Expansion," pp. 21-22.

(48) Watson, "European International Society and Its Expansion," p. 22. 以下も参照。Jürgen Osterhammel and Niels Petersson, *Globalization: A Short History*, Dona Geyer, trans. (Princeton: Princeton University Press, 2005), pp. 59-60.

(49) 帝国の拡張を技術が後押しした点については、以下を参照。Daniel R. Hedrick, *The Tools of Empire: Technology and European Imperialism in the Nineteenth Century* (New York: Oxford University Press, 1981).

(50) 以下を参照。Paul Kennedy, *The Rise and Fall of British Naval Mastery* (London: Macmillan, 1983); and C. A. Bayly, *Imperial Meridian: The British Empire and the World 1780-1830* (Harlow: Longman, 1989).

(51) Watson, "European International Society and Its Expansion," p. 27.

(52) Watson, "European International Society and Its Expansion," p. 27.

(53) Edward Keene, *Beyond the Anarchical Society: Grotius, Colonialism, and Order in World Politics* (Cambridge: Cambridge University Press, 2002), p. xi.

(54) 以下を参照。Benedict Anderson, *Imagined Communities: Reflections on the Origin and Spread of Nationalism* (New York: Verso, 1991), pp. 163-85.

(55) Percival Spear, *The Oxford History of Modern India, 1740-1975*, 2nd ed.

(New Delhi: Oxford University Press, 1978), p. 7. 以下も参照。Stanley Wolpert, *India*, 3rd ed. (Berkeley: University of California Press, 2005), pp. 44-55.

(56) Thomas Naff, "The Ottoman Empire and the European States System," in Bull and Watson, eds., *The Expansion of International Society*, p. 158. 以下も参照。Edhem Eldem, "Capitulations and Western Trade," in Suriaya Faroqhi, ed., *The Cambridge History of Turkey, Vol. 3: The Later Ottoman Empire, 1603-1839* (Cambridge: Cambridge University Press, 2006), p. 284; Faroqhi, *The Ottoman Empire and the World Around It*, p. 17; and Lockard, *Societies, Networks, and Transitions*, pp. 434, 588-90.

(57) Porter, *The Lion's Share*, pp. 21, 158; Gerrit W. Gong, "China's Entry into International Society," in Bull and Watson, eds., *The Expansion of International Society*, p. 178; and Morris, *Why the West Rules*, pp. 6-11.

(58) Gat, *Victorious and Vulnerable*, p. 43.

(59) Hedley Bull, "The Emergence of a Universal International Society," in Bull and Watson, eds., *The Expansion of International Society*, p. 123.

(60) Hedley Bull, "The Revolt Against the West," in Bull and Watson, eds., *The Expansion of International Society*, pp. 217-18.

(61) 第二次世界大戦後のアメリカ主導の秩序の発展については、以下を参照。G. John Ikenberry, *After Victory: Institutions, Strategic Restraint, and the Rebuilding of Order after Major Wars* (Princeton: Princeton University Press, 2000), pp. 163-256; G. John Ikenberry, "Liberal Internationalism 3.0: America and the Dilemmas of Liberal World Order," *Perspectives on Politics*, Vol. 7, no. 1 (March 2009); Michael Mandelbaum, *The Ideas That Conquered the World: Peace, Democracy, and Free Markets in the Twenty-first Century* (New York: Public Affairs, 2002); and Stewart Patrick, *The Best Laid Plans: The Origins of American Multilateralism and the Dawn of the Cold War* (Lanham: Rowman and Littlefield, 2009).

(62) Stephen Ambrose and Douglas Brinkley, *Rise to Globalism: American Foreign Policy Since 1938*, 8th ed. (New York: Penguin Books, 1997), p. 61.

(63) 以下を参照。John Montgomery, *Forced To Be Free: The Artificial Revolution in Germany and Japan* (Chicago: University of Chicago Press, 1957); and Ambrose and Brinkley, *Rise to Globalism*, pp. 49-50.

(64) Alan Milward, *The Reconstruction of Western Europe, 1945-51* (Berkeley: University of California press, 1984), p. 56. 以下も参照。Tony Judt, *PostWar: A History of Europe Since 1945* (New York: Penguin Books, 2005), pp. 63-99.

第4章

(1) 以下を参照。Zakaria, *The Post-American World*; and Mahbubani, *The New Asian Hemisphere*.

(2) ここでは日本を西洋に含めて考えている。第二次世界大戦後の日本は先進民主主義国であり、かつ西洋と手を組んできたからである。

(3) ゴールドマン・サックスの予想。Jim O'Neill and Anna Stupnytska, "The Long Term Outlook for the BRICs and N-11 Post Crisis," Goldman Sachs Global Economics Paper no. 192, December 4, 2009, http://www2.gold-mansachs.com/our-thinking/brics/brics-reports-pdfs/long-term-outlook.pdf, p. 23. 2011年4月に、IMFは中国経済が2016年にアメリカ経済を追い抜くと予想した。この計算は購買力平価、つまり市場為替レートを基準にしたGDPではなく、ある通貨によって買えるモノの量の評価に基づいている。以下を参照。Brett Arends, "IMF Bombshell: Age of America Nears End," *MarketWatch*, http://www.market-watch.com/story/imf-bombshell-age-of-america-about-to-end-2011-04-25.

(4) 2011年に開かれたBRICsの第3回首脳会談に、南アフリカが公式に参加した。それ以降、このグループはBRICS〔大文字のS = South Africa〕として知られるようになった。以下を参照。Jack A. Smith, "BRIC becomes BRICS: Changes on the Geopolitical Chessboard," *Foreign Policy Journal*, January 21, 2011, http://www.foreignpolicyjournal.com/2011/01/21/bric-becomesbrics-changes-on-the-geopolitical-chessboard/.

(5) ゴールドマン・サックスの予想。O'Neill and Stupnystka, "The Long-Term Outlook for the BRICs and N-11 Post Crisis," p. 4.

(6) James Politi, "World Bank Sees End to Dollar's Hegemony," *Financial Times*, May 18, 2011.

(7) Uri Dadush and Bennett Stancil, "The World Order in 2050," Carnegie Endowment for International Peace, *Policy Outlook*, April 2010, http://www.carnegieendowment.org/ffiles/World_Order_in_2050.pdf, p. 8.

(8) CentralIntelligenceAgency, "World Factbook 2010: Current Account Balance," https://www.cia.gov/library/publications/the-world-factbook/rankorder/2187rank.html.

(9) Bureau of Economic Analysis, "National Income and Product Accounts Tables," Table 1.1.5 Gross Domestic Product, and Table 2.1 Personal Income and Its Disposition, http://www.bea.gov/iTable/iTable.cfm?ReqID=9&step=1.

(10) Eswar Prasad, Kai Liu, and Marcos Chamon, "The Puzzle of China's Rising Household Savings Rate," Brookings Institution, January 18, 2011, http://www.brookings.edu/articles/2011/0118_china_savings_prasad.aspx; Christopher Power, ed., "How Household Savings Stack Up in Asia, the West, and Latin America," *BusinessWeek*, June 10, 2010; and Martin Wolf, "East and West Are in Together," *Financial Times*, January 18, 2011.

(11) Robin Wigglesworth, Andrew England, and Simeon Kerr, "Sovereign Wealth Funds Open Up Books," *Financial Times*, March 17, 2010.

(12) David Herszenhorn, "G.O.P Bloc Presses Leaders to Slash Even More," *New*

York Times, January 21, 2011; IMF World Economic Outlook Database, "General Government Gross Debt, percent of GDP," August, 2011, http://www.imf.org/external/pubs/ft/weo/2011/02/weodata/weorept.aspx?sy=2010&ey=2011&scsm=1&ssd=1&sort=country&ds=.&br=1&pr1.x=58&pr1.y=14&c=111&s=GGXWDG%2CGGXWDG_NGDP&grp=0&a=.

(13) Federal Reserve Board, "Major Foreign Holders of Treasury Securities," Department of the Treasury, September 16, 2011, http://www.treasury.gov/resource-center/datachart-center/tic/Documents/mth.txt; Francis E. Warnock, "How Dangerous Is U.S. Government Debt?" Council on Foreign Relations, June 2010, http://www.cfr.org/financial-crises/dangerous-usgovernment-debt/p22408.

(14) アメリカとEUはどちらも年間100～150万人の合法移民を受け入れている。アメリカの人口は約3億人、EUが約5億人であることから、全人口に占める割合で見ればアメリカのほうがはるかに多くの移民を抱えているといえる。アメリカの出生率は約2人、ヨーロッパは1.4人なので、両者の人口増加率には差が出てくる。以下を参照。"Demography and the West: Half a Billion Americans?" *The Economist*, August 22, 2002, http://www.economist.com/node/1291056.

(15) この段落で示したデータは、以下で見られる。Commission on Professionals in Science and Technology, "Temporary Residents Earn Majority of Doctorates in Engineering," May 29, 2010, http://www.cpst.org/hrdata/documents/pwml3s/C473A063.pdf; and National Science Foundation, "Doctorate Recipients from U.S. Universities: Summary Report 2007-08," December 2009, http://www.nsf.gov/statistics/nsf10309/start.cfm.

(16) Mabubhani, *The New Asian Hemisphere*, p. 59.

(17) Richard Levin, "Top of the Class: The Rise of Asia's Universities," *Foreign Affairs*, Vol. 89, no. 3 (May/ June 2010), p. 65.

(18) National Science Foundation, "Science and Engineering Indicators, 2010," January, 2010, http://www.nsf.gov/statistics/seind10/figures.htm, Graph 0.30.

(19) Todd Woody, "On Land, Air and Sea, a Retrofit Mission" *New York Times*, August 17, 2010, http://green.blogs.nytimes.com/2010/08/17/on-land-air-and-sea-aretrofit-mission/; Joseph S. Nye, "Understanding 21st Century Power Shifts," *The European Financial Review*, June 19, 2011, http://www.europeanfinancialreview.com/?p=3287; "Hulls Listed by Name," United States Navy, http://www.nvr.navy.mil/quick/INDEX.HTM. 艦隊の総トン数でいえば、アメリカ海軍の規模はそれに次ぐ13カ国の海軍を合わせたものより大きい。以下を参照。Robert M. Gates, "A Balanced Strategy: Reprogramming the Pentagon for a New Age," *Foreign Affairs*, Vol. 88, no. 1 (January/ February 2009), p. 32.

(20) 軍艦を建造するアメリカの造船所の数が着実に減ってきていることは、注目すべき点である。1950年代と1960年代には、3つの造船所が空母を、12の造船所が水上艦を、7つの造船所が潜水艦を建造していた。今日は、1つの造船所が空母を、

2つの造船所がそれ以外の水上艦（駆逐艦や巡洋艦など）を、2つの造船所が潜水艦を建造しているだけである。以下を参照。"Shipbuilding History," http://shipbuildinghistory.com/index.html; Newport News Shipbuilding, "Fact Sheet," August 24, 2011, http://www.huntingtoningalls.com/nns/assets/NN_Fact_Sheet.pdf; Congressional Budget Office, "The Cost-Effectiveness of Nuclear Power for Navy Surface Ships," May 2011, http://www.cbo.gov/ftpdocs/121xx/doc12169/05-12-NuclearPropulsion.pdf; and Ronald O'Rourke, "Navy Nuclear-Powered Surface Ships: Background, Issues and Options for Congress," Congressional Research Service, September 29, 2010, http://www.fas.org/sgp/crs/weapons/RL33946.pdf.

(21) 以下を参照。 United States Navy, "U.S. 7th Fleet Forces," http://www.c7f.navy.mil/about.htm.

(22) 以下を参照。Ronald O'Rourke, "China Naval Modernization: Implications for U.S. Navy Capabilities," Congressional Research Service, April 9, 2010, pp. 9-15, http://www.fas.org/sgp/crs/row/RL33153.pdf; and Office of Naval Intelligence, "The People's Liberation Army Navy: A Modern Navy with Chinese Characteristics," August 2009, http://www.fas.org/irp/agency/oni/pla-navy.pdf, p. 17.

(23) Office of Naval Intelligence, "The People's Liberation Army Navy," August 2009, p. 5; Nan Li and Christopher Weuve, "China's Aircraft Carrier Ambitions: An Update," *Naval War College Review* (Winter 2010), p. 17.

(24) David Scott, "India's Drive for a 'Blue Water' Navy," *Journal of Military and Strategic Studies*, Vol. 10, no. 2 (Winter 2007-2008), p. 4.

(25) Scott, "India's Drive for a 'Blue Water' Navy," p. 13. インドはすでに一隻の空母を実践配備している。以下を参照。Donald Berlin, "India in the Indian Ocean," *Naval War College Review*, Vol. 59, no. 2 (Spring 2006), p. 89.

(26) "Indian Navy to Take Part in Multi-nation Exercises," BBC Worldwide Monitoring, May 31, 2009.

第5章

(1) McNeill, *The Rise of the West*, pp. 806-807.

(2) Robert Kagan, "End of Dreams, Return of History," *Policy Review*, no. 144 (August/ September 2007), pp. 18-19.

(3) Robert Kagan, *The Return of History and the End of Dreams* (New York: Knopf, 2008), p. 57

(4) たとえば以下を参照。Edward S. Steinfeld, *Playing Our Game: Why China's Economic Rise Doesn't Threaten the West* (Oxford: Oxford University Press, 2010).

(5) Minxin Pei, *China's Trapped Transition: The Limits of Developmental Autocracy* (Cambridge: Harvard University Press, 2006), pp. 2-3.

(6) Kellee S. Tsai, *Capitalism without Democracy: The Private Sector in Contemporary China* (Ithaca: Cornell University Press, 2007), p. 3.

(7) Karl Wittfogel, *Oriental Despotism: A Comparative Study of Total Power* (New Haven: Yale University Press, 1957).

(8) 以下を参照。John Makeham, "Introduction," in John Makeham, ed., *New Confucianism: A Critical Examination* (London: Palgrave, 2003), pp. 1-23.

(9) Tsai, *Capitalism without Democracy*, p. 169.

(10) Pei, *China's Trapped Transition*, pp. 26-27.

(11) Pew Global Attitudes Project, "Obama More Popular Abroad Than at Home, Global Image of U.S. Continues to Benefit," Pew Research Center, June 17, 2010, http://pewglobal.org/files/pdf/Pew-Global-AttitudesSpring-2010-Report.pdf, p. 6.

(12) Pei, *China's Trapped Transition*, p. 207.

(13) Bruce Dickson, *Red Capitalists in China: The Party, Private Entrepreneurs, and the Prospects for Political Change* (Cambridge: Cambridge University Press, 2003), p. 159.

(14) David Shambaugh, *China's Communist Party: Atrophy and Adaptation* (Washington, DC: Woodrow Wilson Center Press, 2008), p. 175.

(15) 以下を参照。Tsai, *Capitalism without Democracy*.

(16) Dickson, *Red Capitalists in China*, pp. 57, 83.

(17) Pei, *China's Trapped Transition*, pp. 31, 93.

(18) Michael Wines, "China Fortifies States Businesses to Fuel Growth," *New York Times*, August 30, 2010.

(19) Tsai, *Capitalism without Democracy*, pp. 65-66.

(20) 改革開放時代の共産党のリクルートメントについては、以下を参照。Dickson, *Red Capitalists in China*, pp. 29-55.

(21) Dickson, *Red Capitalists in China*, p. 104.

(22) Tsai, *Capitalism without Democracy*, p. 123.

(23) Dickson, *Red Capitalists in China*, pp. 35-36.

(24) Dickson, *Red Capitalists in China*, p. 85.

(25) Tsai, *Capitalism without Democracy*, pp. 4, 201.

(26) Dickson, *Red Capitalists in China*, p. 84; and Tsai, *Capitalism without Democracy*, p. 16.

(27) Pei, *China's Trapped Transition*, p. 55.

(28) Nick Mackie, "China's highway to economic growth," *BBC News*, July 19, 2005, http://news.bbc.co.uk/2/hi/business/4633241.stm.

(29) "China Is Pulling Ahead in Worldwide Race for High-Speed Rail Transportation," *Washington Post*, May 12, 2010.

(30) Shai Oster, "World's Top Polluter Emerges as Green-Technology Leader," *Wall Street Journal*, December 15, 2009.

(31) Keith Bradsher, "China Leading Global Race to Make Clean Energy," *New York Times*, January 30, 2010.

(32) Mahbubani, *The New Asian Hemisphere*, p. 64.

(33) Zakaria, *The Post-American World*, p. 96; and Chen Jia, "Government to Increase Spending on Education," *China Daily*, March 1, 2010, http://www.chinadaily.com.cn/china/2010-03/01/content_9515384.htm.

(34) Mahbubani, *The New Asian Hemisphere*, pp. 64-66.

(35) Joseph Kahn and Daniel Wakin, "Western Classical Music: Made and Loved in China," *New York Times*, April 2, 2007.

(36) Mahbubani, *The New Asian Hemisphere*, pp. 147-48.

(37) Nga Pham, "Vietnam orders submarines and warplanes from Russia," *BBC News*, December 16, 2009, http://news.bbc.co.uk/2/hi/8415380.stm; "Australia spending $10B on navy; neighbors fear arms race," *CBC News*, June 20, 2007, http://www.cbc.ca/world/story/2007/06/20/australia-navy.html; Yuka Hayashi and Jeremy Page, "Japan Refocuses Its Defense With an Eye Toward China," *Wall Street Journal*, December 16, 2010; and Martin Fackler, "Japan Plans to Propose Closer Military Ties with South Korea," *New York Times*, January 5, 2010.

(38) Mark Landler, "Offering to Aid Talks, U.S. Challenges China on Disputed Islands," *New York Times*, July 23, 2010.

(39) John Pomfret, "China Makes Money Talk in Pursuit of Worldwide Influence," *Washington Post*, July 26, 2010.

(40) 以下を参照。Edward Luce, *In Spite of the Gods: The Strange Rise of Modern India* (New York: Random House, 2007).

(41) Meghnad Desai, "India and China: An Essay in Comparative Political Economy," in Wanda Tseng and David Cowen, eds., *India's and China's Recent Experience with Reform and Growth* (Basingstoke: Palgrave Macmillan, 2005), p. 18.

(42) 以下を参照。Carl Walter and Fraser Howie, *Red Capitalism: The Fragile Financial Foundation of China's Extraordinary Rise* (Singapore: John Wiley & Sons, 2011), pp. 21, 43.

(43) 以下を参照。Elizabeth Economy, *The River Runs Black: The Environmental Challenge to China's Future* (Ithaca: Cornell University Press, 2004).

(44) Steinfeld, *Playing Our Game*.

(45) 以下を参照。Gordon Chang, *The Coming Collapse of China* (New York: Random House, 2001); Bruce Gilley, *China's Democratic Future: How It Will Happen and Where It Will Lead* (New York: Columbia University Press, 2004); and Susan Shirk, *China: Fragile Superpower* (Oxford: Oxford University Press, 2007).

(46) Pei, *China's Trapped Transition*, pp. 166, 207-208.
(47) 中国の2010年の国勢調査によれば、都市と農村の人口差は縮まりつつある。とはいえ、都市の労働者のかなりの部分は、農村から来ている臨時雇いの人々である。Michael Wines and Sharon LaFraniere, "New Census Finds China's Population Growth Has Slowed," *New York Times*, April 28, 2011.
(48) World Bank Group, "Doing Business: Measuring Business Regulations, 2010", http://www.doingbusiness.org/economyrankings/.
(49) CIA, "The World Factbook 2010: Stock of Direct Foreign Investment at Home," https://www.cia.gov/library/publications/the-world-factbook/rankorder/2198rank.html?countryName=China&countryCode=ch&regionCode=eas&rank=10#ch.
(50) Anders Aslund and Andrew Kuchins, *The Russia Balance Sheet* (Washington, DC: Peterson Institute for International Economics/ Center for International and Strategic Studies, 2009), p. 51.
(51) Aslund and Kuchins, *The Russia Balance Sheet*, pp. 40-42; Masha Lippman, "Russia's Apolitical Middle," *Washington Post*, June 4, 2007.
(52) この数字は、2009年12月の世論調査による。以下を参照。The Levada Center, "Russia Votes," http://www.russiavotes.org/national_issues/national_issues_poli-tics.php?S776173303132=d23e94164c884dea6cdb6776ed33fcf8.
(53) Fred Hiatt, "Around the World, Freedom Is in Peril," *Washington Post*, July 5, 2010.
(54) Vladimir Putin, "Prepared Remarks at 43rd Munich Conference on Security Policy," February 10, 2007, http://www.washingtonpost.com/wpdyn/con-tent/article/2007/02/12/AR2007021200555.html.
(55) 以下を参照。Charles A. Kupchan, "NATO's Final Frontier: Why Russia Should Join the Atlantic Alliance," *Foreign Affairs*, Vol. 89, no. 3 (May/ June 2010).
(56) オマーンでも、バーレーンより規模は小さかったが散発的なデモが起きている。オマーンの人口の50パーセント超はイバード派で、残りは大部分がスンニ派である。
(57) Ali Mohammed Khalifa, *The United Arab Emirates: Unity in Fragmentation* (Boulder: Westview Press, 1979), p. 60.
(58) Christopher M. Davidson, "After Shaikh Zayed: The Politics of Succession in Abu Dhabi and the UAE," *Middle East Policy*, Vol. 13, no. 1 (Spring 2006), p. 55.
(59) Christopher M. Davidson, *The United Arab Emirates: A Study in Survival* (Boulder: Lynne Rienner, 2005), p. 90.
(60) Library of Congress, "Country Profile: Saudi Arabia," September 2006, http://memory.loc.gov/frd/cs/profiles/Saudi_Arabia.pdf, p. 7.
(61) Jad Mouawad, "The Construction Site Called Saudi Arabia," *New York Times*, January 20, 2008.

(62) Yaroslav Trofimov, "Kuwait's Democracy Faces Turbulence," *Wall Street Journal*, April 9, 2009; Robert Worth, "In Democracy Kuwait Trusts, But Not Much," *New York Times*, May 6, 2008; and Andrew Hammond, "Kuwait's Democracy Troubles Gulf Arab Rulers," Reuters, June 24, 2009, http://www.reuters.com/article/idUSLH677342.

(63) R. K. Ramazani, *The Gulf Cooperation Council: Record and Analysis* (Charlottesville: University of Virginia Press, 1988), p. 15.

(64) 以下を参照。Pew Research Center, "Muslim Publics Divided on Hamas and Hezbollah," http://pewglobal.org/files/2010/12/Pew-Global-Attitudes-Muslim-Report-FINAL-December-2-2010.pdf, p. 3; and David Kirkpatrick and Mona El-Naggar, "Poll Finds Egyptians Full of Hope about Future," *New York Times*, April 26, 2011.

(65) Lewis, *Islam in History*, pp. 284-85.

(66) Oliver Roy, *Secularism Confronts Islam*, George Holoch, trans. (New York: Columbia University Press, 2007), p. 49.

(67) Bernard Lewis, *Islam and the West* (New York: Oxford University Press, 1993), pp. 166-70.

(68) Roy, *Secularism Confronts Islam*, p. 64.

(69) Olivier Roy, *Globalized Islam: The Search for a New Ummah* (New York: Columbia University Press, 2006), p. 91.

(70) Roy, *Globalized Islam*, pp. 97-98.

(71) Tariq Ramadan, *Islam, the West and the Challenges of Modernity* (Leicester: The Islamic Foundation, 2009). 以下も参照。Charles Kupchan, "The Controversy over Tariq Ramadan," *The Huffington Post*, November 28, 2007, http://www.huffing-tonpost.com/charles-kupchan/the-controversy-over-tari_b_74552.html.

(72) Kirkpatrick and El-Naggar, "Poll Finds Egyptians Full of Hope about Future."

(73) 本書では慣例に従い、「アフリカ」という言葉を、サハラ砂漠以南のアフリカだけを意味するものとして使う。

(74) Martin Meredith, *The Fate of Africa: From the Hopes of Freedom to the Heart of Despair* (New York: Public Affairs, 2005), p. 154.

(75) Meredith, *The Fate of Africa*, p. 154.

(76) Michael Bratton and Nicholas van de Walle, *Democratic Experiments in Africa: Regime Transitions in Comparative Perspective* (Cambridge: Cambridge University Press, 1997), p. 69.

(77) Meredith, *The Fate of Africa*, p. 165.

(78) Samuel Decalo, "The Process, Prospects and Constraints of Democratization in Africa," *African Affairs*, Vol. 91, no. 362 (January 1992), pp. 13-18.

(79) Daniel Posner and Daniel Young, "The Institutionalization of Political Power

in Africa," in Larry Diamond and Marc Plattner, eds., *Democratization in Africa: Progress and Retreat* (Baltimore: The Johns Hopkins University Press, 2010), pp. 60-62.

(80) Nicolas van de Walle, "Presidentialism and Clientalism in Africa's Emerging Party Systems," *The Journal of Modern African Studies*, Vol. 41, no. 2 (June 2003), p. 307.

(81) H. Kwasi Prempeh, "Presidents Untamed," in *Democratization in Africa*, p. 19. 以下も参照。 Richard Joseph, "Challenges of a 'Frontier' Region," in *Democratization in Africa*, pp. 10-11; and Larry Diamond, "The Rule of Law versus the Big Man," in *Democratization in Africa*, p. 48.

(82) Hermann Giliomee, James Myburgh, and Lawrence Schlemmer, "Dominant Party Rule, Opposition Parties and Minorities in South Africa," *Democratization*, Vol. 8, no. 1 (Spring 2001); Steven Friedman, "An Accidental Advance? South Africa's 2009 Elections," in *Democratization in Africa*, pp. 265-79; and Neil Southern, "Political Opposition and the Challenges of a Dominant Party System: The Democratic Alliance in South Africa," *Journal of Contemporary African Studies*, Vol. 29, no. 3 (July 2011).

(83) Bratton and van de Walle, *Democratic Experiments in Africa*, pp. 61-96.

(84) Posner and Young, "The Institutionalization of Political Power in Africa," p. 64.

(85) Rotimi Suberu, "Nigeria's Muddled Elections," in *Democratization in Africa*, pp. 127, 132.

(86) Penda Mbow, "Senegal: The Return of Personalism," in *Democratization in Africa*, pp. 152-53.

(87) Barak Hoffman and Lindsay Robinson, "Tanzania's Missing Opposition," in *Democratization in Africa*, pp. 219-32.

(88) E. Gyimah-Boadi, "Another Step Forward for Ghana," in *Democratization in Africa*, pp. 145-46.

(89) 以下を参照。William Easterly and Ross Levine, "Africa's Growth Tragedy: Policies and Ethnic Divisions," *Quarterly Journal of Economics*, Vol. 112, no. 4 (November 1997).

(90) Meredith, *The Fate of Africa*, p. 156.

(91) たとえば以下を参照。Gyimah-Boadi, "Another Step Forward for Ghana," p. 148.

(92) Maina Kiai, "The Crisis in Kenya," in *Democratization in Africa*, pp. 213-14.

(93) Prempeh, "Presidents Untamed," p. 19.

(94) Prempeh, "Presidents Untamed," pp. 20-23.

(95) アフリカ諸国の政治的発展の詳細については、以下を参照。Jeffrey I. Herbst, *States and Power in Africa: Comparative Lesson in Authority and Control*

(Princeton: Princeton University Press, 2000); and Robert Bates, *When Things Fell Apart: State Failure in Late-Century Africa* (Cambridge: Cambridge University Press, 2008).

(96) Meredith, *The Fate of Africa*, p. 380.

(97) Kiai, "The Crisis in Kenya," p. 214.

(98) Prempeh, "Presidents Untamed," p. 25.

(99) Suberu, "Nigeria's Muddled Elections," p. 132.

(100) Andrew Mwenda, "Personalizing Power in Uganda," in *Democratization in Africa*, pp. 245-46.

(101) Bratton and van de Walle, *Democratic Experiments in Africa*, p. 89.

(102) 以下を参照。 J. Samuel Fitch, *The Armed Forces and Democracy in Latin America* (Baltimore: Johns Hopkins University Press, 1998), pp. 1-36.

(103) Michael Reid, *Forgotten Continent: The Battle for Latin America's Soul* (New Haven: Yale University Press, 2007), p. 68.

(104) Reid, *Forgotten Continent*, p. 217.

(105) Reid, *Forgotten Continent*, p. 226.

(106) Jorge Castaneda, "Latin America's Left Turn," *Foreign Affairs*, Vol. 85, no. 3 (May/ June 2006), pp. 28-43; Reid, *Forgotten Continent*, pp. 78-79; and Julia Sweig, *Friendly Fire: Losing Friends and Making Enemies in the Anti-American Century* (New York: Public Affairs, 2006).

(107) Robert H. Dix, "Military Coups and Military Rule in Latin America," *Armed Forces and Society*, Vol. 20, no. 3 (Spring 1994), p. 442.

(108) 以下を参照。 Samuel Huntington, "How Countries Democratize," *Political Science Quarterly*, Vol. 106, no. 4 (Winter 1991/ 92), pp. 579-616; and David Pion-Berlin, "Military Autonomy and Emerging Democracies in South America," *Comparative Politics*, Vol. 25, no. 1 (October 1992), pp. 83-102.

(109) Dix, "Military Coups and Military Rule in Latin America," pp. 445-50.

(110) Reid, *Forgotten Continent*, p. 219.

(111) Reid, *Forgotten Continent*, pp. 233-34.

(112) Cynthia Arnson, ed., *The New Left and Democratic Governance* (Washington, DC: Woodrow Wilson Center for International Scholars, 2007), p. 6.

(113) Sebastian Chaskal, "Great Expectations," *Foreign Policy*, July 10, 2009, http://www.foreignpolicy.com/articles/2009/07/10/great_expectations.

(114) Reid, *Forgotten Continent*, pp. 282-87.

(115) Reid, *Forgotten Continent*, p. 280.

(116) Robert Kaufman, "Conceptual and Historical Perspectives," in Arnson, ed., *The New Left and Democratic Governance*, p. 25.

(117) Kenneth Roberts, "Political Economy and the 'New Left,' " in Arnson, ed., *The New Left and Democratic Governance*, p. 29.

(118) 以下を参照。Luis Rubio and Jeffrey Davidow, "Mexico's Disputed Election," *Foreign Affairs*, Vol. 85, no. 5 (September/ October 2006).

(119) Kagan, "The Return of History," p. 73.

(120) Ivo Daalder and James Lindsay, "Democracies of the World, Unite," *American Interest*, Vol. 2, no. 3 (January/ February 2007); G. John Ikenberry and Anne-Marie Slaughter, "Forging a World of Liberty Under Law: U.S. National Security in the 21st Century," The Princeton Project on National Security, September 27, 2006, http://www.princeton.edu/~ppns/report/FinalReport.pdf; Senator McCain Addresses The Hoover Institution on U.S. Foreign Policy, May 1, 2007, http://media.hoover.org/sites/default/files/documents/McCain_05-01-07.pdf; and Robert Kagan, "The Case for the League of Democracies," *Financial Times*, March 13, 2008.

(121) The White House, "Remarks by the President to the Joint Session of the Indian Parliament in New Delhi, India," November 8, 2010, http://www.whitehouse.gov/the-press-office/2010/11/08/remarks-president-joint-session-indian-parliament-new-delhi-india.

(122) U.S. Department of State, "Voting Practices in the United Nations, 2000-2010," http://www.state.gov/p/io/rls/rpt/.

(123) Mahbubani, *The New Asian Hemisphere*, p. 235.

(124) Luiz Inácio Lula da Silva, "Pronunciamento do Presidente da República," January 1, 2003, http://www.info.planalto.gov.br/.

第6章

(1) 以下を参照。Deudney and Ikenberry, "The Logic of the West." 1990年代のアメリカの戦略を全般的にふりかえったものとして、以下を参照。Derek Chollet and James Goldgeier, *America Between the Wars: From 11/ 9 to 9/ 11* (New York: Public Affairs, 2008).

(2) Hugo Young, "We've Lost That Allied Feeling," *Washington Post*, April 1, 2001.

(3) 以下を参照。Charles Kupchan, "The End of the West," *The Atlantic Monthly*, Vol. 290, no. 4 (November 2002); and Ivo Daalder, "The End of Atlanticism," *Survival*, Vol. 45, no. 2 (Summer 2003), pp. 147-66.

(4) Barack Obama, "Europe and America, Aligned for the Future," *New York Times*, November 18, 2010.

(5) National Security Council, *National Security Strategy of the United States*, May 2010, http://www.whitehouse.gov/sites/default/files/rss_viewer/national_security_strategypdf, p. 3.

(6) Catherine Ashton, Remarks at the Munich Security Conference, February 6, 2010, http://www.consilium.europa.eu/uedocs/cros_data/docs/pressdata/EN/

foraff/112774.pdf.

(7) EUについてのここでの分析は、以下にもとづく。Charles A. Kupchan, "As Nationalism Rises, Will the European Union Fall?" *Washington Post*, August 29, 2010; and Charles A. Kupchan, "The Potential Twilight of the European Union," Council on Foreign Relations, http://www.cfr.org/eu/potential-twilight-european-union/p22934.

(8) "Shrinking Germany," *The Brussels Journal*, May 9, 2009, http://www.brusselsjournal.com/node/3906.

(9) "Brussels Put Firmly in the Back Seat," *Der Spiegel*, July 6, 2009, http://www.spiegel.de/international/germany/0,1518,634506,00.html.

(10) Steven Erlanger, "Europe's Odd Couple," *New York Times*, January 16, 2011.

(11) Katinka Bayrsch, "A New Reality for the European Union," Council on Foreign Relations, http://www.cfr.org/publication/22936/new_reality_for_the_european_union.html.

(12) "NotreFamille Publie les Résultats du Sondage Les Francais et l'Europe," June 4, 2009, http://www.big-presse.com/big-article-Famille-9787.php.

(13) Bayrsch, "A New Reality for the European Union."

(14) Andrew Borowiec, "Europe Struggles to Become Superpower: National Ambitions, Foreign-policy Issues Continue to Divide the Continent," *Washington Times*, March 12, 2006.

(15) "Suicide blasts kill 3 foreigners, 3 Afghans," Associated Press, April 15, 2010, http://www.msnbc.msn.com/id/36565230/ns/world_news-south_and_central_asia/.

(16) "Gates: European Demilitarization a Hindrance," *CBSNews.com*, http://www.cbsnews.com/stories/2010/02/23/politics/main6235395.shtml.

(17) Andre de Nesnera, "Gates Delivers Blunt Message to NATO Partners," *VOA*, June 10, 2011, http://www.voanews.com/english/news/europe/Gates-Delivers-Blunt-Message-to-NATO-Partners-123654909.html.

(18) この節の内容は、筆者とピーター・トルボヴィッツ（Peter Trubowitz）の3本の共著論文にもとづく。"Grand Strategy for a Divided America," *Foreign Affairs*, Vol. 86, no. 4 (July/ August 2007); "Dead Center: The Demise of Liberal Internationalism in the United States," *International Security*, Vol. 32, no. 2 (Fall 2007); and "The Illusion of Liberal Internationalism's Revival," *International Security*, Vol. 35, no. 1 (Summer 2010).

(19) Richard Heindel, "Review of *The Private Papers of Senator Vandenberg*," *American Historical Review*, Vol. 58, no. 2 (January 1953), p. 402.

(20) Kupchan and Trubowitz, "The Illusion of Liberal Internationalism's Revival," p. 105.

(21) Barack Obarna, "Victory Speech," November 5, 2008, http://elections.

nytimes.com/2008/results/president/speeches/obama-victory-speech.html.

(22) Larry Hackett, "An Exclusive Interview with the Obamas: Our First Year," *People*, January 25, 2010, pp. 60-65.

(23) 以下を参照。Kupchan and Trubowitz, "Dead Center," p. 36.

(24) Kupchan and Trubowitz, "The Illusion of Liberal Internationalism's Revival," pp. 105-108.

(25) Kwame Holman, "Midterm Elections Oust Several Moderate Republicans," *Online Newshour*, November 24, 2006, http://www.pbs.org/newshour/bb/politics/july-dec06/gop_11-24.html.

(26) Sabrina Tavernise and Robert Gebeloff, "Immigrants Make Paths to Suburbia, Not Cities," *New York Times*, December 15, 2010.

(27) 2010年の時点で、アメリカの上位1パーセントの富裕層の所得は総所得の約24パーセントを占めている。上位10パーセントではそれが50パーセント近くになる。これに対して、第二次世界大戦が終わってから1980年までの期間を見ると、上位10パーセントの所得は総所得の約35パーセントだった。以下を参照。Timothy Noah, "The Great Divergence," *Slate.com*, September 3, 2010, http://www.slate.com/id/2266025/entry/2266026. 格差のランキングは以下を参照。CIA, "The World Factbook: Ginni Index," https://www.cia.gov/library/publications/the-world_factbook/rankorder/2172rank.html?countryName=United% 20States&countryCode=us&regionCode=na&rank=42#us.

(28) 以下を参照。Nolan McCarty, Keith T. Poole, and Howard Rosenthal, *Polarized America: The Dance of Ideology and Unequal Riches* (Cambridge: MIT Press, 2006).

(29) 以下を参照。Kupchan and Trubowitz, "Dead Center," pp. 36-37; and Jennifer Rizzo, "Veterans in Congress at Lowest Level Since World War II," January 21, 2011, CNN. com, http://www.cnn.com/2011/US/01/20/congress.veterans/index.html.

(30) 以下を参照。Kupchan and Trubowitz, "Dead Center," p. 32.

(31) 一種類の利益に特化したロビー集団と、そこに豊富な資金を提供する人々の影響力については、以下を参照。Jacob S. Hacker and Paul Pierson, *Off Center: The Republican Revolution and the Erosion of American Democracy* (New Haven: Yale University Press, 2005).

(32) 以下を参照。David W. Rohde, *Parties and Leaders in the Postreform House* (Chicago: University of Chicago Press, 1991).

(33) 以下を参照。Joe Pompeo, "CNN Just Clocked Its Worst Primetime Ratings in to Years Thanks to Eliot Spitzer and Larry King," *Business Insider*, October 12, 2010, http://www.businessinsider.com/cnn-clocks-its-worst-primetime-ratings-in-10 years-2010 -10.

(34) Walter Lippmann, *U.S. Foreign Policy: Shield of the Republic* (Boston: Little,

Brown and Company, 1943), pp. 3-4.

(35) Barack Obama, "Speech to the United Nations' General Assembly," September 23, 2009, http://www.nytimes.com/2009/09/24/us/politics/24prexy.text.html.

(36) 以下を参照。Charles A. Kupchan, "Enemies into Friends: How the United States Can Court Its Adversaries," *Foreign Affairs*, Vol. 89, no. 2 (March/ April 2010), pp. 120-34.

(37) Kupchan and Trubowitz, "The Illusion of Liberal Internationalism's Revival," pp. 103-104.

(38) Kupchan and Trubowitz, "Grand Strategy for a Divided America," pp. 73-76.

(39) Pew Research Center, "America's Place in the World 2009," pp. 3, 12.

(40) "Congress' Job Approval Rating Worst in Gallup History," *gallup.com*, December 15, 2010, http://www.gallup.com/poll/145238/congress-job-approval-rating-worst-gallup-history. aspx.

(41) Michael Cooper and Megan Thee-Brenan, "Disapproval Rate for Congress at Record 82% after Debt Talks," *New York Times*, August 4, 2011.

(42) 重要な例外については、以下を参照。Joseph Nye, "The Future of American Power," *Foreign Affairs*, Vol. 89, no. 6 (November/ December 2010).

(43) 以下を参照。Kupchan and Trubowitz, "Grand Strategy for a Divided America."

(44) Julie Phelan and Gary Langer, "Assessment of Afghan War Sours," *ABC News*, December 16, 2010, http://abcnews.go.com/Politics/abc-news-washington-post-poll-exclusive-afghanistan-war/story?id=12404367.

(45) Robert Putnam, *Bowling Alone: The Collapse and Revival of American Community* (New York: Simon & Schuster, 2000).

(46) キャンペーン・フォー・ザ・シビックミッション・オブ・スクールは、アメリカの学校における市民教育の推進に取り組んでいる。以下を参照。http://www.civicmissionofschools.org/.

(47) 以下を参照。FinAid, http://www.finaid.org/loans/forgiveness.phtml.

(48) Michael Spence and Sandile Hlatshwayo, "The Evolving Structure of the American Economy and the Employment Challenge," Working Paper, Council on Foreign Relations, New York, March 2011, http://www.cfr.org/industrial-policy/evolving-structure-american-economy-employment-challenge/p24366, p. 4.

(49) 以下を参照。"Facing the Challenge: The Lisbon Strategy for Growth and Employment," Report from the High Level Group chaired by Wim Kok, November 2004 (Luxembourg: Office for Official Publications of the European Communities, 2004), http://ec.europa.eu/research/evaluations/pdf/archive/fp6-evidence-base/evaluation_studies_and_reports/evaluation_studies_and_reports_2004/the_lisbon_strategy_for_growth_and_employment_report_from_

the_high_level_group.pdf.

(50) 以下を参照。Emilia Istrate and Robert Puentes, "Investing for Success: Examining a Federal Capital Budget and a National Infrastructure Bank," The Brookings Institution, Metropolitan Infrastructure Initiative, no. 7, http://www.brookings.edu/reports/2009/1210_infrastructure_puentes.aspx. 以下も参照。Bob Herbert, "The Master Key," *New York Times*, March 12, 2011; and Michael Porter, "Why America Needs an Economic Strategy," *Business Week*, October 30, 2008.

(51) Spence and Hlatshwayo, "The Evolving Structure of the American Economy," pp. 36-37. 以下も参照。Andrew Reamer, "The Federal Role in Encouraging Innovation: The 'I's' Have It," The Information Technology and Innovation Foundation, Innovation Policy Blog, December 17, 2010, http://www.innovationpolicy.org/the-federal-role-in-encouraging-innovation-th.

(52) "Business, Science, Engineering and University Leaders Urge Tough Choices on the National Deficit," The Council on Competitiveness, March 31, 2011, http://www.compete.org/news/entry/1676/business-science-engineering-and-university-leaders-urge-tough-choices-on-the-national-deficit/.

(53) ビジネスの交渉に外交官が関与する例については、以下を参照。Eric Lipton, Nicola Clark, and Andrew W. Lehren, "Diplomats Help Push Sales of Jetliners on the Global Market," *New York Times*, January 2, 2011.

(54) Spence and Hlatshwayo, "The Evolving Structure of the American Economy," p. 37.

(55) Steven Pearlstein, "China Is Following the Same Old Script-the One that Gives It All the Best Lines," *Washington Post*, January 19, 2011.

(56) Paul Pierson, "Inequality and Its Casualties," *Democracy*, no. 20 (Spring 2011), p. 31.

(57) Leslie Gelb, *Power Rules: How Common Sense Can Rescue American Foreign Policy* (New York: Harper Collins, 2009), p. 27.

(58) 以下を参照。Morris Fiorina, Samuel Abrams, and Jeremy Pope, *Culture War: The Myth of a Polarized America* (Harlow: Longman, 2004), p. 8.

(59) Fiorina, *Culture War*, pp. 214-19.

(60) たとえば以下を参照。The Key Research Center, "E-Democracy Development and Impact on Business (4)," http://www.thekeyresearch.org/krcblogde-tails.php?id=34.

(61) 以下を参照。Matt Leighninger, *The Next Form of Democracy: How Expert Rule Is Giving Way to Shared Governance—and Why Politics Will Never Be the Same* (Nashville: Vanderbilt University Press, 2006).

(62) 以下を参照。Kupchan and Trubowitz: "Grand Strategy for a Divided America," p. 83.

(63) 以下を参照。Gelb, *Power Rules*, pp. 159-60.

(64) Quentin Peel, "Germany to Overhaul Armed Forces," *Financial Times*, December 16, 2010; and International Institute for Strategic Studies, *The Military Balance 2010* (London: Routledge, 2010), pp. 31, 134.

(65) Stockholm International Peace Research Institute, "Military Expenditure in Europe, 1988-2009," http://www.sipri.org/research/armaments/milex/resultoutput/regional/milex_europe; and IISS, *The Military Balance 2010*, pp. 426-63.

(66) U.S. Department of Defense, Office of the Undersecretary (Comptroller), *Fiscal Year 2011 Budget Request: Overview*, February 2010, http://comptroller.defense.gov/defbudget/fy2011/fy2011_summary_tables_whole.pdf, p. 1; Linda Bilmes and Joseph Stiglitz, "The Iraq War Will Cost Us $3 Trillion, and Much More," *Washington Post*, March 9, 2008.

(67) 以下を参照。Kupchan and Trubowitz: "Grand Strategy for a Divided America," pp. 80-83.

第7章

(1) Indian Ministry of External Affairs, "Indian Foreign Service," http://www.mea.gov.in/mystart.php?id=5002;and U.S. Department of State, "Mission," http://careers.state.gov/learn/what-we-do/mission.

(2) このような主張を要約したものとして、以下を参照。Kupchan, *The End of the American Era*, pp. 77-118.

(3) Richard Ned Lebow, *Why Nations Fight: Past and Future Motives for War* (Cambridge: Cambridge University Press, 2011).

(4) 以下を参照。Kupchan, *How Enemies Become Friends*.

(5) George W. Bush, "President Bush's Second Inaugural Address," January 20, 2005, http://www.npr.org/templates/story/story.php?storyId=4460172.

(6) Barack Obama, "Remarks by the President to the United Nations General Assembly," September 23, 2010, http://www.whitehouse.gov/the-press-office/2010/09/23/remarks-president-united-nations-general-assembly.

(7) "Obama Speech Text: Middle East Has 'a Choice between Hate and Hope,'" *Los Angeles Times*, May 19, 2011.

(8) Catherine Ashton, "Declaration by the High Representative on behalf of the European Union on the International Day of Democracy," September 15, 2010, http://www.eutrio.be/files/bveu/media/documents/09-15_International_Day_of_Democracy_CA EN.pdf.

(9) Robert Kagan, "End of Dreams, Return of History," pp. 18-19.

(10) "From the Informal Meeting with Journalists after Vladimir Putin and the Italian Prime Minister Silvio Berlusconi Gave a Press Conference," President of Russia, August 29, 2005, http://archive.kremlin.ru/eng/text/speeches/2005/

08/29/2134_type82915_93066.shtml.

(11) "Transcript: John McCain's Foreign Policy Speech," *New York Times*, March 26, 2008.

(12) この議論は以下の論文に依拠している。Charles Kupchan and Adam Mount, "The Autonomy Rule," *Democracy: A Journal of Ideas*, no. 12 (Spring 2009).

(13) Weber and Jentleson, *The End of Arrogance*, p. 105.

(14) John Lewis Gaddis, "Ending Tyranny: The Past and Future of an Idea," *American Interest*, Vol. 4, no.1 (September/ October 2008), pp. 12-13.

(15) 以下を参照。Kupchan and Mount, "The Autonomy Rule," pp. 15-16.

(16) たとえば以下を参照。Kofi Annan, "Two Concepts of Sovereignty," *The Economist*, September 16, 1999; U.S. Congress, Office of Technology Assessment, *Proliferation of Weapons of Mass Destruction: Assessing the Risks* OTA-ISC-599 (Washington, DC: U.S. Government Printing Office, August 1993), http://www.au.af.mil/au/awc/awcgate/ota/9341.pdf; John Agnew, "Sovereignty Regimes: Territoriality and State Authority in Contemporary World Politics," *Annals of the Association of American Geographers*, Vol. 95, no. 2 (June 2005); and "Nonstate Actors: Impact on International Relations and Implications for the United States," National Intelligence Council and Eurasia Group, Conference Report, August 2007, http://www.dni.gov/nic/confreports_nonstate_actors.html.

(17) George W. Bush, "The President's News Conference with President Luiz Inácio Lula da Silva of Brazil in Sao Paulo," March 9, 2007, http://www.presidency.ucsb.edu/ws/index.php?pid=24571&st=&st1.

(18) これと同じような主張については、以下を参照。Weber and Jentleson, *The End of Arrogance*, pp. 174-78.

(19) Sewell Chan, "Poorer Nations Get Larger Role in World Bank," *New York Times*, April 26, 2010.

(20) 以下を参照。Kupchan and Mount, "The Autonomy Rule," pp. 17-18.

(21) グローバル版NATOについては、以下を参照。James M. Goldgeier and Ivo Daalder, "Global NATO," *Foreign Affairs*, Vol. 85, no. 5 (September/ October 2006). 民主主義諸国同盟については、以下を参照。Chapter 5 above, note 120. そうした提案に対する批判については、以下を参照。Charles A. Kupchan, "Minor League, Major Problems: The Case against a League of Democracies," *Foreign Affairs*, Vol. 80, no. 6 (November/ December 2008).

(22) 以下を参照。Kupchan and Mount, "The Autonomy Rule," pp. 18-20.

(23) Elisa Gamberoni and Richard Newfarmer, "Trade Protection: Incipient but Worrisome Trends," World Bank Trade Note #37, March 2, 2009, http://siteresources.worldbank.org/NEWS/Resources/Trade_Note_37.pdf.

(24) "China, Taiwan agree to more flights for Lunar New Year," *Agence France Presse*, December 30, 2010, http://news.asiaone.com/News/Latest% 2BNews/Asia/

Story/A1Story20101230-255643.html.

(25) 中国が定義する「第一列島線」とは、日本本土から南へ延びて琉球諸島、台湾、フィリピン北岸を通り、南シナ海までを結ぶ線である。以下を参照。James R. Holmes and Toshi Yoshihara, "When Comparing Navies, Measure Strength, Not Size," *Global Asia*, December 2010, http://www.globalasia.org/l.php?c=e347; "China Moving toward Deploying Anticarrier Missile," *Washington Post*, December 28, 2010; and Michael Wines and Edward Wong, "China's Push to Modernize Military Bears Fruit," *New York Times*, January 6, 2011.

(26) 以下を参照。Kupchan, *How Enemies Become Friends*, pp. 73-111.

(27) Chicago Council on Global Affairs, *Global Views 2010: Constrained Internationalism, Adapting to New Realities* (Chicago: Chicago Council on Global Affairs, 2010), http://www.thechicagocouncil.org/UserFiles/File/POS_Topline% 20Reports/POS% 202010/Global% 20Views% 202010.pdf, p. 5.